21世纪卓越人力资源管理与服务丛书

工作分析与组织设计

陈国海　江　伟　谭琳于◎主编

李培祥　张　旭◎副主编

U0368443

清华大学出版社
北京

内 容 简 介

工作分析与组织设计是人力资源管理系统运行的首要活动，工作分析与组织设计成果是开展人力资源管理工作的基石，其重要性不言而喻。工作分析与组织设计不仅是人力资源管理从业人员的重要工作内容，也是人力资源管理专业学生的必修课程。本书以提升理论、运用技术为导向，遵循理论联系实际的原则，通过知识与案例相融合的编写方法激发读者的学习兴趣，促进读者对本书理论知识的深入理解，提升读者工作分析与组织设计的实践能力。

本书共 11 章，依次为工作分析概论、工作分析的方法、工作分析的流程、工作分析的成果、工作分析的应用、工作设计、岗位评价、任职资格体系的设计与应用、组织设计概述、组织结构设计、定岗定编定员。全书从多方面阐述工作分析与组织设计如何帮助企业建立有效的组织运行机制及人力资源管理体系，并为招聘选拔、培训开发、绩效管理、薪酬管理等其他人力资源管理模块提供有效的基础平台，从而提高组织的有效性，最大程度地帮助企业实现其战略目标。

本书语言通畅、条理清晰、结构严谨、例证风趣，既方便教师教学，活跃课堂教学气氛，提高教学效果，也方便学生自学，十分适合作为管理类专业的本科教材或者企业人力资源管理专员的自学读物，也适合作为 MBA、EMBA 和管理类研究生课程的教材或辅助教学资料。

图书在版编目（CIP）数据

工作分析与组织设计/陈国海，江伟，谭琳于主编. —北京：清华大学出版社，2023.5
（21 世纪卓越人力资源管理与服务丛书）
ISBN 978-7-302-63733-2

Ⅰ. ①工…　Ⅱ. ①陈…　②江…　③谭…　Ⅲ. ①人力资源管理　Ⅳ. ①F243

中国国家版本馆 CIP 数据核字（2023）第 094971 号

责任编辑：邓　婷
封面设计：刘　超
版式设计：文森时代
责任校对：马军令
责任印制：刘海龙

出版发行：清华大学出版社
　　　　　网　　　址：http://www.tup.com.cn，http://www.wqbook.com
　　　　　地　　　址：北京清华大学学研大厦 A 座　　　邮　　编：100084
　　　　　社 总 机：010-83470000　　　　　　　　　邮　　购：010-62786544
　　　　　投稿与读者服务：010-62776969，c-service@tup.tsinghua.edu.cn
　　　　　质量反馈：010-62772015，zhiliang@tup.tsinghua.edu.cn
印 装 者：三河市龙大印装有限公司
经　　销：全国新华书店
开　　本：185mm×260mm　　　印　　张：18　　　字　　数：412 千字
版　　次：2023 年 6 月第 1 版　　　　　　　　印　　次：2023 年 6 月第 1 次印刷
定　　价：69.80 元

产品编号：095006-01

序　言

　　世界范围内的竞争归根结底是人才的竞争，在现代企业发展道路上，企业人力资源在市场竞争中的重要性不言而喻。为使企业人力资源得到有效配置，组织需要特别重视工作分析与组织设计工作，以逐步提升企业综合竞争力。"非才而据，咎悔必至；非其人而处其位，其祸必速。"人力资源管理的失败原因首先在于对"人"的安排不合理。企业要想实现有效的管理，一个重要的前提就是要了解各项工作的特点以及能胜任各种工作的人员的特点，再将岗位特点和人员特点运用到组织设计中，而这就是工作分析与组织设计的主要内容。因此，工作分析与组织设计是制定各项人力资源管理政策、制度和方法的基础与依据，为各项人力资源管理工作提供了有章可循的标准。

　　随着知识经济和经济全球化的发展，实务界对工作分析这一重要人力资源管理技术提出了更高的实践要求，现实环境的动态变化也促使相关前沿理论迅速更新。作为一本面向大学生的教学用书，本书从教材编写角度考虑，内容囊括工作分析与组织设计的最新发展理论和知名企业优秀实践案例，为读者厘清工作分析与组织设计的实施步骤、重点难点、实施现状以及未来发展趋势，并注重理论和实践相结合，确保读者能将所学工作分析理论知识充分应用于现实人力资源管理工作中。此外，虽然目前市场上关于工作分析的教材多种多样，但年份久远、内容过时的情况普遍存在，很难反映本领域最新研究成果和企业最佳实践。而且，现有教材大多以"工作分析"为中心主题，鲜有教材将工作分析与组织设计相贯通。实际上，分析与设计是密切相关的两项工作，在企业的实践中，两者更是不能割离。因此，借助广东省人力资源研究会平台，我们紧跟教学改革要求的新形势，紧紧围绕既定的教学目标，综合国内外相关研究成果，总结企业，特别是本土企业的最佳实践，与时俱进，最终完成此书的撰写。

　　作为"21世纪卓越人力资源管理与服务丛书"之一，本书语言通畅、条理清晰、例证风趣、内容丰富、资料翔实，理论与实践相结合。与同类图书相比较，本书在内容和形式上具有如下特点。

　　从内容上看，一方面，本书注重理论的"新"。随着知识经济和技术经济的发展，特别是在2020年发生新型冠状病毒肺炎（以下简称新冠肺炎）疫情的背景下，如何快速更新知识以应对这些变化、为实践服务是对现有教材提出的挑战，而本书紧贴现实，关注社会最新最热话题，并将其反映于内容之中，做到理论知识与社会实践发展齐步，如本书结合新冠肺炎疫情的背景提出工作设计面临的难点（详见第六章），并在数字化经济背景下提出岗位评价过程中重要的是"共生逻辑"而非"竞争逻辑"（详见第七章）。另一方面，本书重视应用上的"新"。随着时代和工作性质的变化，新型组织形式不断应运而生，当中的演化逻辑和应用效果要求管理者不断深入探索。本书注重加入前沿的企业工作分析与组织设计思想、理论和方法，如"学习型组织"与"网络型组织"（详见第十章），以为读者提供新时代组织设计的崭新视角。此外，本书还特别注重指导思想上的"新"，按照党和国家的最新要求，加入"课程思政"内容，在便于教师教学的同时，努力培育"又红又专"的新时期人力资源管理专业人才。

从形式上看，其一，本书在结构上注重系统性，在讲述工作分析的部分，贯穿"概述—方法—流程—成果—应用"这种从无到有的主线进行阐述，以利于读者形成全面而系统的认识；其二，每章开篇都配备了引例，案例新颖且具有代表性，能够提高读者的学习兴趣，且每章结尾都有思考练习题和案例分析，帮助读者在学习相关知识的基础上，深化对相关部分知识的理解和运用，提升读者的学习自主性和创新性；最后，"读书推荐"部分有助于读者扩大知识面，弥补本书内容的不足。

本书广泛征求了业界专家学者、企业高管等专业人士的意见和建议，是集体智慧的结晶。本书由我、江伟先生以及谭琳于女士负责拟定全书的框架并总纂统稿，李培祥和张旭参与了本书部分章节的编写和修改工作，在此对大家的热心帮助和工作表示衷心的感谢！此外，本书借鉴和引用了国内外学者的大量研究成果。在此，我们对所有支持本书编写工作的单位和同仁表示诚挚的感谢！

本书适合作为工商管理、市场营销、人力资源管理、管理工程、行政管理、公共管理、经济学、会计学、财务管理、金融学等经管类专业的本科教材或者企业员工的自学读物，也可作为 MBA、EMBA 和经管类研究生人力资源管理学课程的教材或辅助教学资料。

由于水平、时间和精力有限，书中难免存在疏漏或有待完善之处，欢迎读者对本书提出批评与建议。

陈国海

香港大学博士

广东外语外贸大学商学院教授

广东省人力资源研究会常务副会长兼秘书长

2023 年 3 月 28 日

目 录

第一章
工作分析概论

工作分析是一道可以用来确定工作任务、工作性质以及哪些类型的人适合该项工作的程序。

——美国著名人力资源管理专家　加里·德斯勒

 **本章框架**

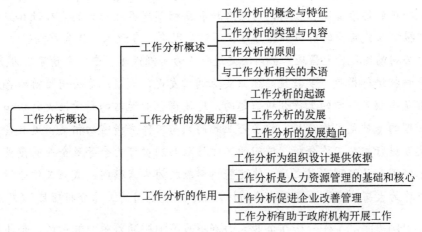

 **学习目标**

- ➢ 掌握工作分析的概念及特征
- ➢ 了解工作分析的类型与内容
- ➢ 掌握工作分析的原则
- ➢ 了解工作分析的发展历程
- ➢ 了解工作分析的作用

引例

大昌地产公司应该如何进行人力资源管理变革？

大昌地产公司成立于 2014 年，是一家专营房地产开发与销售的企业。随着当地经济的日益兴盛与公司的发展，该公司近年来进步飞速，经营规模不断扩大，已经逐渐发展成为中型的房地产开发公司。随着公司的不断壮大，公司的人员逐渐增加，随之而来的人力资源问题也逐步显现，主要包括以下4个方面的问题。

第一，公司的组织问题。尽管大昌地产公司的业务逐渐扩张，但是公司的组织机构仍停留在创始期的组织状态，企业未能根据工作变化情况持续分析组织机构应有变化，难以适应组织现实发展需求。因此，在发展过程中，各个部门之间、各个职位之间的权利与责任边界逐渐不明确，产生扯皮推诿现象，降低了公司运行效率。

第二，公司的人员招聘问题。公司的招聘流程是：首先由各部门提出人员需求和任职条件，接着由人力资源部统一招聘。但是，由于各部门的招聘标准较为笼统，而人力资源部又对各个岗位的具体工作并不熟悉，导致人力资源部在执行时容易招聘到不符合用人部门要求的人员，降低了部门工作效率。

第三，员工晋升问题。随着公司的发展，企业员工增多，部分上级和下属之间的私人感情成为某些岗位员工提升的决定性因素，员工晋升缺乏一定的科学标准，导致有才能的人得不到重用，这也使得公司员工怨声载道。

第四，员工激励机制问题。由于未对公司内各项工作进行科学分析，员工激励机制同样缺乏明确的标准体系，公司的绩效考核和薪酬制度存在较大的主观性和随意性，员工的工作报酬与其自身的价值和能力存在不对应现象，导致人才流失严重。

面对公司的困境，大昌地产公司决定进行人力资源改革，专门邀请了人力资源专家、某高校李教授进行指导。李教授经企业实地调研发现，大昌地产公司目前所存在的发展问题大都是由缺乏科学的工作分析引起的，这使得企业运转的科学性大打折扣。企业人力资源管理的基础是工作分析，许多企业的问题与工作分析密切相关，更有甚者，若企业未能定期进行相关工作分析，陈旧的工作标准与制度可能会导致企业的覆灭。人力资源部的张经理和总经理商讨之后，决定聘请李教授为专家顾问，成立工作分析小组，将工作分析作为大昌地产人力资源改革的切入点，开展公司的工作分析项目。(马远，2014)

上述引例表明，工作分析在企业人力资源改革中扮演着重要的角色，企业如果想解决人力资源管理存在的诸多问题，可以从工作分析入手进行改善。

第一节　工作分析概述

企业的运行离不开各个部门和岗位的工作，不同的工作意味着不同的任务、职责与权利，需要由具备特定工作素质和技能的人员承担。对于一个企业而言，为提升经营管理水平、拓宽发展空间、充分实现战略目标，必须明确企业内部各个岗位的工作性质、任务和职责是什么，以及哪些特定类型的人员适合这些工作岗位，而这个过程就是工作分析。

一、工作分析的概念与特征

工作分析是人力资源管理工作的基础，深刻地影响着人力资源管理的各大模块。学习工作分析，首先需要理解工作分析的概念和特征。

（一）工作分析的概念

工作分析最早可以追溯到"科学管理之父"泰勒在 1911 年提出的"时间动作研究"，而在我国的大规模应用开始于 20 世纪 90 年代初期的国有企业改革。

在国内，对于"工作分析"一词的界定，主要有 3 种代表性观点。第 1 种代表性观点，在朱智贤 1986 年主编的《心理学大词典》中，工作分析被定义为：对某项工作诸特性及与该工作有关的事项进行分析并收集有关资料。其内容包括了准确描述工作内容与实质、分析并确定执行此项工作的人所具备的各项资格条件两部分。第 2 种代表性观点认为广义的工作分析包含职务描述、职务分类与职务评价 3 个方面的研究内容，而狭义的工作分析则仅仅包括职务描述的内容（陈彩琦等，2017）。第 3 种代表性观点将工作分析等同于工作岗位，认为对工作岗位进行分析并形成岗位描述的过程就是工作分析（牛小华，2017）。在此基础上，陈彩琦等（2017）提出，工作分析是对职务信息和任职者信息进行收集、分析、整理和规范化描述的过程。本书将主要依据这一定义来展开论述，即工作分析是工作分析者为了特定的目的或需求，在一定时间内，采用科学的手段和方法，收集、比较、综合特定工作信息，对特定工作的状况、基本职责、人员资格要求等做出明确、规范的描述与说明，为组织特定的战略、规划、人力资源管理及其他管理行为提供基本依据的一项管理活动或过程。

企业的工作分析需要以工作特征为基础，收集、整理和分析关于工作内容与工作职责的资料，以确定工作需要的脑力和体力支撑、完成工作任务需要的特定类型员工的特征、工作完成时间、工作完成地点、工作完成方法、工作完成原因、与其他工作的关系等。

在企业管理中，工作分析是一切人力资源管理活动的重要基础和支撑。企业工作分析的主要任务是对企业现有的工作进行分析，包括各类工作的特征、规范、要求、流程，以及完成此工作的员工具备的素质、知识、技能等多个方面的描述。企业工作分析的结果是工作说明书，可以为企业人力资源管理实践的各个环节，如招聘、培训、绩效考核、薪酬管理等提供必要的信息和数据。

一般情况下，当企业遇到如下 3 种情况时，需要进行工作分析：① 当企业初步建立时，需要正式引进工作分析，企业需要对各类相关的工作进行分析，以制定明确的规范，从而确保新建立的企业能够更好地运行；② 在企业运营中产生新的工作时，企业需要对新工作的内容和要求进行分析，使其更加明确和合理化；③ 随着新的技术、工艺、方法或系统的出现而出现新的工作岗位或任务，或者原有的工作内容、要求、性质等发生变化时，企业需要重新进行工作分析。

（二）工作分析的特征

作为一项基础性的工作，工作分析可以为企业的管理和发展，尤其是人力资源的管理和发展提供基本的依据和参考。具体来说，工作分析主要包括以岗位为基本出发点、系统性、动态性、全员参与性以及目的性 5 个方面的特征。

1. 以岗位为基本出发点

在企业中，岗位是最基本的单位，企业的岗位由企业的战略目标和组织结构决定。

一个企业拥有什么样的战略目标，就会要求相对应的岗位体系和相关的职责、权限、领导关系以及任职资格等。因此，在企业中进行的工作分析多围绕岗位进行，以岗位为基本出发点，主要对构成岗位的多个要素逐一进行详细分析。这些要素包括工作、职责与职权、任职者、环境、激励机制与约束机制等。通过分析岗位的构成要素，可以得到最适合该岗位要求的工作分析相关文件，为企业的人力资源管理和发展提供相关的参考和依据。

2. 系统性

作为一项基础性的工作，工作分析需要对企业的所有岗位以及与这些岗位相关的所有信息进行较为深入和详细的调查、分析和研究，并在此基础上概括出关于这些岗位的权限、职责、任职资格等内容。在工作分析的过程中，需要借助科学而系统的调查、分析以及评价的方法与手段，以提高效率与质量。一般来说，在工作分析的初期，需要进行系统的计划并制定出科学的方案；在工作分析的中期，需要依据实际情况对制定的方案进行及时的调整和修正；在工作分析的后期，需要从系统的角度出发，同时综合考虑多种因素制定工作分析文件。总之，工作分析是一项系统的过程，需要科学的方法和技术的指导，需要进行系统且合理的规划、指导、实践和应用。

3. 动态性

现代企业面临着瞬息万变的内外部环境，在外部环境方面，经济知识化、信息全球化等快速发展，对企业适应新环境的能力提出了更高的要求；在内部环境方面，组织结构弹性化、制度体系创新化等新要求不断出现，要求企业的管理方式随之升级和更新。在此环境中生存和发展的企业，其人力资源管理工作也需要随着内外部环境的变化而进行动态的更新和调整。此时，若仍然采用静态不变的工作分析，则很难为企业的人力资源管理工作提供最新且最具参考价值的第一手资料，这会导致企业的人力资源规划、岗位设置、人员调配、薪酬体系设置以及绩效考核等工作缺乏必要的参考信息，从而导致相关的决策在一定程度上缺少科学性（王海，2006）。

4. 全员参与性

工作分析是一项较为复杂且系统的工作，其顺利进行涉及企业每个员工的积极参与和配合，具体包括企业的领导层和管理人员的支持、主管人员的配合、基层员工的参与以及工作分析专家小组的积极执行。在工作分析的初期，面向企业全体员工开展宣传工作，使其了解工作分析的意义和作用，促使员工对工作分析保持积极和配合的态度。在工作分析的中期，为收集足够的相关资料，需要企业员工参与现场观察、访谈以及问卷调查等环节。在工作分析的后期，需要各个岗位的任职者（员工）认同工作分析形成的工作文件。总之，在工作分析的每一个阶段，都离不开全体员工的积极参与。

5. 目的性

企业在发展中所处的环境不同，工作分析的目的有所不同，其工作分析选择和应用的侧重点也就不同。例如，部分工作分析是为了对现有的工作内容与要求更加明确或合理化，以便制定切合实际的奖励制度，调动员工的积极性；而有的工作分析是对新工作的工作规范做出规定；还有的工作分析是企业由于遭遇了某种危机，设法改善工作环境，以提高组织的安全性和抗危机的能力。若使工作分析这一人力资源管理的核心技术流于形式，如职务说明书与员工的工作侧重点有所偏失，则在人员流动较大时，职务说明书的编制工作强度就会随之增加。

二、工作分析的类型与内容

（一）工作分析的类型

依据工作分析的范围、应用目的以及分析切入点，可以将工作分析分为不同的类别（方雯，2017）。

（1）从工作分析的范围来看，可以将工作分析分为广义的工作分析和狭义的工作分析两类。广义的工作分析是针对整个国家、整个社会范围的各项工作进行分析的活动；而狭义的工作分析是针对某一特定组织内部的各项工作展开分析的活动。一般而言，狭义的工作分析更为常用，即对某一特定组织内部的各项工作展开分析。

（2）从工作分析的应用目的来看，可以将工作分析分为单一目的型工作分析和多重目的型工作分析两类。单一目的型工作分析的目的比较集中，侧重于某种特定的内容，比如，假设某企业进行工作分析的目的是更好地开展组织培训工作，那么在工作分析活动中，工作职责是其主要关注的内容。如果某企业进行工作分析的目的不仅仅有一个，则这种类型的工作分析就是多重目的型工作分析。总之，单一目的型工作分析与多重目的型工作分析的主要区别在于二者所关注的内容不同。

（3）从工作分析的切入点来看，可以将工作分析分为工作导向型工作分析、人员导向型工作分析以及过程导向型工作分析3类。工作导向型工作分析主要关注工作所涉及的任务以及行为。人员导向型工作分析主要关注任职者的哪些特质可以提高工作绩效，包括专业知识、能力、技能等。过程导向型工作分析主要关注企业的生产过程或者服务流程，从组织流程入手进行调查，并展开流程中各个环节的工作分析。

此外，从工作分析的层次来看，可以将工作分析分为任务层次的工作分析、人员层次的工作分析、岗位层次的工作分析。任务层次的工作分析是通过目标分解、调查、观察等工作分析的基本方法，对构成工作岗位职责的各项任务逐一归纳与整理，并使之清晰化、系统化与模块化。人员层次的工作分析是对特定工作岗位需要匹配的人员个性特征进行分析和描述，并使之清晰化、系统化与模块化。岗位层次的工作分析是对特定工作岗位的状况、基本职责、人员资格要求等做出明确的、规范的描述与说明，并使之清晰化、系统化与模块化。

（二）工作分析的内容

工作分析者在开展工作分析时应通过"6W1H"（即who, what, when, where, why, for whom, how）7个问题来进行调查分析。这需要回答两个主要问题：第一，这个职位（岗位）是做什么事情的；第二，这个职位（岗位）适合什么样的人。前者是工作描述的内容，后者则是工作规范的内容。因此，工作分析的内容主要围绕工作描述和工作规范两个方面展开。

1. 工作描述

工作描述是对工作活动本身而言的,具体包括工作目的、工作职责、工作任务、工作关系、工作职权、工作环境等。

(1)工作目的。工作目的是指做这项工作的原因以及想要达到的目标。

(2)工作职责。工作职责是指工作者在这项工作中所负责的工作范围和所需要承担的责任。

(3)工作任务。工作任务是指某项工作所需要完成的工作内容,以及完成这项工作的程序和方法等。

(4)工作关系。工作关系是指工作中的关联和合作关系,如完成这项工作会与哪些工作有交集、会受到哪些工作的制约以及会对哪些工作产生影响等。

(5)工作职权。工作职权是指为完成某项工作而被赋予的、在一定范围内行使的权力。

(6)工作环境。工作环境大致可以分为工作的物理环境、安全环境、地理环境和社会环境 4 个方面。工作的物理环境包括工作环境的湿度、温度、噪声、粉尘、照明度等因素。工作的安全环境包括工作中可能发生的事故、危险性以及易患的职业病等关系到工作人员生命安全的因素。工作的地理环境主要包括工作地点的地理位置、交通情况等。工作的社会环境主要包括工作中的各种人际关系、团队气氛等。

2. 工作规范

工作规范是对任职者资格要求而言的,具体包括工作知识、工作经验、智力水平、体力要求、心理素质等。

(1)工作知识。工作知识是指工作者为能够完成某项工作而需具备的知识。工作知识的要求主要包括学历要求、具备的专业知识要求以及任职资格证书要求等。

(2)工作经验。工作经验主要是指完成相关工作以及处理工作中遇到的问题所需要的实践经验。对工作经验的要求主要体现在对过去从事的工作和时间的要求、对培训经历的要求等方面。

(3)智力水平。智力水平与一个人的理解能力、反应力、表达能力、解决问题的能力、注意力集中程度以及学习能力等息息相关。

(4)体力要求。体力要求是指该项工作对任职者体力方面的要求,一般多用体力活动的剧烈程度和频率来衡量。

(5)心理素质。心理素质是指工作者在工作中所需要具备的责任心、诚实、耐心、情绪稳定等心理因素。

三、工作分析的原则

为了提升科学性和合理性,企业在进行工作分析时需要遵循以组织战略目标为指导原则、以人为本原则、责权对等原则以及注重效益原则 4 个基本原则(王林雪,2016)。

（一）以组织战略目标为指导原则

作为企业的常规性工作，工作分析需要考虑企业的战略目标、内外部环境的变化、业务的调整等多方面的因素。随着知识经济和信息时代的飞速发展，企业的整体战略处于动态调整和变化中，企业的工作分析需要依据企业整体战略的变化而适当进行调整，以确保组织战略目标的实现。

（二）以人为本原则

在一个组织中，工作分析的好坏关系着员工的短期利益和长期利益，优秀的工作分析需要企业各级员工的认可和支持，工作分析的实施与动态调整也离不开各级员工的协同与合作。因此，企业进行工作分析时，需要考虑各级员工的需求和参与度。

（三）责权对等原则

参与企业工作分析的各级人员，包括人力资源专家、管理层人员、基层员工等，都需要积极配合，如实提供工作分析所需要的各项资料和信息。此外，参与工作分析的各级员工都有权要求企业对自己的意见做出客观的评价和反馈。

（四）注重效益原则

企业在进行工作分析之前，要做好经费和成本预算，并在工作分析之前、工作分析中以及完成工作分析之后等不同阶段都进行相对的评估和总结，以便及时调控工作分析的成本，包括经济成本、人力成本、物力成本、时间成本等，实现企业的综合效益最大化。

四、与工作分析相关的术语

企业在进行工作分析时，需要采用专门的术语，正确理解并掌握这些术语的含义，对科学合理地进行工作分析具有不可替代的作用。一般而言，在工作分析过程中，常用的术语包括 13 个，即要素、任务、职责、职位、职务、职系、职组、职门、职业、职业生涯、职级、职等和职权。

（1）要素。在工作中不能被继续分解的最小工作单位被称为要素。例如，加工零部件、启动机器、取出工具等都属于要素。

（2）任务。工作活动中达到某一特定目的的要素集合被称为任务。在企业中，任务是对员工所从事工作的具体和详细的描述。一般而言，一项工作任务由多个工作要素组成。例如，A 公司要求工作人员将数据输入计算机、转一笔账目、加工零部件等，这些都算任务。

（3）职责。在企业中，担负一项或多项相互联系的任务集合被称为职责。职责一般是由多项任务组合而成的。例如，调查企业员工的满意度属于人力资源部人员的主要职责之一，其包括确定调查问题、设计调查问卷、发放调查问卷、收集和分析调查数据等多个环节。

（4）职位。职位又称岗位，在企业中是指某一时期内某一主体所承担的一项或者多项相互联系的职责集合。例如，企业的市场部经理、人力资源部主管等都属于职位。如果要对职位与岗位进行更细致的区分，则职位一般多适用于知识密集型和管理方面的岗位，而岗位一般多适用于劳动密集型和一线岗位；职位一般多适用于高层人员，而岗位的含义更为广泛，无论是高层人员还是底层人员都适用。

（5）职务。职务是指主要职责在重要性和数量上相当的一组职位集合。例如，一个公司有两个企业文化部副经理（A 和 B）：副经理 A 负责分管新媒体和传统媒体的运营以及对外品牌建设等；副经理 B 则主要负责对内文化建设与实施以及内部员工关系维护等。

要素、任务、职责、职位和职务的关系如图 1-1 所示。

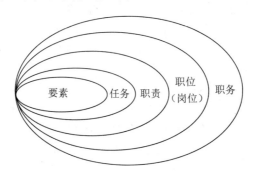

图 1-1　要素、任务、职责、职位和职务的关系图

（6）职系。职系又被称为职种或工作族，指职责繁简难易、责任轻重、任职资格不同，但工作性质相近的所有职位的集合。每个职系就是一个职位升迁的系统。例如，小学教师职系有小学语文教师职位、数学教师职位、英语教师职位等。

（7）职组。职组又称职群，主要由工作性质接近的若干职系组合而成。

（8）职门。职门指工作性质相近的所有职组的集合，如教育职门有教学职组、管理职组、后勤职组等。

（9）职业。职业主要指一定时期内不同组织中的相似或相当的职位集合，如教师、会计、工程师等。

（10）职业生涯。职业生涯是一个人所经历的一系列职位、职责或职业的集合或总称，或者指一个人从进入职场（包含职场准备学习）到退出职场的过程。

（11）职级。职级是指一系列相似职位的集合，这些职位在工作的内容、工作的难易程度、工作的责任大小以及工作所需要的人力资源资格和技能等多个方面都比较相似。对同一职级的员工，实行同样的管理和报酬制度。

（12）职等。一般而言，职等主要是指不同职系中职责繁简难易、轻重大小及任职条件都十分相近的所有职位集合。例如，中学教师职系中的中学高级教师与大学教师职系中的副教授是一个职等。职系、职组、职门是对工作的横向划分，而职级、职等则是对工作的纵向划分。

（13）职权。在法律规定的职务范围内为完成特定职责任务所赋予的权力被称为职权。职权与职责密切相关，特定的职责对应特定的职权，如审计监督权。

第二节　工作分析的发展历程

工作分析致力于收集、整合、分析与工作相关的各方面信息，可以为企业的人力资源管理提供重要的参考和依据。作为企业人力资源管理系统的基础和重要组成部分，工作分析经历了一个不断发展和成熟的过程。

一、工作分析的起源

工作分析的思想最早可以追溯到社会分工问题。一般认为，春秋时期的政治家管仲提出的"四民分业定居"论是最早论述社会分工问题的理论。其主张将"民"划分为士、农、工、商四大行业（"四民"），并且让不同行业的人聚居在不同的固定区域。战国时期的思想家荀况更加强调和重视社会分工的整体功能和综合能力，他认为科学和合理的分工可以促使人们各就各位、有序工作，产生群体的力量。尽管中国古代的部分思想家已经对分工有了较为明确的研究和独到的见解，但是由于受中国古代自给自足的小农经济思想的影响，中国古代的分工思想并未形成系统的分工理论。

推动社会分工理论得到发展的是古希腊的思想家柏拉图。他认为，各人的性格不同，适合于不同的工作。柏拉图在其著作《理想国》一书中较为详细地论述了社会职业的分工，并提出由特定工作人员从事特定工作的社会分工方法，会极大地提高社会的生产率，为社会做出更大的贡献。此外，柏拉图还认为，每个人的工作能力与不同的工作岗位要求之间存在如下 4 个方面的差异：① 不同的个体具有不同的工作才能；② 不同的工作岗位具有不同的工作要求；③ 每个个体依据自己的天赋和才能，在规定的时间内只专注一件事，会做得更多、更出色、更容易；④ 管理的重要目标之一是让个体从事最适合他的工作，以实现工作效率的最大化。

现代经济学鼻祖亚当·斯密在《国富论》一书中较为系统而全面地阐述了社会分工的思想。他认为，社会分工可以提高社会的劳动生产率，劳动生产率的提高可以促进国民经济的发展和人民生活水平的提高。以生产扣针为例，假设一个人平均一天可以生产大约 20 个扣针，通过专业化的分工，由 18 个专业生产扣针的操作工来生产扣针，则一个人平均一天可以生产 4800 个扣针；而且实行专业分工之后，每个工人在工作时间内只做一件事情，这样更容易提高劳动的熟练程度，更容易缩短工作时间，从而提高工作效率（丁俊发，2014）。亚当·斯密认为，社会分工的效果对各个行业和工厂都适用，而且一个国家的产业化程度越高，其生产力提高的程度就越大，其行业的分工程度也会提高得较快（杨倩丽，2010）。

随着社会分工的不断发展，社会上逐渐出现了目标分化和权力分散的现象。因此，需要对组织的各项工作任务和职责进行分析与描述，以明确每项工作的工作内容、所需的员工资质以及如何进行工作等，这就需要组织进行工作分析（张宇等，2006）。

例证 1-1

劳动分工提高了人们的生活水平

二、工作分析的发展

（一）工作分析在西方的发展

西方国家的工作分析理论和实践经历了一个漫长而波折的发展历程，概括起来，可以分为第一次世界大战前的探索阶段、两次世界大战期间的发展阶段以及第二次世界大战之后的广泛普及和应用阶段 3 个阶段（马国辉等，2008）。

1. 探索阶段：第一次世界大战前

第一次世界大战之前，工作分析的相关理论和实践的发展经历了 4 个阶段：① 美国的内政改革阶段；② 泰勒的古典管理理论阶段；③ 芒斯特伯格阶段；④ 吉尔布雷思夫妇阶段。

（1）美国内政改革阶段的工作分析（1860—1900 年）。林肯总统执政期间，美国政府部门的办事效率并不高，为进一步提升政府的工作绩效和办事效率，美国组建了"政府机构改革委员会"，其通过观察、访谈、问卷调查等方式，对政府机构各个职位的工作进行职位调查，主要目的在于明确任职者所应该具备的主要技能以及可以提升该职位工作效能的关键技能，从而提高相应职位人员的工作效率。在这次职位调查活动中，纽约港务局采用了"正反两方面分析绩效标准"的工作分析方案，在分析影响工作绩效的因素时将负面因素考虑进去，这一工作分析方案帮助政府每年节约了大约 30 万美元的开支；印刷局因采用了工作分析的有关成果，在 1885—1888 年的 3 年时间内降低了 25.04% 的成本，但是印刷的页数增加了 6%，极大地提升了工作效率。

（2）泰勒的古典管理理论阶段的工作分析（20 世纪初）。泰勒对工作分析的最大贡献是在分析员工的选拔、培训以及报酬奖励上重点考虑了工作效率。泰勒创立了"单件效率分析理论体系"，即在调查工作时间和工作效率时，将每一项工作拆解为多个部分，并用秒表准确地测量完成每部分工作所需要的时间。泰勒在《科学管理原理》中提出，"主动激励"的管理方式，即给予员工某种特殊且超出行业平均水平的激励，能够使员工发挥出最大的工作主动性和积极性（泰勒，1967）。此外，他还分析了员工的工作心理与工作效率之间的关系，认为员工的工作耐心对工作效率有重要影响。比如，在一个实验中，研究人员挑选了 4 个耐心较强的员工进行实验，发现只有一个人在下班之后不会感到疲倦。研究人员立即对该名员工进行了鼓励，让其更快地工作，并且让其适当地休息，结果该名员工的工作效率得到了很大的提升。泰勒的研究在一定程度上为工作分析制度的诞生奠定了基础。

（3）芒斯特伯格的工业心理学研究的运用（20世纪初）。"工业心理学之父"芒斯特伯格是工业心理学的主要创始人，其对工作分析的主要贡献在于他发现了相较于依据操作体验所获得的工作信息，从"内行人"获得关于工作的真实准确的信息更重要、更有意义。芒斯特伯格从心理学的角度分析了什么样的人适合从事某些特定岗位的工作，什么样的心理状态可以提升工作效率，其认为提升员工的工作效率可以从提升员工的心理适应性以及改善工作流程两个方面入手。芒斯特伯格的研究为工作分析的进一步发展奠定了较为坚固的基础，对组织进行员工的招聘与筛选、培训、绩效考核、工作设计等多方面的工作具有较为深远和重要的影响。

（4）吉尔布雷思夫妇的工作分析研究（20世纪初）。作为一名工程师，弗兰克·吉尔布雷思提出了一套在实验室进行工作分析的方法，该方法通过删减多余的工作动作以及提供合适的工作设备两种方法提高工人的劳动生产率（1917）。吉尔布雷思从"工人本身"出发考虑工作分析，他认为工作分析的结果会随着工人的变化而发生变化。此外，吉尔布雷思夫妇进一步认为应采用不同的工作方法帮助不同的工人，从而提高工人的劳动生产率。吉尔布雷思夫妇的研究侧重对工作方法的分析，也注重在进行工作分析时重点考虑工作分析对象的全面性和代表性。因此，吉尔布雷思夫妇的研究对工作分析的发展起着重要的推动作用。

2. 发展阶段：两次世界大战期间

在两次世界大战期间，工作分析在理论和实践上均取得了一定的进步。在理论上，"工作职位""工作任务"等名词逐渐有了较为正式和明确的定义，《职业大辞典》也在此期间诞生。该辞典的编撰经过了标准的工作分析程序，以事实资料为依据，尽可能准确地定义国民经济中的各项工作。在实践上，因为战争的需要，美国征召了数百万人服兵役，虽然这些人中部分有专长，但是他们的专长常常无法得到发挥和利用，这促进了工作分析在实践中的应用与发展。

（1）宾汉对工作分析的贡献。宾汉将工作分析与心理学结合起来，提出了较为系统的工作分析方法论（1919），为解决第一次世界大战期间的人员配置问题做出了较大的贡献。此外，宾汉与其他专家合作组建了研究所，该研究所采用随机原则采访了许多工作人员，收集了关于工作任务、工作类型、员工晋升、任职资格等多方面的较为详尽的数据和资料，这在一定程度上推动了工作分析在各个组织中的发展与应用。

（2）斯科特对工作分析的贡献。斯科特对工作分析的贡献主要体现在4个方面：① 制定了"军衔资格标准"，即依据工作能力，将属于同一个等级的军官进行排序，接着针对这一等级的军衔资格条件进行工作分析。"军衔资格标准"受到了部队首长以及其他军官的大力赞赏。② 斯科特领导的委员会通过工作分析，成功地制定了"人员调查表""军官任职技能说明书""入伍申请表"等，将工作分析与军队的实际需求结合了起来。③ 将面谈考评科学化。在军队中，军官通过面谈考评检查士兵对技能的掌握情况，而斯科特领导的委员会要求在面谈考评之前进行工作分析，以确保面谈考评的效果。④ 创建了斯科特公司，并出版了《人事管理》一书，通过斯科特公司和《人事管理》一书将军队的工作分析研究成果引入企业管理和政府管理之中。

（3）巴鲁什对工作分析的贡献。艾玛·巴鲁什对工作分析的贡献是将工作分析应用到制定美国的《工薪划分法案》之中。1919 年，巴鲁什加入美国国会工薪划分联合委员会，其通过对 104 000 位公职人员进行问卷调查，收集了关于政府职务的相关资料，并在此基础上进行了逻辑分类和等级划分，而国会依据巴鲁什的分析结果通过了《工薪划分法案》。

（4）社会科学研究会对工作分析的贡献。社会科学研究会通过工作分析，明确规定了美国各个行业的职业技能标准，并将其划分为两个部分：特定部分和共有部分。社会科学研究会在 1931 年创建了失业问题委员会，该委员会的重要工作任务之一就是制定不同的工作岗位所需的工作技能标准，并提供给公共就业交流中心参考使用。

（5）美国国家研究会对工作分析的贡献。美国国家研究会通过工作分析，制定了一套生理指数体系，为美国的职业能力评价做出了重要的贡献。同时，美国国家研究会也致力于通过应用工作分析减轻失业造成的社会压力。

（6）美国职位研究委员会对工作分析的贡献。1936 年，美国职位研究委员会编撰完成了《职业大辞典》，其以职业编码表为基础，以工作分析为手段，且收集了大量的实际数据和事实资料。该辞典为美国在第二次世界大战中的征兵工作提供了较大的帮助，好评如潮，很多人称之为"专为战争而诞生的辞典"。

3. 广泛普及和应用阶段：第二次世界大战之后

第二次世界大战之后，人们更加重视工作分析，这在一定程度上促进了工作分析理论和方法的发展。具体地，第二次世界大战之后工作分析的应用主要体现在 9 个方面：工作评价、开发工作分析工具、探索职能工作分析方法、开发工作要素分析表、研究关键事件分析法、开发任务清单标准化、处理劳动纠纷、分析人员录用的生理条件以及绩效考评。

（1）工作分析在工作评价中的应用。第二次世界大战之后，一些企业在设计工作评价的标准时，重点参考了工作分析的结果。此外，美国国家就业局的部分专家将工作分析应用到很多社会机构的管理和运营中，帮助其建立工作评价体系。实践证明，工作评价可以提升工作分析的意义和价值。

（2）工作分析在开发工作分析工具中的应用。职位分析问卷（PAQ）被认为是一种较为标准的工作分析工具，它将人员和工作结合起来共同考虑，并通过标准化的形式列出了不同工作岗位所需要的工作技能和行为，为组织制定工薪标准、进行人事调查等活动提供了标准化的分析工具。

（3）工作分析在探索职能工作分析方法中的应用。1950 年，西尼·法恩提出了"职业职能分类计划"相关的理论。后来，西尼进一步改进了"职业职能分类计划"理论，提出了职能工作分析理论。该理论基于 3 个假设前提：① 每一项工作任务都应该考虑员工处理人际关系、数据、事务等时的生理特征、心理特征以及个性行为特征；② 评价和分析工作任务的绩效时，应该综合考虑该工作任务对员工的特殊技能水平、专业技能水平以及一般技能水平的要求；③ 在进行职务分析时，需要将每项工作任务都视为工作结果、工作人员以及工作内容三者合一的标准化系统。

（4）工作分析在开发工作要素分析表中的应用。1944 年，普里莫夫在美国政府工作委员会工作，在进行人员选拔和人事考核的研究课题中，他应用了工作分析程序收集事实数据和资料。首先，让相关专家描述某一项工作对任职人员的要求，这些要求被称为工作要素；接着，让相关专家依据工作要素的重要程度对其进行排序，形成工作要素表；最后，企业管理者可以依据制定好的工作要素表重新设计和制定组织的人事选拔标准和考核标准。

（5）工作分析在研究关键事件分析方法中的应用。最早应用关键事件分析方法的人是军队心理学家约翰·C. 弗莱内根，其通过研究和调查收集了军队飞行员绩效低的多方面原因，并将其称为"关键事件"。后来，弗莱内根进一步将关键事件分析方法应用到工业生产过程中，通过关键事件分析员工的工作绩效高和低的原因，并结合工作要素相关理论进行分析，以为组织中的人员筛选与培训、人员发展与绩效考核等提供额外的支撑。关键事件分析法在一定程度上可以为组织的工作分析提供较为真实和客观的资料，目前该方法已经被广泛应用到非结构化的工作分析之中。

（6）工作分析在开发任务清单标准化中的应用。美国空军心理学家克里斯托帮助空军人员设计了一种"任务清单"问卷，以帮助空军人员适应他们所从事的各种职业。该问卷有上百个甚至上千个关于工作任务的题目，接受问卷调查的相关人员可以核对问卷上的任务与实际执行的任务之间的差距，同时也可以评估各项工作任务的重要程度。任务清单在实际的应用中受到了较为广泛的欢迎。

（7）工作分析在处理劳动纠纷中的应用。1964 年，美国颁布《公民权利法案》，该法案强调每个公民享有平等的就业机会，禁止种族歧视和性别歧视。该法案较为详细地论述了工作分析是今后效度研究的基础，其认为在分析工作信息时应考虑工作分析，工作分析较为详细地说明了工作行为、内容以及其他与工作相关的信息。

（8）工作分析在分析人员录用的生理条件中的应用。第二次世界大战之后，工作分析被应用到分析人员录用的生理条件中，如建立人员行为要素标准、个人生理障碍和工作设计等。在人员录用生理条件分析中，工作分析的应用突出强调了收集和分析与工作要求相关的工作行为。这增加了有生理缺陷的人被雇用的可能性。

（9）工作分析在绩效考评中的应用。基于工作分析技术，一些心理学家提出了收集工作绩效相关资料的方法，如佛莱希曼从行为要求理论、个性能力与任务理论以及行为描述理论 3 个方面入手论述了工作绩效考评的依据。

例证 1-2

编写较差的关键事件和编写较好的关键事件

- -

（二）工作分析在中国的发展

工作分析在中国也有着悠久的历史,但目前没有对其发展的各个阶段形成统一的定论。若以时间为脉络,以重要事件为代表,国内的工作分析发展可以划分为在古代的发展、在20世纪初期的发展、在新中国成立后的发展以及在改革开放后的发展4个发展阶段。

1. 在古代的发展

春秋时期齐国的著名政治家管仲提出的"四民分业定居"论(马洪等,1988),主张将民众所从事的职业分为士、农、工、商四大行业,且要求每个行业的人按照规定聚居在固定的区域内,这初步展示了社会分工理念。后来,孟子基于已有的社会分工理念,系统地阐述了社会分工问题,他将民众分为"劳力者"和"劳心者"两种类型,并且认为"劳心者治人,劳力者治于人"(桑楚,2013),相应地,孟子将民众分为管理层和被管理层两类。明代的宋应星著书《天工开物》,通过运用工作分析的方法,即观察法和访谈法两种调查方法,分析了工农业生产技术。尽管中国的社会分工思想萌芽很早,但由于其受到封建统治和小农经济等因素的影响,中国古代的社会分工实践水平不高,社会分工理论的发展也受到了较大的限制。

2. 在20世纪初期的发展

20世纪20年代中国人事心理学的发展为工作分析的发展奠定了一定的基础。1916年,清华大学通过开展职业指导的方式帮助学生更好地选择职业。1921年,中华职业教育社采用自己制作的职业心理测验对入学的学生进行心理测试(王丽娟,2016)。

3. 在新中国成立后的发展

新中国成立初期,中国经济百废待兴,很多企业针对生产管理进行了改革,初步制定了较为合理的劳动定额以及生产责任制。比如,长春铁路公司借鉴苏联企业的管理经验,大多采用每天工作8小时的制度,并综合考虑各个岗位的任务和劳动的难易程度,制定了定员标准,该种方法被称为技术定额查定法。

1952年,中国制定了《中央纺织工业部棉纺织厂工人工资制度调整方案(草案)》,其指出需要实行岗位工资制,即对采用计件工资的纺织工人,综合考虑不同工种岗位的职责、劳动条件、劳动轻重、劳动技术难易程度等因素,制定每个工种的工资标准。为了制定科学合理的工资标准,其采用了评分法对各个工作岗位进行工作评价和工作分析,在此基础上确定每个工种的工资标准。

1953—1960年,生产责任制在我国已推广到除纺织业外的技术设计、设备、材料、安全和工具保管等多个职能科室。但新设的企业管理制度在"一五"期间被否决。1961—1965年,在"调整、巩固、充实、提高"八字方针的有效指导下,《企业计件工资暂行条例(草案)》《企业计时奖励工资暂行条例》等指导性文件陆续出台,岗位责任制得以逐步恢复并健全。

新中国成立初期,工作分析得到了初步发展,但是由于受到"文化大革命"的影响,中国的人力资源管理和工作分析在相当长的一段时间内处于停滞不前的状态。1978年,中共中央意识到工作分析对企业发展的重要意义,制定"工业三十条"(即《中共中央关于加快工业发展若干问题的决定（草案）》），使得岗位责任制在中国再次恢复。

4. 在改革开放后的发展

改革开放以后，中国的工作分析得到了真正的发展。从 20 世纪 80 年代开始，中国的经济体制改革不断深入，企业管理逐渐科学化、合理化、标准化，出现了许多先进的企业和企业管理经验（王丽娟，2016）。比如，1981 年，首都钢铁公司从岗位责任制转变为经济责任制，建立了明确的岗位标准、程序、责任、时间以及考核办法，以确保员工可以按时、按量、按质地完成各项岗位任务。自 1984 年开始，中国的心理学家将工作日志法、问卷调查法、个案研究法等运用到企业管理中，分析干部的工作任务、工作内容、工作时间分配、工作人际关系、工作技术难度等多个方面，帮助企业管理者明确了职责，也帮助企业初步确定了不同岗位的任职者所需具备的知识水平、能力水平、心理素质等条件，从而为企业的人才选拔、考核、调动、晋升等提供了合理的评判标准。随着中国经济的不断发展，辅助企业进行工作分析的方法日渐多元化，企业可以借助现代化的软件和系统进行工作分析，从而提高工作分析的效率和质量。

三、工作分析的发展趋向

随着经济全球化以及信息网络技术的快速发展和兴盛，企业运行和人力资源管理可提升和改进的空间越来越大，这就要求企业的工作分析也应不断发展和调整。具体而言，企业工作分析的发展趋向主要体现在工作分析的思想、方法以及技术 3 个方面（钱良群等，2004）。

（一）工作分析思想日趋现代化

组织是社会结构的基本构成部分，在组织中，最小的构成单位是工作岗位或者职位。随着外部环境的飞速发展，组织的工作岗位和职位也处于发展和变化之中，这就要求现代企业的工作分析可以根据企业经营管理的理念进行动态的调整和变化。工作分析日趋现代化主要体现在如下 5 个方面。

1. 工作的内容范围

从工作的内容范围来说，职责扩大与职责交叉成为现代企业经营管理的发展趋势，这要求现代工作分析应明确每项工作的工作流程和相对应的工作设计，在进行工作设计时认真地分析和评估工作任务之间的差别以及各个任务之间的相互联系，从而更为科学合理地设计工作，以有益于增强企业工作者对更为广泛的工作职责的适应性。

2. 人员关系

从人员关系来看，不同于以前企业的管理层与员工之间存在较大的差别和距离，现代企业经营管理的一大趋势是企业的管理层与员工之间的差别逐渐缩小。因此，现代工作分析需要设计科学合理的工资制度和绩效体系，将员工的自身技能、工作能力与他们的实际薪资相挂钩，通过工资和绩效激励员工，改善管理层与员工之间的关系。

3. 分析对象

从分析对象来看，现代企业的工作分析的对象需要随着时代和内外部环境的变化而进行适当的动态调整和适应。这要求现代工作分析制定出科学合理的岗位标准等级制度，提升组织解决和应对突发应急事件的综合能力。

4. 工作效果

从工作效果来看，经济和竞争全球化、贸易自由化、政府干预最小化等特征是现代企业经营管理的发展趋势。在此背景下，现代工作分析需要进一步明确岗位所需要的特定资格以及工作技能，根据各个岗位的任职资格和标准对员工进行培训，以提升员工的工作积极性和工作绩效。

5. 团队合作

从团队合作来看，现代企业注重通过项目小组、自我管理小组等方式进行团队合作，这要求企业在进行工作分析时，分析和评估各个工作任务的工作流程以及它们之间的相互联系，并在此基础上结合团队成员的各自优势综合考虑，为团队成员分配合理的工作任务，提高团队的工作效率和工作质量。

（二）工作分析方法日益具备系统性和预测性

一方面，传统的工作分析方法主要以静态的岗位分析为主，而现代的工作分析方法则更侧重进行系统性的工作分析。传统的工作分析注重分析工作对象，未考虑组织内部同一个部门内部或者部门外部分析对象之间的相互联系。现代组织内部的工作分析不仅仅考虑工作分析的对象，也考虑组织内部同一部门内部或者不同部门之间的相互依赖与合作关系。此外，它还进一步考虑了某一特定的工作岗位与其他工作岗位之间的各方面联系，包括人员联系、产品联系以及信息联系等。

另一方面，传统的工作分析方法更侧重进行描述性的工作分析，而现代的工作分析方法除了具有描述性功能，还具有预测性功能。传统的工作分析侧重于借助职位说明书和工作规范等文件对工作内容、工作现状、工作职责以及工作的任职资格等方面进行描述和分析。而现代的工作分析不仅要分析和描述工作岗位，还要预测工作任务，即依据组织目标实现所需要的预测性的工作任务来对一项特定的工作进行描述。

（三）工作分析技术日趋多样化和信息化

一方面，传统的工作分析主要基于人工方法进行，而现代的工作分析可以借助信息技术、知识经济、创新技术等，采用更为多样化的技术和方法进行工作分析。比如，美国劳工部开发了 O*NET（occupational information network）工作分析系统。该系统不仅吸收了多种工作分析问卷的优点，而且考虑了组织的情景对工作分析的影响，消除了认知因素和社会因素对工作分析造成的负面影响，提升了工作分析的效度和信度（颜爱民，2011）。目前，O*NET 工作分析系统已成为较流行的工作分析工具。

另一方面，工作分析技术也日趋信息化。随着现代信息技术的快速发展，计算机技术、网络技术等在现代工作分析中发挥着重要的作用。比如，在工作分析的准备阶段，可应用互联网技术快速搜集和准备资料，并对工作分析的项目进行整体的规划和安排。在工作分析的实施阶段，可以利用各类数据库查找与各个工作内容、工作职责等相关的资料并进行适当的资料分析和资料梳理，以提高工作效率。在工作分析的结果检验和修改阶段，可以应用 SPSS、Excel 等软件检验和分析工作分析的结果。传统的工作分析多依赖于人工，这在一定程度上容易造成数据和资料偏差，而且耗时较长，工作效率较低。与之相比，现代的工作分析借助互联网、计算机软件等多种新技术和新工具，提高了工作分析的效率和质量。

例证 1-3

联想：岗位评估确定员工职位工资

第三节 工作分析的作用

工作分析的成果是工作描述、工作规范和工作说明书，其与企业发展的方方面面紧密相关，如企业的人力资源管理、企业的结构设计、企业的战略发展等。从长期来看，一个企业若想发展得更好，必须重视工作分析在企业中的作用。

一、工作分析为组织设计提供依据

在企业管理中，工作分析可以为组织设计、人力资源管理以及组织管理提供一定的基础。因此，可以说工作分析在一定程度上为企业的组织设计提供了依据（祝士苓，2007）。

（一）企业的工作分析是组织设计的重要基础

企业通过工作分析可以构建和调整其组织结构。随着外部世界的快速变化，各个阶段的企业，无论处在创业期、发展期，还是成熟期，都在时刻发生着变化。企业的工作分析不是一项静态的工作，而是一项会随着企业的变化而不断地进行调整和更新的动态化的工作。因此，企业的工作分析可以为企业的组织设计提供动态化的支持，可以帮助企业分析运行和发展过程中存在的组织结构和工作流程等方面的弊端及问题，并为企业提供一定的建议和措施，进行有针对性的提升和预防。

（二）工作分析可以为企业的定岗、定编和定员提供根据

工作分析的结果是工作描述与工作说明书等，这些成果可以为企业的定岗、定编、定员提供重要的根据和支撑。此外，工作分析的结果较为详尽地阐述了企业各个工作岗位的特点以及相关的要求，对于企业内部各个岗位的地位和作用也提供了一定的说明和规定。这在一定程度上可以为企业的定岗、定编、定员提供依据，同时也可以避免发生重复劳动以及互相扯皮和推诿的问题，帮助企业提高综合生产率以及综合竞争能力。

二、工作分析是人力资源管理的基础和核心

工作描述和工作说明书在企业的整个人力资源管理系统中起着基础性的作用。如果企业可以较为全面和深入地进行工作分析，则可以充分了解企业内部各个工作的具体特点以及其对工作人员的行为要求，从而为企业做出人事决策奠定扎实的基础。一般而言，工作分析在企业的人力资源规划、招聘与甄选、培训与开发、绩效管理以及薪酬设计与管理5个方面起着重要的作用（付亚和，2009）。除此之外，工作分析在发展企业和谐劳动关系、员工职业生涯管理以及安全健康管理这3个方面也发挥着积极的作用。

（一）为人力资源规划提供参考

企业的人力资源规划需要在遵循企业发展战略的基础上，全面核查现有的人力资源、企业内外部条件等情况，以对员工的晋升、补充、培训、开发、人员调配以及薪酬等方面进行规划和管理。企业人力资源规划工作的核心之一是对企业的现有工作进行盘点。而通过工作分析形成的工作描述可以为企业盘点内部岗位提供必要的、基础的、详细的信息，如企业为什么需要这一类岗位，目前企业岗位的数量以及空缺岗位的数量是多少，工作岗位的内部汇报关系是怎么样的。由于企业的工作分析提供的信息对于企业规划和管理人力资源具有不可替代的重要作用，因此，工作分析在一定程度上可以为企业进行生产力分析，制订人力资源的选拔、培训和发展计划等提供必要的参考。

（二）辅助企业进行人员招聘与甄选

企业需要依据相应工作岗位的要求招聘适合该岗位的员工，这意味着企业在进行招聘时，需要知道此类岗位所需要的技能、知识水平以及经验水平等要求。比如，一个零售店的经理需要招聘一名职员，他必须了解该职员需要具备搬运货箱、使用收款机、进行会计记账等工作技能、知识和相关经验。而工作分析则可以为企业提供招聘岗位的相关信息，帮助企业更加精准地招聘到所需要的员工，节约企业的人员招聘成本。

此外，工作分析可以帮助企业了解和掌握工作任务的动态特点和静态特点，制定与工作职务相关的长期目标和短期目标，并对企业任职者的心理、思想、文化、技能以及生理等方面提出明确的要求。企业可以借助工作分析的结果，制定选人和用人的标准。

（三）促进企业员工培训与开发

工作分析的结果提供了某一项工作具体包括哪些内容、要求员工具备哪些技能等信息。因此，基于工作分析的结果，企业可以直接对员工进行相关的工作介绍与培训，让新员工更快速地了解企业的工作，提高员工培训的效率和质量。此外，基于工作分析的结果，企业还可以了解和把握未来某一项工作岗位可能会发生的变动，并依据这种预测来提前规划和安排人员培训，可以更好地规划企业的发展以及企业的人力资源布局。

工作分析的结果除了可以帮助企业提高员工培训效能，还可以帮助企业开发员工的潜能。要完成好各项工作任务，所需要的知识、技能、经验以及生理和心理条件越高越好，也许新招聘的员工只达到了某工作岗位的最低任职资格要求，但是企业可以在后期通过不断的培训，开发员工的潜能，以激发员工工作的创造性、积极性和活力，提升企

业的整体活力和业绩。

（四）为企业绩效管理提供依据

绩效评估是指对企业员工个体或团体的工作绩效进行评估。一般而言，将企业期望员工实现的目标与员工实际实现的目标进行对比分析就可以基本了解和掌握该员工的绩效水平和实际能力。现在，很多组织按照员工的业绩水平给员工支付工资，这在一定程度上将员工工作成果的质量和数量与员工的工资直接挂钩。而通过工作分析，企业可以明确特定岗位的员工需要完成的特定活动有哪些以及应该达到的绩效标准是什么。因此，工作分析可以为员工的绩效考核和晋升提供一定的标准和依据。

（五）改善企业薪酬设计与管理

每个企业都需要依据工作的价值和员工的实际工作成果为员工支付薪酬。因此，每个企业都会估计每一种工作的价值以及应该为此项工作支付什么样的报酬。而企业的工作分析可以在一定程度上帮助企业了解每一种工作的任务和内容，为企业制定合理的、科学的薪酬管理制度提供基础。一般而言，承担更多任务、更多责任、更高难度、需要更多脑力劳动的工作会比承担较少任务、较少责任、较低难度以及较多体力劳动的工作获得更高水平的薪酬。而通过工作分析，企业可以掌握哪些工作承担了更多的任务、更多的责任，对于这些工作，可以相应地提高薪酬水平。

（六）发展企业和谐劳动关系

通过工作分析获取的信息对企业建立和发展和谐的劳动关系具有十分重要的作用。首先，工作说明书为员工的升迁调动、降职辞退等提供了具体的标准，使得人员调动工作有据可依，有利于避免矛盾的产生。其次，工作分析有助于确保劳动关系的合法性。工作分析的输出成果——工作描述、工作规范和工作说明书——都是基于相关法律法规要求来进行编写的，这既保障了员工在工作中的合法权利，也为企业处理相关劳资问题提供了合法的依据。最后，工作分析中对工作环境的分析有助于企业发现工作中影响员工的工作积极性，有可能激发劳资矛盾的工作环境因素，从而能够防患于未然，及时改善工作环境，调整组织内部的整体氛围，避免冲突的发生。

（七）促进企业员工职业生涯管理

通过工作分析，企业员工能够清晰地了解组织中各个岗位的特征、要求和规范，甚至每个岗位的升迁途径以及升迁时需要具备的知识和技能等。员工将这些要求与自身的实际情况做对比，有助于明确以后的努力方向，找到自己的职业定位，从而更有针对性地提高自己的知识储备和能力。同时，企业能够借助工作分析来协调组织发展和员工个人职业生涯规划，使得组织人力资源开发更高效、可持续。

（八）有效开展企业员工安全健康管理

通过工作分析，能够及时发现工作环境中隐藏的危险性，如威胁到员工生命健康的安全隐患以及造成员工工作倦怠心理的社会因素。根据工作分析中对工作环境的具体分析和说明，企业可以及时采取措施，改善工作环境，从而减少或者消除员工在工作中患职业病或出现工伤等情况的概率，使员工能够在更舒适、更安全的环境中工作。而一个安全舒适的工作环境，能够更好地调动员工的工作积极性，从而促使员工充分发挥自身的特长和能力。

 例证 1-4

工作分析对企业人员招聘的作用

三、工作分析促进企业改善管理

人力资源管理的核心之一在于实现人员与工作的最佳匹配，做到事得其人，人尽其才，才尽其用。工作分析对于企业的管理有着不可替代的重要作用和意义，其具体表现在帮助企业实现战略传导、明确工作边界、提高流程效率、实现权责对等和帮助员工检查工作效果 5 个方面（曹海英，2016）。

（一）帮助企业实现战略传导

通过工作分析，企业可以进一步明确企业中每个工作职位设置的主要目的以及每个工作岗位为企业创造的价值。工作分析在一定程度上可以支持企业规划战略目标和设置部门的目标，并帮助企业进一步落实战略目标和各个部门的目标。

（二）明确工作边界

通过工作分析，企业可以明确地界定企业工作任务，了解各项工作的权限与职责，消除各个工作岗位在权责上的互相重叠，避免出现因为工作边界不清晰而导致的扯皮和责任推诿现象，促使企业各个工作岗位的员工尽职尽责地工作，从而帮助企业落实各项工作。

（三）提高流程效率

通过工作分析，企业可以厘清各项工作的具体职责以及各项工作与其上下游环节之间的关系，明确该项工作在整个流程中的角色、作用以及权限，从而消除因为工作设置和工作界定不清晰等原因导致的企业流程不顺畅、运行效率低下等现象。例如，通过工作分析，企业可以明了各项工作的具体工作步骤，识别并减少具有重复性的工作任务或者工作环节，从而提高流程效率。

（四）实现权责对等

通过工作分析，企业可以了解各项工作的相关工作权限，包括具体权利和相关职责，有助于企业调整整个工作体系的授权和权力分配体系，实现工作层面的权责一致。

（五）帮助员工检查工作效果

通过工作分析，企业可以清楚地了解各岗位的工作程序，以帮助员工在工作中审查自己的工作行为和工作内容，及时发现自己在工作中存在的问题，从而自觉主动地进行修正，得到有针对性的提升。此外，通过工作分析，企业还可以形成比较规范的职业管理和职位工作规范，方便企业进行考核与管理（雷志柱等，2012）。

四、工作分析有助于政府机构开展工作

目前，工作分析越来越受到企业管理者的重视，各种工作分析技术方法的应用也越来越广泛。将工作分析应用于政府相关部门的工作中，有助于提高政府工作的效率和科学化水平，这既是时代发展的要求，也是提升政府人力资源管理水平的需要。

（一）劳动部门的劳动监察与保护

劳动监察是政府对用人单位规范用工的监督，也是政府对劳动者权益保护的体现。政府劳动部门通过劳动监察执法来实现对劳动者权益的保护，从而减少或者避免冲突的发生，在维护社会劳动关系和谐方面发挥着重要的作用。维护劳动者的基本权利，尤其是劳动者的生命健康权是政府劳动部门行使劳动监察权力的重点任务，也是劳动监察的核心所在。工作分析反映出来的不同行业、不同岗位的工作信息能够让劳动部门对各个行业、各类岗位的工作特点、工作要求以及工作环境等方面有一个全面、详尽的了解，从而能够更有针对性、有重点地对用人单位的用工行为进行检查和监督。例如，对于在工作分析中发现的工作环境具有安全卫生隐患或者对安全设备要求比较高的行业或企业，劳动部门在劳动监察时可以重点检查其工作环境中的安全设施和规范等项目，以便及时发现隐患，督促其及时整改，避免安全事故的发生。

此外，随着社会的发展，劳动者的整体文化素质不断提高，他们不仅希望得到身体层面的保护，也希望得到心理层面的保护，追求有尊严、体面的劳动。而且现今快节奏、高强度的工作为劳动者带来了更多心理方面的健康隐患。由此，当今社会对劳动者权益保护的要求也越来越高。劳动者在工作场所中所感受到的压力、紧张等心理气氛，能够通过工作分析中对工作环境的分析反映出来，从而为劳动监察和保护在职业心理健康的防护和干预方面提供重要依据。工作分析在劳动部门的应用有助于劳动监察和保护的有效实施，同时，这也是切实发展和谐劳动关系以及实现体面劳动这一更高层次劳动保护的需求。

（二）人才部门的人才评价依据

当今，社会经济快速发展，国际交流频繁，人才流动的速度越来越快，无论是企业还是国家，对于人才的争夺也日益激烈。这也对人才部门的人才评价工作提出了更高的要求。政府的人才评价工作在社会人才管理中具有举足轻重的地位，它关系到整个社会的人力资源配置问题。不同时期、不同行业、不同职位对人才的能力素质要求各不相同，因此，人才评价的标准应该是有差异的。要想准确、有效地评价人才，就要对人才进行分类评价，也就是根据不同行业、不同职位的工作特点，分类建立健全人才评价标准，对人才实行差别化的评价。分类人才评价机制的建立基于不同职业、不同岗位的工作特点和工作要求等信息，而工作分析能够系统、全面地收集并分析这些信息。工作分析能够为人才部门提供人才评价工作所需要的工作信息，是开展人才评价工作的重要依据。

（三）司法部门的调解依据

随着社会经济的快速发展，劳资矛盾越来越多，促进劳动关系和谐对于维护社会和谐发展具有重要意义。劳资矛盾和冲突多是由工资待遇低、工时长、劳动条件差等造成劳动者权益受损的因素引发的，而这些都能够通过工作分析反映出来。当司法部门介入调解的时候，通过工作分析所获取的各类工作信息能够为劳动调解和争议提供重要依据，帮助司法部门更全面地从第三方的角度了解冲突事件的真实情况，从而在调解的过程中更好地保护利益受损方的权益。

（四）医疗部门的职业病工作

目前，我国职业病防治工作还存在着高发群体健康监护不到位、工作场所安全监测不到位、职业病危害评价没有落到实处以及职业病防治宣传不足等问题。此外，随着现代科学技术水平的不断提高以及社会生活压力的增加，新型职业病层出不穷，很多劳动者在工作中面临着由一些设备或行为等所带来的身体或心理伤害的风险，而这些风险又大多具有一定的隐匿性和潜伏期，很容易被忽视。因此，职业病的防治工作需要具有前导性。医疗部门通过工作分析，能够了解工作场所的工作环境情况，从而发现其中的隐患，及时干预，指导企业进行整改，不断改善工作环境和工作条件，让劳动者在一个安全、舒适的环境中工作。同时，工作分析也能够帮助医疗部门及时发现一些新的职业病，不断完善职业病目录，有助于扩大职业病的防治范围，进而助力职业病防治体系的完善和健全。

 **例证 1-5**

工作分析对员工工作效率的促进作用

 课程思政

1. 工作分析全员参与的特征是企业民主管理的体现，这也是人民民主专政思想的实践，体现出社会主义制度的优越性。

2. 工作分析的以人为本、权责对等原则体现了民主、平等的思想，这也是构建社会主义平等和谐劳动关系的要求。

3. 我国工作分析的发展，既要传承前人的思想精髓，又要基于我国国情，不断发展工作分析理论和技术方法，更要结合时代精神，不断寻求创新。

4. 工作分析在政府部门的应用，是社会科学发展的要求，也是政府坚持落实科学行政、依法执政的体现。

5. 工作分析理论是基于社会分工思想的，这也是对"在社会主义分工下，职位没有高低贵贱之分，只有分工不同"思想的传承。

读书推荐

《最高职责》

出版信息：[美]切斯利·萨伦伯格（Chesley B. Sullenberger）和杰夫·札斯洛（Jeffrey Zaslow）著，杨元元译，万卷出版公司 2011 年出版。

内容概要：本书讲述了传奇机长切斯利·萨伦伯格的故事，他将工作当作艺术，并不断追求卓越，他时刻充满奉献精神并准备接受挑战。他用近乎完美的行动避免了灾难的发生，他的故事给人们的生活带来了希望和激情。

推荐理由：本书讲述了切斯利·萨伦伯格的故事，以 1549 航班成功迫降事件为主线，围绕"我们该如何对待工作""如何处理个人理想与工作职责的关系"两大问题升华主题。职责是职务与责任的统一，是某个具体岗位的工作内容和权责，而在职责之上添加"最高"二字，更加凸显该项职责的至高无上。机长肩上的四道横杠向我们展示了如何在工作中获得充分的认可，即专业、知识、飞行技术和责任。阅读此书，你将重新定义工作，重新审视工作中的自己！

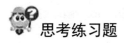

思考练习题

学以致用

请根据自己的实习或实践经历，选择自己最熟悉的职位，起草一份该职位的招聘简章，并将自己想象成应聘者，模拟面试场景。

案例分析

EMC 公司的"秘书门"事件

 **参考文献**

[1] 马远. 人力资源管理案例教程[M]. 广州：华南理工大学出版社，2014.

[2] 牛小华，孙延敏. 人力资源管理简明教程[M]. 上海：上海交通大学出版社，2017.

[3] 马国辉，张燕娣. 工作分析与应用[M]. 上海：华东理工大学出版社，2008.

[4] 王海. 公司工作分析中的问题及对策研究[J]. 科技信息，2006（10）：172-173.

[5] 方雯. 工作分析与职位评价[M]. 西安：西安电子科技大学出版社，2017.

[6] 王林雪. 新编人力资源管理概论[M]. 西安：西安电子科技大学出版社，2016.

[7] 丁俊发. 重温亚当·斯密的社会分工理论[J]. 中国储运，2014（8）：38.

[8] 杨倩丽. 社会分工思想的历史性探究：从管子、孟子到亚当·斯密[J]. 儒藏论坛，2010（1）：305-317.

[9] 张宇，曾祥发. 浅谈工作分析的历史渊源[J]. 经济师，2006（3）：146-147.

[10] 周又红. 政治经济学案例[M]. 杭州：浙江大学出版社，2004.

[11] TAYLOR F W. The principles of scientific management[M]. New York: Norton, 1967.

[12] GILBRETH F B, GILBRETH L M. Applied motion study: a collection of papers on the efficient method to industrial preparedness[M]. New York: Sturgis & Walton Company, 1917.

[13] BINGHAM W V. Army personnel work(with some implication for education & industry)[J]. Journal of applied psychology, 1919, 3(1): 1-12.

[14] 周亚新，龚尚猛. 工作分析的理论、方法及运用[M]. 上海：上海财经大学出版社，2010.

[15] 马洪，孙尚清. 经济社会管理知识全书：第一卷[M]. 北京：经济管理出版社，1988.

[16] 桑楚. 国学常识全知道[M]. 昆明：云南人民出版社，2013.

[17] 王丽娟. 非人力资源经理的人力资源管理：上[M]. 北京：中国人民大学出版社，2016.

[18] 钱良群，李洪. 工作分析[M]. 北京：经济日报出版社，2004.

[19] 颜爱民. 中国本土企业人力资源管理典型案例解析[M]. 上海：复旦大学出版社，2011.

[20] 穆涛，赵慧敏. 职位分析评价体系：工作分析与职位评价过程[M]. 深圳：海天出版社，2006.

[21] 祝士苓. 工作分析与组织设计[M]. 北京：中国劳动社会保障出版社，2007.

[22] 付亚和. 工作分析[M]. 上海：复旦大学出版社，2009.

[23] 宋荣. 人才测评技术[M]. 北京：中国发展出版社，2008.

[24] 曹海英. 人力资源管理概论[M]. 北京：中国金融出版社，2016.

[25] 雷志柱，裴春秀. 人力资源管理概论[M]. 北京：北京理工大学出版社，2012.

[26] 任乐，冯常生. 人力资源管理教程[M]. 开封：河南大学出版社，2016.

第二章
工作分析的方法

万事离不开方法，世界离不开秩序。

——爱尔兰著名作家和政论家　乔纳森·斯威夫特

 **本章框架**

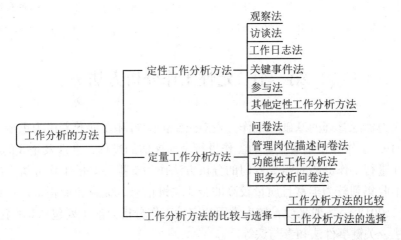

✏️ **学习目标**

➤ 掌握观察法、访谈法、关键事件法等定性工作分析方法

➤ 了解工作日志法、参与法等定性工作分析方法

➤ 掌握问卷法、管理岗位问卷描述法等定量工作分析方法

➤ 了解功能性工作分析法、职务分析问卷法等定量工作分析方法

➤ 了解如何比较和选择工作分析方法

引例

该如何收集工作信息？

小林来自上海，是某高校人力资源管理专业的应届毕业生，毕业之后，他应聘到 A 公司上班。在他上班第二天，A 公司的管理顾问叶华（一个刚刚从美国留学归来的 MBA）

召集小林和人力资源部门的经理张凡来开会。会议决定由小林负责公司每个职位的工作分析，以明确各个岗位的工作职责。

小林在查阅相关文件之后发现公司原本有一份《工作说明书》，但是该《工作说明书》存在内容不太完整、格式过于简单等问题。小林经慎重思考之后，决定放弃原有的《工作说明书》。他开始尽力搜集相关资料，首先弄清楚新的组织架构图中每个名词的含义，明确公司的定岗和定编相关制度；接着查询与每个职位相关的信息，并依据本公司的具体情况进行取舍。

最终，小林通过搜集互联网和图书馆中的资料，收集和整理了与工作分析相关的资料，并进一步根据这些资料形成了各个职位的工作说明书。但小林在做工作分析准备工作的过程中，没有及时请教各个部门的经理，也没有做过任何问卷调查，所以尽管小林花费了很多时间和精力，努力完成工作分析，但所得到的工作分析成果并没能改善 A 公司各个岗位工作职责不明确的问题。（马国辉等，2008）

从以上引例可以看出，工作分析需要采用科学合理的方法进行，才能有较好的实践效果，真正发挥帮助企业运行和发展的作用。那么工作分析的具体方法有哪些呢？

第一节 定性工作分析方法

作为人力资源管理的基础，工作分析对组织的运行和发展起着极为重要的作用（西迪克，2004）。工作分析是对企业的工作进行全面评估的过程，会涉及企业的各个方面，一个组织在进行工作分析时需要专门的分析方法作为支撑。好的工作分析方法可以利用较低的成本收集到较为丰富且质量较高的企业关键信息，促进企业正常运行和长远发展（康廷虎等，2012）。一般来说，较为常用的定性工作分析方法主要包括观察法、访谈法、工作日志法、关键事件法和参与法等。

一、观察法

观察法主要指通过观察，记录和整理与工作有关的各个部分的内容、原因、目的、方法、程序等相关信息（萧鸣政，2007）。

1. 观察法的分类

通常来说，观察法有如下 3 种分类的方式（吴远卓等，2017）。

（1）按照观察的形式，观察法可以分为公开性观察和隐蔽性观察。一般来说，公开性观察主要是采用现场参访的形式，而隐蔽性观察则只需要通过设备进行远距离的观察，并不需要亲临现场。

（2）按照观察的时间连续性，观察法可以分为连续性观察和非连续性观察。连续性观察指在某一段连续的时间内不间断地观察，而非连续性观察指定期进行观察或者阶段性地进行观察。

（3）按照观察的结构化程度，观察法可以分为结构性观察和非结构性观察。结构性观察较为严格，一般需要在观察活动开始之前列出较为详细的观察提纲，观察的过程需要按照要求严格记录；而非结构性观察则相对较为灵活，并不需要提前制定详细的观察提纲，只需要根据工作分析的具体目标和要求确定观察的重点方向和内容即可，信息的收集面相对较广泛，但是该项工作的分析和整理工作相对复杂和困难一些。

2. 观察法的优缺点

观察法的优点主要体现在两个方面：① 负责工作分析的人员可以通过直接的实地观察活动了解和记录工作活动，可以更为深入和详细地了解工作要求和相关信息，而且通过直接观察获得的信息相对客观和准确。② 观察法具有有效性强、灵活性高、深入性强、真实性好等优点。其中，"有效性强"体现在观察法可以通过实地观察和访谈互动两种方式获取和纠正资料；"灵活性高"表现为收集信息的目的、进行观察的时间和地点均相对灵活；而"深入性强"与"真实性好"体现在通过实地访谈可以深入工作场所获得第一手资料。

与之相反，观察法存在两个方面的缺点：① 观察法的适用对象相对有限。观察法更适用于分析体力工作，而不太适用于分析依靠脑力完成的工作以及处理紧急情况的间歇性工作，如教师、科学家、律师、急救人员等的相关工作。② 观察法的成本更高。观察法花费的时间和金钱成本都较高，操作难度较大，而且无法直接获得与任职者资格要求相关的信息。

二、访谈法

在工作分析方法中，访谈法是指负责工作分析的人员通过与有关工作人员本人或者主管人员等访谈对象进行面对面的直接互动交流，来获取与工作分析相关的信息的方法。

1. 访谈法的分类

一般来说，访谈法有如下 3 种常用的分类方式（马国辉等，2008）。

（1）依据访谈对象的不同，可以将访谈法分为个别员工访谈法、主管人员访谈法以及群体访谈法 3 类。其中，个别员工访谈法适用于岗位工作内容差异较大且工作分析时间较为充足的情况；主管人员访谈法适用于工作分析时间较少的情况；而群体访谈法适用于岗位工作内容相同或相近的情况。

（2）依据内容结构化程度的不同，可以将访谈法分为非结构化访谈法与结构化访谈法。其中，非结构化访谈法操作相对灵活，没有固定的格式和评判标准，事前无须做太多的准备工作，所访谈的主要问题侧重于开放性问题，且需要根据访谈对象的特点和变化而随时调整。而结构化访谈法则相对严格，要求事前准备一份访谈提纲，列出访谈的主要问题，在访谈时需要依据提纲的问题进行访谈。一般为了获得更为全面的信息，在实际操作中常常将两种方法结合起来使用。

（3）依据访谈的程度不同，可以将访谈法分为深度访谈法和常规访谈法。其中，相比于常规访谈，深度访谈的主题更为集中和聚焦，交流与互动的过程更为深入和详细，获得的信息也更为丰富。

2. 访谈法的优缺点

总体上，访谈法的优点可以概括为如下 4 个方面：① 可以获得较为深入的信息。通过面对面访谈，可以获得更详细的信息，如任职者的工作动机和工作态度等信息。② 有助于发现和解决问题。通过与员工沟通，可以了解员工的真实需求和工作的满意度等信息，有助于发现和解决员工的工作问题，缓解员工的工作压力。③ 信息的有效性高。通过与员工实时互动与交流，可以对获得的相关信息进行确认和核对，以确保信息理解的正确性和有效性。④ 获取信息的效率较高。通过面对面的交流获取信息，并在获取信息的过程中对相关信息进一步地核对与核实，可以提高工作分析的效率。

访谈法存在如下 3 个方面的缺点：① 消耗的时间成本较高，可能会占用访谈对象的正常工作时间。② 访谈对象可能会撒谎，这在一定程度上会导致所收集的信息真实性受损或存在偏差。③ 有效的访谈需要由经过培训或者专门训练的工作分析人员来进行操作。

三、工作日志法

1. 工作日志法简介

工作日志法是一种通过任职者在规定的一段时间内记录工作笔记或者工作日志等来实时、准确地记录工作任务与工作活动的工作信息收集方法。该方法的最大特点在于可以通过工作者的视角记录和搜集大量的原始工作信息，并可以为其他的工作分析方法提供一定的支持。当缺少与工作信息相关的文献资料时，工作日志法就可以发挥较大的作用。工作日志法的填写样例（葛玉辉，2011）如图 2-1 所示。

| **1. 活动名称:** 用关键词描述工作活动（2~4 个字） |
| **2. 编　　号:** 记录工作活动的顺序 |
| **3. 活动方式:** 用动词描述怎样完成该项工作活动 |
| **4. 活动对象:** 工作内容的客体，即工作的主要对象 |
| **5. 活动结果:** 工作活动可以带来的直接成果 |
| **6. 出现频次:** 在某一固定时间段内，该活动重复出现的频率和次数 |
| **7. 起止时间:** 工作活动的开始和结束时间 |
| **8. 活动地点:** 工作活动发生的地点（包括地点的转移） |
| **9. 工作联系:** 工作中发生的对内与对外联系 |
| **10. 工作性质:** 注意区分常规性的工作内容与临时性、偶尔发生的工作内容 |
| **11. 重要程度:** 依据不同的等级标准，分为很重要、重要和一般 |

图 2-1　工作日志法填写样例

2. 工作日志法的优缺点

工作日志法的优点主要包括如下两个方面：① 工作日志法主要基于任职者依据其工作内容和行动进行的动态记录，因此通过工作日志法收集到的信息一般比较可靠。② 工作的实际活动一般比较丰富，因此通过实时记录工作日志的方法收集到的工作信息一般比较丰富和翔实，可以为后期的工作分析提供较为充足的信息和参考（刘娜欣，2018）。

工作日志法的缺点主要包括如下 3 个方面：① 工作日志法需要任职者在工作中动态

记录，消耗的时间成本较高，收集信息的整个周期较长。② 虽然通过工作日志法收集到的资料较为丰富，但是这些资料未必都和工作分析的要求直接相关，因此需要经过专门的职位分析师的整理，这在一定程度上增加了信息整理的工作量。③ 虽然工作日志法收集到的信息较为可靠，但是无法排除存在个别员工夸大或者主观作弊记录的情况（刘娜欣，2018）。

四、关键事件法

1. 关键事件法简介

关键事件法主要是指通过分析工作的关键行为，来判断和确定哪些工作行为可以带来较好的绩效，哪些工作行为可以带来较差的绩效，最终对工作进行描述的方法。关键事件法的最大特点在于其主要依据工作中的关键行为和关键人物的相关信息来描述工作的具体活动（伍尔西，1986）。目前，关键事件法已经在企业的人力资源管理实践中应用了四十多年，得到了较为广泛的肯定。

关键事件法的记录需要遵循 STAR 原则（吴远卓等，2017），即情景（situation）、目标（target）、行动（action）、结果（result）。具体而言，情景是指事件发生时的基本情况和相关背景信息；目标是指被观察对象做某事的原因；行动是指被观察对象当时的具体行为；结果是指被观察对象的行动造成的结果。在使用关键事件法时，应注意对相关的事件和外显的工作表现进行客观描述，而不应添加记录者的主观评价。

2. 关键事件法的操作流程

关键事件法的具体操作包括如下 6 个步骤（吴远卓等，2017）。

（1）明确某项工作任务的目的和总目标。根据工作任务的目的和总目标设计相应的操作方案，并定位好关键的人群，如工作经验较丰富的员工、管理人员，以及其他对该工作较熟悉的相关人员等。

（2）针对定位好的关键人群进行面对面的访谈或者电话访谈等，收集与工作相关的行为、要求和其他信息。

（3）依据工作行为的不同，进行分析和分类，初步列出可以对组织的工作绩效产生积极的正向影响的关键事件以及可以对组织的工作绩效产生消极的负面影响的关键事件。

（4）尽量准确且客观地描述关键事件，并对具体的关键事件进行详细的分析，进一步总结和梳理出正面事件和负面事件。

（5）基于正面的关键事件和负面的关键事件，描述该工作所具有的关键特征以及相关的行为要求，从正面和负面的关键事件出发定义工作的绩效维度。

（6）完成工作说明书的编制。

3. 关键事件法的优缺点

关键事件法的优点主要包括如下 3 点：① 关键事件法允许被访者充分表达自己的观点和想法，而且在整个访谈的过程中没有固定的、严格的框架约束，这在一定程度上容易获得被访者的真实看法。② 关键事件法不要求研究假设，可以通过访谈等信息收集的过程探索未知领域，收获更为广泛的信息，属于一种归纳研究方法。③ 在实际的操作过程中，关键事件法常常采用大样本调查方法获取信息和资料，因此通过关键事件法获取的资料较为丰富，且样本的代表性较强（刘顺忠，2012）。

关键事件法的缺点主要包括如下 3 点：① 获得的信息容易受研究者和受访者主观看法的影响，可靠性可能不高。关键事件法要求研究者和受访者对关键事件进行进一步的分类和解释，这具有较强的主观性，因为不同的研究者和受访者对同一关键事件可能会有不同的分类和解释。② 通过关键事件法搜集的部分信息可能需要依赖被访者的个人回忆，但是人的主观回忆可能会受到时间、外部环境等多种因素的影响而产生偏差，因此，通过关键事件法收集到的部分信息可能与实际情况存在一定的偏差。③ 通过关键事件法搜集信息一般需要被访者投入较长的时间，这在一定程度上可能会导致部分符合条件的人员不愿意接受访谈，从而降低样本的响应率，增加样本的偏差性（刘顺忠，2012）。

五、参与法

参与法是由负责工作分析的人员直接参与某项工作，从而较为细致和深入地了解和收集相关信息，分析该职务的特点和要求的一种工作分析方法。

在操作上，参与法的实施可以分为准备阶段、收集资料阶段，以及整理资料撰写工作说明书 3 个阶段。

首先，在准备阶段，负责工作分析的人员一方面需要了解工作分析的目标、意义、具体的范围以及注意事项；另一方面需要提前与样本对象沟通好参与某项工作的时间、地点和相关的注意事项。其次，在收集资料阶段，负责工作分析的人员参与某项工作中，通过亲身体验该项工作、观察、记录、与其他员工交谈等方式收集相关信息和资料。最后，整理资料，撰写工作说明书。待相关资料收集完之后，负责工作分析的人员需进一步整理收集的资料，并依据整理后的资料进行工作说明书的编写。

参与法的优点主要在于负责工作分析的人员直接参与某项工作中，这可以促使其获得相对可靠和真实的第一手数据资料；而主要缺点在于实操难度大、实际适用范围较窄，因为在实际操作的过程中，很多负责工作分析的人员不具备从事某项特定工作的专业知识和技能，所以很多工作分析人员无法直接通过参与法进行工作分析的相关工作。因此，对于一些较为简单的岗位的工作分析，参与法常常会有一定的优势，但对于较为复杂的岗位而言，参与法需要与其他的方法结合起来一起使用（吴建国，2000）。

六、其他定性工作分析方法

除了上述 5 种常用的工作分析方法，还有任务清单分析法、资料分析法、主管分析法等在实践中应用得很广泛。

1. 任务清单分析法

任务清单分析法是由美国空军人力资源研究室开发的。它一般有两个子系统：一个是用于收集工作信息的系统方法和技术；另一个是与信息收集方法相匹配的用于分析、总结和报告工作信息的计算机应用软件。任务清单分析法的实施可以分为如下 4 个步骤（张春瀛，2009）。

（1）构建任务清单。任务清单的构建可以基于工作日志或其他工作族的任务清单，也可以借助主题专家会议法来进行任务描述。主题专家会议法是指相关专家就目标岗位的相关信息展开讨论，收集数据，验证并确认分析结果，一般包括专家会议调查法、头脑风暴法、个人判断法和集体判断法。

（2）利用任务清单搜集信息。任务清单其实也是一份高度结构化的调查问卷，可以用作搜集工作信息的工具。

（3）分析利用任务清单搜集的信息。通过任务清单收集的信息大部分是量化的，因此可以运用计算机应用软件（如 SPSS、Excel 等）来对数据进行统计分析。统计分析方法是任务清单法在处理数据时最常用的分析方法。

（4）利用数据编制工作说明书。利用经过分析的数据，能够制作出一份典型的工作说明书，从而为编制工作规范提供依据。

任务清单分析法是一种在实践中较为常用的工作分析方法，其优点是信息可靠性较高，所需的成本较低，实施难度也较小，具有较强的实用性。但是，由于对"任务"的定义难以统一，再加上信息整理和归纳的工作量较大且烦琐，使得任务清单分析法只适用于一些工作内容较稳定、工作周期短、变化小的工作。

2．资料分析法

资料分析法又叫文献分析法，是指在现有资料的基础上，对工作分析岗位所需要的信息进行系统性分析、提炼和加工，从而获取有关信息，进行归纳、总结和分析，达到工作分析目的的一种方法。

资料分析法的优点包括其成本较低，效率较高，能够为进一步工作分析提供基础资料和信息。其缺点主要表现在缺乏灵活性，收集到的信息不够全面，尤其是小型企业或管理落后的企业，往往无法收集到有效、及时的信息。故资料分析法更适用于一些比较常见、正规且有一定历史的工作，或者与其他工作分析方法组合使用。

3．主管分析法

主管分析法是指由任职者主管人员在日常工作中记录所管辖人员的工作任务、职责、要求等信息，并进行归纳、总结和分析，以达到工作分析目的的一种方法。主管分析法是一种重要且有效的工作分析方法，应用广泛。

主管分析法具有记录方便，以及获取到的信息更明确、更深入的优点，但可能存在偏见。

例证　2-1

不同工作分析方法的选择

第二节　定量工作分析方法

在进行工作分析时，除了定性的方法，还有许多定量分析方法，其中，常用的定量分析方法包括问卷法、管理岗位描述问卷法、功能性工作分析法以及职务分析问卷法　4种方法（王国颖等，2016）。

一、问卷法

问卷法是通过设计和发放调查问卷来获取工作分析相关信息的一种方法。问卷法主要通过向任职者或者其他职位相关人员发放书面调查问卷的方式来收集职位相关信息（格林等，1986）。依据结构化程度的不同，可以将问卷分为非结构化问卷和结构化问卷。其中，非结构化问卷可以通过开放性的问题较为全面、详细和完整地收集职位相关信息，具有高效、灵活且可调整的空间较大等优点；而结构化问卷主要通过封闭式的问题框架收集职位相关信息。一般而言，结构化问卷需要遵守较为严格的逻辑体系，而且经过了大量的实证检验，信度和效度都相对较高（朱勇国，2010）。

问卷法的主要优点包括如下 3 点：① 投入的时间、人力等成本较低，速度快且效率高。② 通过设计和发放标准化问卷进行信息的收集工作，操作简单容易，方便后期的统计和量化工作。③ 问卷可以在下班后的空闲时间填写，时间相对灵活，可以不占用被调查者的工作时间（刘玉新等，2006）。

问卷法的主要缺点包括如下 3 点：① 问卷设计的难度较高，要求设计人员具有较为丰富的经验和相关技能。② 问卷法的信息收集局限于提前设计好的问卷框架，被调查对象的态度、动机等深层次的信息很难收集到。③ 问卷法容易受到被调查者主观积极性的影响，可能会出现被调查者不愿意或者不主动积极配合的情况，最终会对问卷设计的质量产生较大的影响（刘玉新等，2006）。

二、管理岗位描述问卷法

企业的员工包括管理层员工和非管理层员工。管理层员工的工作具有两个方面的特点：第一，管理者习惯于让工作内容与自己的管理风格相适应，而不是让自己去适应所承担的管理工作的需要。因此，在对管理层员工进行工作分析的过程中，如果需要通过面对面的访谈法进行，在面谈的过程中，管理者往往倾向于描述自己实际做了什么工作，而忘记了自己应该做什么工作。第二，管理者的工作具有非程序化的特点，他们的工作灵活性很高，工作内容会随着时间和外部环境的变化而不断变化，因此，对管理者的工作进行分析，需要进行较长时间的考察和比较。分析管理岗位的工作应该使用问卷法，同时从管理者的管理行为和管理任务内容两个角度入手对其进行分析。这一方法是由托纳和平托在 1976 年提出的，其采用 6 分标准对项目进行评分，总共包括 208 个问题，这些问题可以被划分为如下 13 个类型（王国颖等，2016）。

第一类，与产品、市场、财务战略计划相关，主要指进行思考工作，制订相关工作计划，实现公司业务的增长和绩效的提升，增强公司运行的稳定性和进步性。

第二类，协调公司其他部门的工作以及相关的人事管理工作，主要包括管理者对不在自己直接管辖和控制范围内的部门和人员的工作沟通与协调。

第三类，与内部业务的管理与控制相关。这部分主要包括检查和控制公司的人事、财务以及其他资源。

第四类，与服务责任与产品质量相关。此部分主要包括对企业所提供的产品和服务的技术进行管理和控制，以确保生产及时完成目标，并且保证生产的质量。

第五类，与公司公共关系的建设和维护相关。这部分主要是指建设和维护公司在公众和用户中的名誉和形象。

第六类，与公司的咨询指导工作相关。这部分主要是指管理者通过自己的专业能力或者技术帮助公司解决一些比较难解决的特殊问题。

第七类，管理者行动的自主性和自律性。这部分主要是指在没有监督和监管的情况下，管理者开展工作的情况。

第八类，管理者的财务审批权。这部分主要指管理者批准数额较大的财务支出的权力。

第九类，管理者对员工提供的服务情况，主要指管理者为员工提供的相关服务情况。

第十类，管理者的监督权。这部分主要是指管理者通过与下属员工交流和沟通来管理、指导和监督下属工作的相关行为。

第十一类，管理者承受的复杂性的压力。这部分主要是指管理者在压力较大的情况下，在规定的时间内完成指定工作任务的情况。

第十二类，管理者承担的财务责任。这部分主要是指管理者对于对公司影响较大的大规模财务以及其他财务事项的决策权情况。

第十三类，管理者承担的较为广泛的人事责任。这部分主要是指管理者对于公司的人力资源管理和影响员工的其他政策的制定所承担的责任。

三、功能性工作分析法

功能性工作分析法的核心是根据每一项工作所承担的信息、人力和物力以及三者之间的关系来划分其等级。在信息、人力和物力等各项要素之中，每类基本功能都有其重要性等级，数值越小，表示重要性的等级就越高；数值越大，表示重要性的等级就越低（宋太平，2003）。运用功能性工作分析法时，信息、人力、物力 3 种资源所承担的基本功能及其重要性如表 2-1 所示。

表 2-1　信息、人力、物力 3 种资源所承担的基本功能及其重要性

信　　息	人　　力	物　　力
0 综合	0 指导	0 创造
1 调整	1 谈判	1 精密加工
2 分析	2 教育	2 操作和控制
3 汇编	3 监督	3 驾驶和操作

续表

信　息	人　力	物　力
4 加工	4 转换	4 处理
5 复制	5 劝解	5 照料
6 比较	6 交谈—示意	6 反馈—回馈
	7 服务	7 掌握
	8 接受指示和帮助	

采用功能性工作分析法进行工作分析时，首先需要观察各个岗位的工作，确定工作的主要内容和该项工作在信息、人力、物力方面执行的基本功能，然后依据表 2-1 确定员工在各项工作的信息、人力、物力方面的得分。在表 2-1 中，"0"代表重要性的最高等级，而"6""7""8"则分别代表三者重要性的最低等级。

采用功能性工作分析法进行工作分析时，每项工作都要依据信息、人力、物力等要素得出具体数值，并据此决定员工的薪酬和待遇。以接待员的工作分析为例，假设其在信息、人力、物力三个要素上的得分依次为 5 分、6 分、4 分，分别代表复制信息、和别人交谈与传递信息、处理事情，基于接待员在信息、人力和物力 3 个要素上的得分总和为 15 分，则接待员这个工作等级划分的基础分为 15 分。

此外，有些企业在采用功能性工作分析法进行工作分析时，考虑了更为广泛的要素。其不仅考虑了信息、人力和物力 3 个要素，还考虑了更多要素，如完成工作所需要的教育程度，运用数学和语言能力的程度，绩效标准和训练要求，执行工作任务时所需要的推理和判断能力程度等。

四、职务分析问卷法

职务分析问卷法是由麦考密克在 1972 年提出的一种工作分析方法，其调查问卷结构严密，适用性较强，主要由负责工作分析的工作人员填写，该方法对相关工作人员的要求较高，要求其对所分析的职务特别熟悉。职务分析问卷总共包括 194 个要素，可以分为 6 个部分：① 信息输入，主要工作是收集和了解员工怎么获得、从哪里获得完成该项工作的相关信息；② 思考过程，主要工作是回答工作需要进行的推理、决策、计划和信息处理活动等相关的问题；③ 工作输出，主要工作是回答工作需要的人力、物力、设备、场地等情况；④ 与他人的关系，主要是回答工作需要与哪些人员发生什么样的关系，如与其他部门员工、公众、顾客等人员的关系；⑤ 工作环境，主要是回答与工作相关的社会环境以及物理环境；⑥ 职务的其他特征，主要是回答与工作相关的其他事项，如与工作相关的行为、条件、特征等内容。

在使用职务分析问卷法时，负责工作分析的人员需对上述 6 个方面分别采用 6 点评分，从而给出一个主观的量化评分，并以此量化的分数为标准，划分各个工作的等级，确定每一种工作的薪酬标准。

在实际的操作过程中，使用职务分析问卷法进行工作分析需要经过环环相扣的 7 个步骤。

（1）明确工作分析的目的。对于组织而言，进行工作分析的主要目的在于最大限度地调用组织的人力资源，实现组织的管理职能和绩效的最大化。具体地，工作分析可以对组织的工作进行评价，确定甄选和晋升的标准，明确组织的培训需求，构建绩效评价系统以及设计职业生涯发展规划等。因此，在进行某一项工作的分析时，首先需要有较为明确或者主要的目标作为指导。

（2）获得组织的信任与支持。无论采用哪种方法进行工作分析，都需要提前熟悉组织环境，并赢得组织的管理层的支持。如果采用职务分析问卷法进行工作分析，则还需要额外注意两点内容：第一，需要了解和明确组织的环境和文化，因为不同的组织文化需要选用不同的数据收集方式，这样才能提高效率。比如有些组织侧重于在收集数据的过程中尽量少接触任职人员，而有些组织则倾向于任职人员能较为全面地参与工作分析的整个过程。只有采用了最适合的职务分析问卷法，该组织的职务分析工作才会更高效。第二，需要提前确定工作分析是按照什么顺序进行的，是从低级职位往上推进，还是从高级职位向下开展；另外，还需要考虑工作分析的范围以及是否需要进行预测试。

（3）确定信息收集的范围与方式。当组织采用职务分析问卷法进行工作分析时，其收集信息的方式主要包括两种：① 由工作分析专业人员填写职务分析问卷，但是由任职人员或/和直接主管者提供相关的工作信息。② 由任职人员直接填写职务分析问卷。实际经验证明，比较有效的数据收集方式是由工作分析专业人员来填写职务分析问卷，同时通过访谈的方式由任职人员和直接主管者提供相关工作信息。一方面，这种方式可以通过面对面的沟通与互动收集到较为充分的关于工作的信息；另一方面，这种方式由专业的工作分析人员进行填写，能够确保在进行工作分析的过程中对职务分析问卷的各个项目以及各个评价尺度的理解和运用的一致性，一致性越强，通过该职务分析问卷法进行工作分析产生的相对价值就越高。

（4）培训职务分析工作人员。为了确保信息收集的有效性和高效性，必须提前对参与职务分析的工作人员进行正式的培训。培训的主要内容涵盖工作分析的目标和范围、职务分析问卷法的主要内容与操作步骤、数据收集技巧、倾听任职人员的描述等。除了理论培训，在培训的过程中，可以引导参与职务分析的工作人员尝试利用职务分析问卷法分析一份工作，然后对此过程中出现的问题和疑惑加以分析和讨论，总结出经验和教训。

（5）与员工沟通整个项目。一个组织在进行工作分析的过程中，需要获得全体员工的支持。这要求组织首先与员工进行沟通，向员工阐明工作分析的具体目标和意义、进行工作分析的时间规划、收集数据过程中的注意事项等。通过职务分析问卷法进行工作分析是一项涉及全组织的工作，只有获得整个组织员工的大力支持，才能提高该项工作的质量。

（6）收集相关信息并进行编码。此阶段的信息收集方法包括访谈法、观察法、直接填写问卷法等多种方法。如果采用访谈法，则需要参与职务分析的工作人员提前依据职务分析问卷的具体内容设计访谈提纲；访谈的对象需要同时包括任职者以及他们的直接主管。如果采用观察法，则需要参与职务分析的工作人员直接观察任职人员的工作环境以及他们在执行任务时的主要工作内容、工作设备和工作所需要的其他资源等。

（7）分析结果。在填写完职务分析问卷之后，参与职务分析的工作人员需要进一步对问卷进行整理和分析。

工作分析问卷节选

第三节 工作分析方法的比较与选择

工作分析方法多种多样，为工作分析人员提供了多种选择，但是要准确地选择出最合适的方法，对工作分析人员自身专业技能和素质的要求比较高。如果在进行工作分析的初期阶段选择了正确的方法，则后期可以节约大量的时间、资金和精力。因此，组织在开展工作分析之前必须结合自身实际需求和特点，综合比较利弊，选择最为合适和恰当的方法进行工作分析。

一、工作分析方法的比较

本章主要介绍了 9 种工作分析方法，这些方法在信息的收集方式、分析的导向等方面存在着很大的不同，选用时，要对工作分析方法适用的工作类型进行详细的比较和区分（马国辉等，2008）。

（1）观察法。观察法比较直观，且无法对目标工作人员的心理过程和工作内容进行深入的了解与剖析，因此，其比较适用于一些相对简单、周期相对较短、标准化程度较高、工作内容以及工作程序相对固定或者以体力活动为主的工作（崔占中，2013），而不太适合管理型的工作。

（2）访谈法。访谈法的最大特点是其主要内容、操作流程以及最终的结果与工作分析人员的个体素质、访谈水平及技能密切相关，而且访谈法的灵活性很强，不容易受到外部环境的影响，因此，访谈法几乎适合于所有的工作。

（3）工作日志法。工作日志法可以通过工作人员的亲身记录收集最原始的工作信息，为其他工作分析方法提供一定的信息支持和参考，因此，当相关工作资料较为匮乏时，工作日志法比较有优势，这说明工作日志法更适用于循环周期较长、技术含量较高、专业性较强的工作。

（4）关键事件法。一般而言，关键事件法更适用于分析员工的工作行为对完成组织任务有重要影响的工作。

（5）参与法。参与法需要工作分析人员进行实地参与，采集信息的周期相对较长，适用于对较为简单的工作进行分析，不太适用于对较为复杂的工作进行分析。

（6）问卷法。问卷法收集的信息较为全面，操作简单高效，而且在相关信息的收集方面可以利用结构化问卷进行，因此，问卷法具有普适性，适用于各类工作岗位的工作分析。

（7）管理岗位问卷描述法。一般来说，只要是管理岗位，不论是什么层次的管理岗位，都可以使用该方法进行工作分析。

（8）功能性工作分析法。该方法主要侧重于对信息、人力、物力等关键要素的分析，因此，适用于信息、人力和物力占比较大的工作。

（9）职务分析问卷法。实践证明，职务分析问卷法适用于分析操作性较强的工作或基层管理占比较大的工作。

以上分析方法的优缺点及适用情况如表 2-2 所示。

表 2-2 多种工作分析方法的比较

方 法	优 点	缺 点	适 用 情 况
观察法	1. 更全面、更深入地了解工作要求 2. 有效性强、灵活性高、真实性好	1. 不适用于以脑力为主的工作、间歇性的工作、周期较长的工作 2. 不能得到任职者资格的相关信息	1. 标准化程度较高、周期较短、以体力为主的工作 2. 事务性的工作
访谈法	1. 可以了解任职者的工作态度、动机等更深层次的内容 2. 有助于沟通 3. 简单、迅速	1. 时间成本较高 2. 有些员工会夸大或弱化某些职责，信息真实性难以保证	以脑力为主的工作
工作日志法	1. 经济、有效 2. 所获信息丰富、翔实、可靠	1. 时间成本较高，收集信息周期较长，使用范围小 2. 整理信息的工作量大	循环周期较长、技术含量较高、专业性较强的工作
关键事件法	1. 没有固定框架的约束 2. 获取的资料丰富，且具有代表性	收集到的信息容易存在偏差	员工的工作行为对完成组织任务有重要影响的工作
参与法	直接参与，获取到的信息更可靠、真实	实操难度大、实际适用范围较小	较为简单的工作
问卷法	1. 全面、范围广 2. 操作简单、高效	1. 设计问卷成本高 2. 缺少沟通	任职者具备一定阅读理解能力的所有工作
管理岗位描述问卷法	具有很强的针对性	1. 灵活性较差 2. 耗时较长，效率低	管理岗位
功能性工作分析法	搜集到的信息较多，也较为细致	搜集到的信息量较大，比较耗时耗力	信息、人力和物力占比较大的工作
职务分析问卷法	1. 标准化，获取到的信息更可靠、高效 2. 可操作性强	对使用人员的阅读能力和文化程度要求较高	操作性较强的工作或基层管理占比较大的工作

二、工作分析方法的选择

在选择合适的工作分析方法时应该重点考虑如下 8 个方面的要素。

（1）工作分析方法与工作分析目的的匹配程度。一般而言，选择工作分析方法的主要依据是工作分析的目的。

（2）成本的约束。任何一种工作分析方法都需要投入一定的成本，选择不同的工作分析方法，也就意味着选择了不同的成本投入。组织在选择工作分析方法时，应该考虑自身对工作分析的项目预算，最大限度地提高经费的利用效率和价值。

（3）工作分析方法的适用性。在进行工作分析时，首先需要考虑分析的工作岗位和相关的任职者，根据他们的特点和需求，选择适用的方法。比如，对于管理层岗位而言，比较适合的方法是访谈法或者管理岗位描述问卷法。

（4）工作分析方法使用的方便性。一般而言，在采用某种方法进行工作分析时，投入的成本不仅仅包括经济成本，还包括人力成本和物力成本，如果选择了比较方便操作的方法，则可以为组织节约一定的人力成本和物力成本，提高组织资源利用的效率。

（5）工作分析的时间。工作分析需要在一定的时间周期内完成，即从开始进行工作分析到最终结束工作分析为一个完整的周期。一般来说，在进行工作分析时，尽量不要超过提前计划好的周期，应提高工作的效率，以避免影响其他工作的进展。

（6）工作分析方法的信度和效度。信度主要是指不同的工作分析人员对同一个工作进行工作分析所获得的结果是否具有一致性以及同一个工作分析人员在不同的时间对同一个工作岗位所做的分析结果是否一致。效度主要是指工作分析方法对于工作职责、技术和能力描述的准确性。在进行某一岗位的工作分析时，需要同时考量其效度和信度。

（7）培训的需求。不同的工作分析方法对使用人员的专业性和技能性要求不同，因此，组织在选择工作分析方法时，应明确需要对使用人员进行多长时间的培训才能使其独立地操作该工作分析系统。

（8）标准化因素。在选择工作分析方法时，需要考虑该工作分析方法能否应用于不同时间和不同来源的工作分析资料中。

可见，不同的工作分析方法各有优缺点，在实际应用中，若只使用单一的工作分析方法，不一定能达到既定的目标和效果，因此在选择具体的工作分析方法时，要综合考虑以上因素，在多种定性方法和定量方法中选取合适的方法，进行灵活组合。此外，任何工作分析方法都是在工作分析实践中总结出来的。在工作分析实践中，既要传承好的工作分析方法，也要处理好工作分析方法传承与创新的关系。

例证 2-3

HI 信息服务公司的工作分析

课程思政

1. 在实践中，隐蔽性观察有助于获取更加真实、全面的信息。但是，在实施过程中需要注意界限，注意员工隐私权及相关权益的保护问题。

2. 观察法、访谈法、问卷法等工作分析方法在实施过程中，都有可能发生员工出于自身利益考虑，故意弄虚作假的现象。企业文化以及社会主义核心价值观在组织内部的有效宣传、推广和深入贯彻，有助于企业员工塑造正确的价值观，从而避免这类现象的出现。

3. 在工作分析实践中，要正确把握传承与创新的辩证关系，既要对工作分析方法进行批判继承，又要根据新的实践要求不断创新，唯有如此，才能不断实现企业的整体优化。中国特色社会主义的建设与发展同样需要将批判继承和发展创新辩证地统一起来，既要不断总结经验，弘扬社会主义革命和建设指导思想精髓，又要结合新的时代发展要求，不断推陈出新。

 读书推荐

《工作分析的方法与技术（第5版）》

出版信息：萧鸣政编著，中国人民大学出版社2018年出版。

内容概要：本书被列为"十二五"普通高等教育本科国家级规划教材和教育部面向21世纪人力资源管理系列教材。本书内容分为10章，包括工作分析概述、工作分析的内容与组织、工作分析的基本方法与工具、任务分析、人员分析、方法分析、工作分析质量鉴定、工作分析实践中的问题与对策、工作评价与应用，以及工作分析与评价的应用。

推荐理由：本书作者萧鸣政为北京大学人力资源开发与管理研究中心主任，二级教授，博士生导师，国家马哲工程人力资源管理重大项目首席专家，中国人才研究会常务理事兼人才学专业委员会副会长，中国人力资源开发研究会人才测评分会常务副会长兼秘书长，中央人才工作协调小组人才评价战略专题研究组组长，国际人力资源开发研究会第六届亚洲年会执行主席。本书为萧教授精心编写的优秀教材，被国内众多高校和企事业单位使用，得到广泛好评。本书在内容上有3个突出特点：① 时效性和发展性，本书结合了互联网时代工作分析的新变化和新特征。② 丰富性和新颖性，本书为第5版，其中的案例分析进行了更新和调整，以适应新时代的变化。③ 合理性，本书较为完整地表现了工作分析和评价在人力资源管理实践各个方面的应用，具有较好的合理性。

 思考练习题

学以致用

选一个典型的、你熟悉的或者你家人和朋友正在工作的公司，尝试运用本章所学知识，为其选择一个较为合适的工作分析方法。

 案例分析

大连地方税务局的职务分析过程

 参考文献

[1] 马国辉，张燕娣. 工作分析与应用[M]. 上海：华东理工大学出版社，2008.

[2] SIDDIQUE C. Job analysis: a strategic human resource management practice[J]. The international journal of human resource management, 2004,15(1): 219-244.

[3] 康廷虎，王耀. 工作分析方法的进展分析及启示[J]. 中国人力资源开发，2012（12）：57-61.

[4] 肖鸣政. 不同视角下的工作分析方法[J]. 中国人才，2007（21）：29-32.

[5] 吴远卓，傅春. 工作分析方法：案例与练习[M]. 南昌：江西高校出版社，2017.

[6] 葛玉辉. 工作分析与工作设计实务[M]. 北京：清华大学出版社，2011.

[7] 刘娜欣. 人力资源管理[M]. 北京：北京理工大学出版社，2018.

[8] WOOLSEY L K. The critical incident technique: an innovative qualitative method of research[J]. Canadian journal of counselling and psychotherapy, 1986, 20(4): 242-254.

[9] 刘顺忠. 管理科学研究方法[M]. 武汉：武汉大学出版社，2012.

[10] 吴建国. 连锁企业人力资源管理[M]. 上海：立信会计出版社，2003.

[11] 张春瀛. 工作分析[M]. 天津：天津大学出版社，2009.

[12] 王国颖，陈天祥. 人力资源管理[M]. 5版. 广州：中山大学出版社，2016.

[13] GREEN S B, STUTZMAN T. An evaluation of methods to select respondents to structured job—analysis questionnaires[J]. Personnel psychology, 1986,39(3): 543-564.

[14] 朱勇国. 职位分析与职位管理体系设计[M]. 北京：对外经济贸易大学出版社，2010.

[15] 刘玉新，张建卫. 工作分析方法应用方略[J]. 人力资源，2006（2）：45-49.

[16] 宋太平. 人力资源开发与管理[M]. 石家庄：河北人民出版社，2003.

[17] 崔占中. 浅析工作分析方法及实施建议[J]. 知识经济，2013（10）：132.

第三章
工作分析的流程

仅仅依靠组织结构设计仍然无法保证有效的管理，负责组织管理及权力分派的人比组织本身更为重要。

——美国通用汽车公司原总裁　艾尔弗雷德·P. 斯隆

 **本章框架**

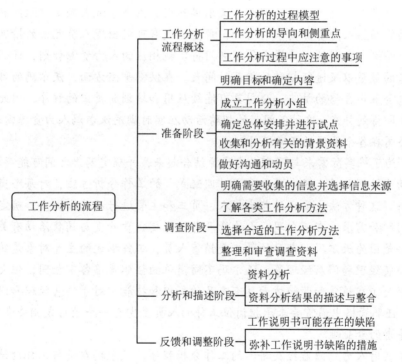

 **学习目标**

- ➢ 掌握工作分析的过程模型
- ➢ 了解工作分析的组织和实施步骤
- ➢ 掌握工作分析各阶段的主要任务
- ➢ 了解工作分析的具体流程

引例

沃尔玛的工作分析

沃尔玛是一家世界性连锁企业，以营业额计算为全球最大的公司，也是世界上雇员最多的企业，连续 9 年在美国《财富》杂志世界 500 强企业中居首位，旗下有上万家分店，分布于全球 24 个国家。截至 2021 年，沃尔玛全球员工数量达到 230 万。在组织规模、商业价值、财务表现方面，沃尔玛都是全球排名前列的公司，那么沃尔玛如何确保自己的人力资源能够满足其业务需求和战略发展呢？

首先，在沃尔玛，工作分析中对岗位的工作描述各式各样，大不相同。该公司的人力资源部门主要负责对企业在每个阶段中所需的员工进行预测，使用特殊的软件产品自动分析劳动力变化的过程。公司总部会从门店获得员工或劳动力数据，然后将数据输入中央数据库并组织和处理，以预测公司人力资源的趋势。通过该预测系统，沃尔玛能够预测未来每个季度或每个地区可能发生的劳动力变化。

为了解决员工的过剩或短缺问题，沃尔玛利用其信息系统来确定该组织的哪些领域或哪些方面将面临人力资源需求的增加，哪些领域有可能出现人员冗余的情况。根据信息系统分析结果，公司的人力资源管理部门将实施相应的人力资源计划，计划会明确指出所需员工的数量以及进行招聘的推荐时间表。在供需平衡方面，沃尔玛的目标是确保有足够的机会雇用合格的员工。公司具有连续雇用和培训新员工的程序，因此能够确保空缺职位立即得到补充，这种不间断的招聘活动在实时满足沃尔玛人力资源需求的同时，也确保了公司在各个地区的正常运转。

其次，为了将实际需求与现有人力资源结合起来，并确定两者之间可能存在的差距，在确定劳动力计划之后，沃尔玛会采用"匹配式"的工作分析方法，对每个岗位工作进行重点分析。这种方法主要通过与申请人、员工和主管进行面谈和调查，确定工作中可能出现的问题和需求。在沃尔玛，人力资源部门主要负责开发与销售活动有关的工作描述，这主要是因为沃尔玛大部分的员工是销售人员，工作描述的主要对象是销售员、销售主管、销售经理和门店经理等。沃尔玛不同岗位的任职资格各不相同，但大部分的任职资格要求员工在销售和营销方面具有充足的知识和技能。对于销售经理和门店经理这样的岗位，任职资格中通常要求承担岗位工作的人员至少有一个销售或相关专业的学位，以保证领导者的专业性。

得益于实时人力资源监控及科学的工作分析程序，沃尔玛在进行工作设计和人员招聘时才能具备针对性，这也成为沃尔玛成功的一大关键。

（资料来源：关于沃尔玛的人力资源计划以及工作分析案例[EB/OL]. (2017-12-28). http://www.hrsee.com/?id=582.）

在上述引例中，沃尔玛的成功不仅取决于企业的核心业务管理层，对员工、岗位、工作职责的管理也起到了至关重要的作用。无论是前期运用公司独有的预测系统，还是在工作分析中对不同岗位要求进行细致规划，都体现了沃尔玛在工作分析和设计上具有很强的针对性，而不是模糊化处理，因而成就了如此成功的沃尔玛。人力资源工作分析是为了明确岗位职责、落实工作内容，从而使人力资源管理工作的效率和质量达到最大化（孙丽丹，2019）。因此，工作分析的开展应全面系统、科学客观，保证分析结果的实用性与可操作性。接下来，让我们共同学习工作分析的组织和实施，一起了解工作分析究竟怎么做才能切理会心、像心称意，以及其中又有怎样的方法和技巧。

第一节　工作分析流程概述

企业在实践中经常会碰到各种难题，如员工可能会为了一项职责不明确的工作而互相推诿，某项工作因无人承担而造成公司损失，有些员工抱怨自己工作量太大而有些员工无所事事，等等，这些往往是由工作分析不完善造成的。因此，企业进行正确的工作分析是解决此类难题的关键，从而打破"工作职责分解不到位，工作无标准"的管理死循环，实现"事事有人做、人人有事做、事事有标准"的管理目标（周银珍，李江伟，2013）。工作分析流程的开发与实施对于企业顺利开展工作分析至关重要，只有合理、科学地安排工作分析流程，如期执行工作分析流程各个环节的主要任务，组织才能从工作分析中得到真正有价值的信息，从而提升组织的核心能力。

一、工作分析的过程模型

作为人力资源管理的基础，工作分析是一项兼备技术性和高度可操作性的工作。它不仅需要精心的准备，还需要一套与人力资源管理活动相匹配的科学合理的操作程序（葛玉辉，2020）。一套科学合理的工作分析流程可以有效地指导企业的工作分析活动，节省运营成本。根据工作分析过程中的要素、中间变量、结果及其相互关系，可以得到工作分析的过程模型，如图3-1所示。

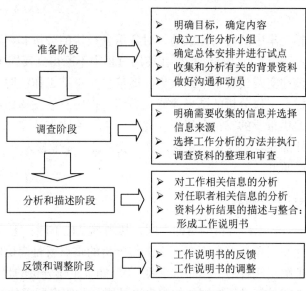

图3-1　工作分析的过程模型

工作分析的整个过程实质上是一个信息流动的过程，从输入到分析，再到输出，将复杂的工作信息处理成系统有序的工作分析结果信息。从具体的操作过程看，工作分析可以分为 4 个阶段：① 准备阶段；② 调查阶段；③ 分析和描述阶段；④ 反馈和调整阶段。

1. 准备阶段

准备阶段主要完成 3 个工作：① 建立工作分析小组，赋予小组成员开展分析活动的权力，确保分析工作的协调和顺利进行。② 初步了解企业现状，掌握各种数据和信息，以明确工作分析的目的。因为只有目的明确，才能确定分析的范围、对象和内容，选择合适的分析方法并执行，清楚应该收集哪些信息、在哪里收集以及如何收集。③ 为了做好工作分析，还应该做好员工的心理建设并与其建立友好关系。

2. 调查阶段

调查阶段是工作分析过程中最为关键的阶段。调查阶段的主要工作是收集工作分析所需要的信息，包括信息的来源、收集信息的方法和系统的选择，以及收集的路径和具体的信息内容等。此外，信息收集的内容并不是漫无边界的，而应根据工作分析的目的，有所侧重地收集相应信息。对此，工作分析人员可以依照目的将信息来源与种类编排成内容清单。在工作分析方法的运用过程中，除了熟练掌握操作流程，分析人员还应最大限度地利用周边的环境、人员、关系等，使收集到的信息尽可能饱和。为保障执行过程的流畅和迅速有效，开辟试点并制订可行的执行计划是事半功倍的举措。

3. 分析和描述阶段

工作分析的最终目标是通过收集到的信息对工作进行全面和深入的分析、整理和综合，从而总结出具体工作（岗位）的主要活动和关键影响因素，并在此基础上对提取的信息进行规范和描述，形成工作说明书。也就是说，分析和描述阶段包括 3 个相关的活动：信息的整理、分析、综合。这是整个工作分析过程的核心部分。

4. 反馈和调整阶段

工作分析是在相对集中的时间完成的，对各信息板块的分析和整理难免会有疏漏，因此工作说明书是否适应实际工作，需要在使用过程中不断得到反馈（祝士苓，2007）。而人力资源部也应该在实践过程中不断收集反馈信息，总结工作说明书的缺陷和漏洞，对其加以完善。这样，工作分析的结果才能在后续工作中有效发挥作用，为人力资源管理甚至企业的运营提供重要的支持和保障。此外，工作说明书并非一成不变，而是要随着企业内部条件和外部环境的变化不断修订。一般来说，企业应该在 3 年内重新进行工作分析，调整工作说明书。

二、工作分析的导向和侧重点

对于一个企业而言，工作分析的目的不同，其侧重点也不同：① 如果工作分析的目的是工作描述并为空缺岗位招募员工，那么工作分析的重点就是岗位的职责和任职者的要求，因此清楚地了解现任者的工作非常重要；② 如果工作分析的目的是培训和开发，那么工作分析的重点就是衡量每个岗位的职责以及履行此职责所需的员工的能力；③ 如果工作分析的目的是确定绩效评估标准，则工作分析的重点应放在衡量每个任务的标准上，并且澄清任职者完成每个任务的时间、质量、数量和其他标准；④ 如果工作分析的目的是确定薪酬体系，那么仅仅获得描述性的信息是不够的，还需要采用特定的方法对岗位进行量化的评估，确定每一个岗位的相对价值。

因此，工作分析是围绕企业特定目标开展的系统的、有组织的活动。而在活动开展过程中，工作分析应以目标为导向，从而确定整个过程中的侧重点，并在此基础上明确要收集的信息以及信息收集的成果（任正臣，2019），如表3-1所示。

表3-1　工作分析的导向和侧重点

目　标	侧　重　点	要收集的信息	信息收集的成果
组织优化	强调对工作职责、权限的界定；强调将工作置于流程与战略分解体系中来重新思考该岗位的定位；强调岗位边界的明晰化	工作目的与工作职责；职责细分（职责履行）；职责分配的合理性；工作流程；岗位在流程中的角色；工作权限	组织结构的调整；岗位设置的调整；岗位目的的调整；岗位职责的调整；职责履行程序顺畅
招聘甄选	强调对工作所需教育程度、工作经验、知识、技能与能力的界定，并确定各项任职资格要求的具体等级或水平	工作目的与工作职责；职责的重要程度；任职资格	招聘要求；甄选标准
培训开发	强调工作典型样本、工作难点的识别；强调对工作中常见错误的分析；强调任职资格中可培训部分的界定	工作职责；职责学习难度；工作难点；关键工作行为；任职资格	培训需求；培训的难点与重点
绩效考核	强调对工作职责以及责任细分的准确界定，并收集有关对各项职责与任务的重要程度、过失损害的信息，为考核指标的提取以及权重的确定奠定基础	工作目的与工作职责；职责的重要程度与执行难度；工作难点；绩效标准	绩效评价指标与标准
薪酬管理	强调对与薪酬决策有关的工作特征的评价性分析，包括岗位在组织中的地位及对组织战略的贡献，工作所需知识、技能与能力水平，工作职责与任务的复杂性与难度，工作环境条件、工作负荷与强度的大小等	工作目的与工作职责；工作范围；职责复杂程度与执行难度；岗位在组织中的位置；联系的对象、内容与频率；任职资格	与岗位评价要素相关的信息；岗位序列

例证 3-1

侧重招聘销售人员的工作分析

三、工作分析过程中应注意的事项

细节决定成败。工作分析需要经历一个长期的、动态变化的过程，而在这个过程中难免会出现一些问题，这就需要工作分析人员格外注意以下细节：① 管理层对工作分析的重视和统筹；② 工作小组与员工的充分沟通；③ 重视分析的应用而非流于形式；④ 重分析而非只进行描述。

（一）管理层应加强对工作分析的重视和统筹

工作分析作为人力资源管理的基石，既决定了公司定编定员、招聘选拔、绩效管理、薪酬福利体系设计，又影响着企业员工培训和职业生涯规划。对于现代企业而言，通过工作分析确定一个工作需要什么样的人，在科学分析的基础上做到人与事的匹配，那么人才使用上的诸多问题，如绩效考核、招聘、公平的薪酬体系等就很容易解决了。

企业的工作分析往往是全局性的，牵一发而动全身，是所有工作要素都要参与进来的系统性互动。在以往工作的开展中，工作分析作为企业人力资源管理工作开展的依据，经常被企业忽视，该种情况的存在即表明企业还没有意识到该项工作的重要性，需要企业引起重视，通过对工作分析方式的科学运用实现员工最大价值的发挥（丁玲，2016）。例如，基于提高效率考虑，且最大程度达到工作分析的目标，企业应该将岗位工作分析与企业业务流程优化以及部门和岗位设置优化结合起来进行（李兆兵，2003），因为企业的工作分析多是岗位分析，而先对业务流程进行分析和优化，在此基础上进行部门和岗位的调整和优化，才能保障最终岗位的稳定，而这样的岗位分析或说工作分析才有价值和意义。

（二）做好沟通，避免让员工产生恐惧心理

员工恐惧心理是工作分析实施过程中常见的问题之一。恐惧的根本原因是员工不清楚开展工作分析的意义，担心工作分析的最终目的是裁员或降薪。而员工恐惧可能导致信息的失真——由于关系到被调查者和评价者的利益，可能出现各岗位、各部门夸大其工作重要性的本位主义倾向，从而影响结果的可靠性（李强，2006）。因此，在工作分析中，如何避免让员工产生恐惧心理是值得关注的问题，而沟通是消除员工恐惧心理的有效途径，这将带来至少3个方面的益处：① 不同岗位的员工可以得到不同层级之间的各种工作信息；② 企业能够传达组织的战略意图；③ 员工可以表达他们的真实想法。

具体来说，沟通可以聘请外部专家进行，也可以由人力资源部的主管和领导来进行。首先，应该向员工解释清楚实施工作分析的目的，以及工作分析会对员工产生什么样的影响。其次，尽可能将员工纳入工作分析的过程之中。而只有当员工了解了工作分析的目的，并且参与整个工作分析过程之后，才会理解工作分析对公司及自身发展的意义，从而提供真实可靠的信息。最后，还要在员工参与工作分析的过程中提供指导，员工由于缺乏专业的训练，可能并不懂其中的机理，因此向员工充分地进行说明和指导，能够让每个参与者发挥自己的作用。

工作分析的沟通是对事不对人的沟通，工作分析以"事"为出发点，要求"人匹配事"。因此，进行沟通的双方可以敞开心扉畅谈工作，员工可以借"对事不对人"的机会表达一些真实想法，而这些真实想法往往对组织很重要。

此外，沟通的方式是多样的，员工的任何一种表达方式（言语、表情、动作等）都可以是沟通的方式，因为工作分析过程中应时时刻刻捕捉一切信息，而"旁观者清"的优势将在这里真正起到作用（高卫中，2009）。

（三）重视工作分析的应用，避免流于形式

工作分析是人力资源管理的基石，但是需要一定的时间和资金投入，并且很难见到效益。因此，不少企业领导重结果、轻过程，希望直接见到人力资源管理工作的明显效果，急于求成，导致工作分析流于形式（黄旭，2013）。

实际工作中，在制定和使用工作说明书的过程中容易出现"两张皮"的现象。一些企业虽然进行了工作分析，制定出一套工作说明书，却束之高阁，权当作人力资源部完成的一项工作任务，并不能有效利用工作分析结果开展其他人力资源管理工作。这种只把工作说明书当成一种形式，不重视其应用的做法，是对资源的浪费。另外，员工感觉不到工作分析之后的变化和改进，很难在日后工作中再度配合人力资源部的工作，这必将大大影响后续性人力资源管理工作的开展。

因此，在工作分析结束后，人力资源部要注重工作说明书的实际应用。例如，将工作说明书发给新入职员工，帮助新员工尽快进入工作角色，同时提出相应的工作考核标准，便于试用期结束时以此为依据对其进行考核；又如，以工作分析为基础的工作规范明确了每一个岗位的任职者所需的相应知识、素质和能力，如果现有的员工不具备这些条件，随后的培训开发就有了明确的目标和内容；再如，可以以员工或团队是否完成相应工作描述所规定的职责和任务为基础，设定绩效考核指标。

（四）工作分析不能只描述，应重分析

工作分析的基本任务之一是对工作要素进行分析，而不是对其进行简单描述，而"重描述、轻分析"恰恰又是很多企业目前在工作分析中的通病（葛玉辉，2020）。因此，工作分析不能只停留在描述的层面，而应该注重分析：一是注重对工作职责之间内在逻辑关系的系统把握；二是注重对工作职责与任职资格、业绩标准之间关系的把握。

一般来说，工作分析体系是建立在内部和外部双重基础上的。从企业内部即组织运作流程来看，工作分析是从企业战略目标到企业流程设计，再到部门设置及分工，最后

到岗位设置及分工，将企业战略目标细化到各个岗位的过程。岗位之间明确的分工关系即可形成岗位职责描述及任职资格要求。因此，工作分析不是孤立的，它取决于企业战略、流程设计、部门分工及岗位分工，以上每一个环节的变动都可能导致工作分析结果的变动。如果企业内的流程不断更新，企业内部的部门分工关系不断调整，那么企业内部岗位之间的分工及关系也必须不断改进，这就要求工作分析应该不停地进行"分析"的运作。从企业外部即经济全球化的宏观大背景来看，外界的动态变化要求企业能够迅速地做出反应，这也就意味着公司的组织结构、部门的任务以及工作等会被频繁地调整，这给工作分析带来了新的挑战，因此企业在进行工作分析时要充分考虑组织未来的变化和工作的适应性（李强，2006）。

需要注意的是，当企业初次进行工作分析时，重描述的做法是可取的。它可以使企业现有的分工关系明晰化，为进一步的工作分析打下基础，也可以为其他人力资源管理职能的履行提供依据。然而，做好工作描述也有讲究，如若把工作界定得太清楚，可能使员工形成"各扫门前雪"的心理，不利于协作，而过于简略的描述则易流于形式，起不到工作说明的作用。因此，在明确主要职责的前提下，可以留出一定的模糊空间，容许交叉，以保证组织任务的完成。不过，如果工作分析始终停留在描述的阶段，就只会距离工作分析的目的越来越远。

第二节 准 备 阶 段

准备阶段是工作分析流程的第一个阶段，其工作成效直接影响后续工作分析步骤的开展。在工作分析的准备阶段，一般包括 5 个任务：① 明确目标，确定内容；② 成立工作分析小组；③ 确定总体安排并进行试点；④ 收集和分析有关的背景资料；⑤ 做好沟通和动员。

一、明确目标，确定内容

（一）明确工作分析的目标

如前所述，工作分析的目的不同，则此项工作的导向与侧重点也会相应地发生变化，从而对工作过程中的资源配置、方法的选择和结果的输出产生影响。因此，在开始进行工作分析之前，必须明确此次工作分析的目的，为接下来的工作树立标杆。而企业进行工作分析的总目标是实现企业的战略目标，帮助企业获得更高的价值，加快企业的发展。具体来说，工作分析的目标定位可服务于人力资源管理系统的 4 个模块：① 招聘甄选。当企业进行内部资源调整时，会将很多部门岗位进行整合，包括合并、新增、废除，那么这时企业要为整改后的岗位甄选合适的人才，就需要进行工作分析来确定岗位的用人标准，实现人岗匹配，达到提升资源配置效率的目标。② 培训开发。当企业期望增加培训项目以提升职工的专业素质及技术能力时，就需要通过工作分析更精准地制定具有针对性的培训项目，做到"因材施教"，从而实现提升人力资源价值的目标。③ 绩效考核。

企业进行绩效评价时需要一个统一的标准，该标准应体现公平公正、实事求是的价值观。这就需要进行工作分析来确定统一的标准，从而实现激发员工自主性和创新性的目标。④ 薪酬管理。与绩效评价类似，薪酬管理最重要的是薪资最大化体现工作价值，那么建立一个新的薪酬体系时，就需要通过工作分析来对各个岗位的价值进行评估，使薪资能够最大化地体现工作价值。

与此同时，工作分析的目的也会随外部环境的变化而改变。工作分析本质上是为企业的发展服务的，而企业的发展战略会受外部环境变化的影响，因此，明确工作分析的目的，也要结合内外部环境的变化，使产品和服务能更好地适应市场的变化，使企业能适应内外环境变动下新的企业环境，使工作描述和工作说明更符合当前工作的实际情况，这些也是工作分析的目的所在。

（二）确定工作分析的内容

在明确工作分析的目标后，需要确定工作分析的具体内容，这是工作分析过程中最基本和最重要的环节。这是因为只有明确了工作分析的内容，工作分析人员才能集中精力收集相关信息并进行分析，以形成相应的工作分析文件。

企业的工作分析大致可以分为两个方面的内容：① 针对企业内部各个职务所应承担的职责与其工作内容进行评定和概括；② 针对企业每一岗位的要求制定所需达到的相关资格，如年龄、学历、专业、工作经验以及职业态度等（穆园园，2016）。唐丽（2014）则从实际运用的角度，对工作分析的内容做了更为具体的阐述，认为工作分析主要是系统收集任职条件、工作职责、工作环境、工作强度等与工作有关的信息。

基于工作分析的流程视角，本书采纳了段磊（2009）从公司层、部门层、岗位层 3 个层面描述工作分析的观点，即：① 组织层面工作分析。从企业整体考虑，进行功能与组织架构设计，包括参照标杆企业、分析企业运营特点、梳理企业职能模块、探讨最佳模块组合、考虑职能部门组织架构、设计部门职责与权限。② 部门层面工作分析。把岗位放到组织的大背景下去研究和考虑，包括分析企业需要设置哪些岗位、各岗位的基本职责以及各岗位所需要的能力等。③ 岗位层面工作分析。从岗位的角度考虑，包括该岗位应当具体完成哪些任务，完成各项任务的流程、标准是什么，以及需要设置多少编制等。

二、成立工作分析小组

（一）工作分析小组的人员组成

为顺利完成工作分析任务，成立专项工作分析小组至关重要。工作分析小组一般具有临时性，该团队并非长期存在，而是在需要开展工作分析时，才会根据任务内容筛选相关人员并组成专业小组以进行工作。作为工作分析的主要指导者和实施者，工作分析小组一般包括组织管理者、实施协调者、技术支撑者、信息收集者和信息分析者 5 种角色，具体而言，包括以下成员。

（1）高层管理者。高层管理者是工作分析小组的灵魂，只有得到企业相关高层的支持和参与，工作分析才能顺利进行。在动员阶段，高层管理者的威望和声誉在很大程度上影响工作分析是否能够持续进行。

（2）工作分析专家。工作分析对分析的信度和效度有着极高的要求，为确保工作分析的科学性和专业性，工作分析小组必须包括经过专业训练的工作分析专家，以充分提高工作分析结果的可靠程度。

（3）工作任职者。对于某一特定岗位的工作分析而言，工作分析小组必须吸纳相关岗位的直接任职者，因为相关任职者最了解其承担的工作的具体属性，可为分析工作提供最直接、最可靠的工作信息。

（4）工作任职者的上级主管。上级主管十分了解任职者的日常工作内容，能够对工作本身及任职者的要求做出相对客观的评价，而且上级主管往往在前期也曾承担过相关工作职责，因此在工作分析小组中同样具有充分的发言权。

（5）人力资源部专员。人力资源部专员在工作分析小组中主要起到辅助性作用，负责联络、协调及工作分析的具体实施，以确保工作分析流程顺利展开。

（二）组建工作分析小组的方式和考虑因素

组建一个合理而有效的工作分析小组是工作分析工作取得成功的保证和基础。通常情况下，组建工作分析小组的方式有"混合"式与"分工明确"式两类。"混合"式强调小组成员的多样性，每个人都具有特色，因此人员的多样化有助于小组成员之间取长补短。"分工明确"式强调小组成员的专业性与责任承担，"分工明确"需要确定组内每个成员的任务和相应需要承担的责任，因此只有在具备专业性的前提下才能保证责任的承担。在工作分析小组的组建过程中，如何选择组建工作分析小组的方式，需要着重考虑小组成员的来源、构成和素质等方面的内容。

员工具有主观能动性，任何管理工作的价值增值都来自员工的智慧，就如最终形成的工作说明书本身的价值在于工作分析的过程有员工的参与及思考。作为进行工作分析的主体，工作分析小组成员要收集、整理和分析整个企业所有岗位的信息，最后形成企业各个岗位的工作分析文件。因此，工作分析的质量和效果，即价值的增值，取决于人的差异——小组成员的构成与专业性。

一般而言，工作分析小组由进行策划和提供技术支持的工作分析专家、实施操作的专业人员以及负责联络和协调的人员共同构成。工作分析专家一般是对企业所处的行业有一定了解的外部专家，或者是在企业内部选拔的、对企业各岗位工作都有所了解、有一定威信的员工和企业人力资源部的一些专家人员。而实施操作的专业人员以及负责联络和协调的人员一般是人力资源部的员工和基层的管理者。

例证 3-2

万家公司成立的工作分析小组

（三）组建工作分析小组时需要注意的事项

前文介绍了工作分析小组成员构成的基本原则，在实践中仍然不能忽视细节，特别是要避免掉入陷阱，需要注意以下 4 个主要细节。

（1）工作分析并不能仅仅依靠专家，而应该发动和依靠各个层次的管理人员，分派他们分析所管辖区域的对应工作。这样可以节省工作分析的费用，加强管理人员的责任感，提高管理的效果。

（2）只有企业全员参与，工作分析的成果才能取得实效。在工作分析过程中，如果员工不参与，工作分析的质量就会大打折扣，工作分析结果的应用效果也会大大降低。

（3）工作分析小组的成员要明确各自的职责，这样在工作时就不会互相推诿，从而保证工作的效率和质量。小组成员的职责主要有两个方面：①在总体方案下制订更详细的工作计划，并分派员工执行；②审查和督促计划方案的组织与细化推进。

（4）在确定工作分析小组的人员数量时，要视情况而定。工作分析小组人数过多，容易人浮于事；人数过少，又难以在规定时间内完成任务。因此，工作分析小组的规模必须按照实际情况决定，一般情况下一个工作分析小组由 5~15 人组成，分为外聘专家和企业内部成员两部分（任正臣，2020）。

三、确定总体安排并进行试点

凡事预则立，不预则废。任何事情的成功都离不开完善的计划，工作分析活动也是如此，为了保证整体方向的准确性，必须制订工作分析的总体计划。总体计划的内容大体包括：① 明确工作分析这项工作的牵头部门（一般为人力资源部门），且岗位工作量的分析必须由部门负责人认可。② 召开工作分析启动会，明确工作分析的事项（如时间、任务、成果、责任人、督导人等）、如何宣传以及其他各部门如何参与等，要明确凡因部门工作冲突而可能出现的进度推迟，必须事前提出；再者，在此基础上制定大体方案，并对试点部门依照方案进行工作分析。③ 完成试点部门工作分析后，总结与改进试点部门的工作分析结果，根据分析工作中出现的问题对整个方案做出修改，如果出现工作分析结果与部门意见有冲突的情况，应由部门负责人和人力资源部协商是否有必要重新收集相关资料，若不能解决，则须报上级处理。

在工作分析试点工作完成后，需要及时做好试点工作的宣传推广，特别是要重点宣传在工作分析试点工作中展现出来的有利于任职者、任职者主管、任职者团队的信息和现象，或者是在试点工作中总结出来的好的方式和方法，这会对后续开展分析工作产生很好的宣传示范效应。

四、收集和分析有关的背景资料

企业各方面的背景都会对工作分析产生影响，其中重点的背景资料往往包括企业的战略目标、外部环境、企业文化、领导者的风格、员工特征、正式与非正式组织等。

（一）战略目标

战略目标是指对企业战略经营活动预期取得的主要成果的期望值。战略目标是企业在既定的战略经营领域展开战略经营活动所要达到的水平的具体规定，决定了企业中人员的配置及发展的方向，指导着人力资源管理活动的进行。科学合理的岗位设置是组织战略目标实现的基础。因此，工作分析内容及方法的确定，一定要以企业的战略目标为准绳，工作分析人员要及时依据企业战略的变化对工作分析活动进行调整，使其结果更有利于目标的达成。

（二）外部环境

对于外部环境，企业是无法控制的，但又要与其保持密切的互动。外部环境包括一般的外部环境和特定的外部环境。一般的外部环境包括人口统计特征、社会文化背景、法律、经济、科技、国际环境等，这些对组织的影响是间接的、长远的。而特定的外部环境主要包括供应商、顾客、竞争者和利益团体等，其对企业的影响是直接和迅速的。

（三）企业文化

企业文化是由企业的价值观、信念、处事方式等组成的一个企业的特有的文化形象，即企业在日常运行中所表现出的各个方面，包括文化观念、价值观念、组织精神、道德规范、行为准则、历史传统、组织制度、文化环境、组织产品等具有企业特色的精神财富和物质形态，其中价值观是企业文化的核心（刘光明，2006）。企业文化对人力资源管理具有重大影响，例如重视团队合作的企业文化，其人力资源管理不会过多关注个体影响，而是更加注重团队之间的协调、公平和合理，企业在工作分析时对岗位要求的定位更多的是考察个人的领导力以及团队精神；而以末位淘汰制为主的企业文化，其人力资源管理更看重个人的能力，个人能力越强，表现得越全能，就越能获得公司的青睐。企业文化与员工的发展是双向作用的，优秀的企业文化不仅从整体上为企业提供正确的发展方向，而且从个体上引导员工自觉地做出有利于企业价值观和目标的行为选择，促进员工成长；优秀的人才也会主动选择符合自身价值观的企业文化，从而激励企业形成更多元的企业文化。因此，在工作分析过程中应该充分考虑企业文化的影响。

例证 3-3

慈溪劳特电器公司的"家文化"

（四）领导者的风格

领导者的风格是指领导者的行为模式。领导者在影响别人时，会采用不同的行为模式达到目的，有时偏重监督和控制，有时偏重表现信任和放权，有时偏重劝服和解释，有时偏重鼓励和建立亲和关系（王小艳，2020）。这些行为模式是可观察的，也是可以被下属所感受到的。

领导者的管理风格与其能力素养、眼界见识、性格习惯、思维方式、价值观念等因素密切相关。根据领导者在管理过程中对待工作、员工和事件的态度，可以将其管理风格分为强势型、仁恕型和理智型 3 种（吴华，2020）。不同的领导风格对企业决策类型和管理方式会产生不同的影响，特别是在人力资源管理中，不同领导风格的管理模式有很大差异。领导者的风格影响着人力资源管理的内容和侧重点，也影响着各部门和岗位的工作内容、职责范围以及决策的集中程度等。

例证 3-4

任正非的低调领导风格

（五）员工特征

从固定属性来看，员工包括固定工、合同工、临时工和实习生等各种用工形式的人员，而企业对不同用工形式的人员的质量和能力要求也各不相同。

在工作分析过程中，可以把员工分为工作分析小组成员和非小组成员。员工能力、态度、个人目标和素质的差异，导致人力资源管理的工作方法也有所不同，"一把钥匙开一把锁"，对一名员工有效的方法，对另一名员工使用可能无效。对于非小组成员的员工，主要考虑他们与岗位的匹配度，使分析出的结果能够最大程度地实现"专人有专技，专技入专岗"。不同的岗位对员工的要求是不同的。工作分析人员在分析岗位特性时，要根据不同岗位任职人员的要求，对其采取具有针对性的人力资源管理工作方法。而对于小组成员的员工，工作分析人员的素质差异也对工作分析结果有着不同影响。有的员工具有心思缜密的特质，那么他可以更多地承担收集与分析的工作；有的员工擅长和人打交道，那么他可以更多地承担与其他人员沟通的工作等。

（六）正式组织与非正式组织

在企业中，正式组织扮演着领导者、管理者的角色，引导工作正常、有序地进行，对人力资源管理以及工作分析的正常进行起到较强的保障作用。非正式组织是人们在共同的工作过程中自然形成的以感情、喜好等为基础的，松散的、没有正式规定的群体。这些群体不受正式组织的行政部门和管理层次等的限制，也没有明确规定的正式结构，但在其内部也会形成一些特定的关系结构，以及一些不成文的行为准则和规范，其存在及运作对实现企业目标有着重要的影响。

在人力资源管理和工作分析的过程中，非正式组织能够起到很好的传播和宣传作用，能够促进员工对工作分析的认识和理解。因此，组织管理者在工作设计、岗位设置等环节，应该重视非正式组织的存在并加以利用，使其有效地促进工作分析及组织管理活动的进行。

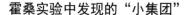

例证 3-5

霍桑实验中发现的"小集团"

五、做好沟通和动员

工作分析的过程在本质上是一个沟通的过程。因此，沟通应该贯穿工作分析过程的始终（张海峰，2014）。在第一节曾提到，员工容易对工作分析产生恐惧心理，因此在组织工作分析工作之前，应注意与员工充分沟通，做好事前的动员工作，从而使企业在进行工作分析活动的各个环节得到员工支持，那么该如何操作呢？首先应该认识到工作分析活动的特点，即工作分析不是由人力资源管理部门单独完成的，也不是说人力资源管理部门的人员仅凭个人对组织各个岗位的认识就能编写出工作说明书。否则，工作说明书的质量便无法得到保证，也很难在实践中运用。可见，工作分析活动需要得到上至组织的高层，下到每位员工的理解、支持和参与（胥维波，2006）。

（一）与高层领导的沟通

工作分析小组需要与组织高层进行充分沟通，明确工作分析的真正价值和重要性，力求获得组织高层的大力支持，保证工作分析的权威性，为工作分析的顺利开展奠定坚实的基础。高层领导的重视能够让员工感知到这是一项非常重要的工作，因而会带动公司全体员工积极配合。在有必要的时候，可以建立一项关于开展此项活动的制度，用正式制度来规范公司全体人员的行为，为顺利开展工作分析活动提供保障。

（二）与企业员工的沟通

召开工作分析动员大会是较为有效的与全体人员沟通的方式，其主要任务是宣传工作分析的理念与目的，讲解工作分析的步骤、方法和流程，说明工作分析小组成员的组成。这样一方面让员工认识到工作分析的价值，另一方面让员工了解工作分析的目的，以消除员工的恐惧心理，积极配合工作分析活动。

（三）与员工主管的沟通

员工主管作为企业员工的直接管理者，对员工的日常工作更为熟悉和了解，也是最容易与员工进行直接沟通的管理层。与员工主管进行充分的沟通，能够更好地从侧面了解员工的工作情况，以便获取更全面的信息。同时，这有助于发现工作分析在实践中遇到的问题，及时做出相应的调整，使工作分析实践活动得以顺利开展。因此，与员工主管的沟通在工作分析实践中具有重要意义。

总之，充分的沟通就是为了让员工全面了解工作分析的相关信息，打消员工的抵触情绪，然后由高层牵头，亲自布置工作分析任务，力争为工作分析提供各方面的支持和保障。

此外，一次完整的工作分析活动的实施，往往需要大量的人力、物力以及时间资源的支持，因此在工作分析正式实施之前需要制定一个工作方案，以便工作分析能够有计划、有条理地顺利进行。工作分析工作方案可以包含以下内容：① 工作分析概述，包括工作背景、目标、任务和意义；② 工作分析组织实施，包括工作分析小组的组建、工作分析的实施步骤与计划安排；③ 工作分析所需资料清单，以及收集方法、渠道；④ 工作分析的预算安排；⑤ 工作分析方法的确定；⑥ 工作分析的内容与成果；⑦ 工作分析的预案及其他说明。工作分析工作方案也是工作分析准备阶段的重要输出成果。

第三节 调查阶段

工作分析调查阶段的主要工作是收集工作分析所需要的信息，主要包括：① 明确需要收集的信息；② 选择信息的来源；③ 选择信息收集的方法并执行；④ 整理和审查调查资料。

一、明确需要收集的信息并选择信息来源

（一）需要收集的信息

调查阶段需要收集的信息与准备阶段收集的背景资料不同：背景资料是关于企业的一些信息，可助力工作人员更多地了解企业的情况；而调查阶段要收集的信息是针对工作分析这一具体步骤的，是为进行更有效的分析而服务的。一般来说，工作分析需要收集的信息应根据工作分析的目标来确定。根据工作分析的目标，工作分析应该收集的信息内容包括基本资料以及对工作的描述性资料（陈彩琦等，2017），具体见表 3-2。收集工作分析资料时，75%~80%的时间用于观察和记录资料，对所取的分析资料进行适当的修改后，再选用已有的书面资料加以对照，这样可以节省大量的时间。其中，已有的书面资料包括组织内部和组织外部的一系列相关文件，如组织结构图、岗位配置图、工作流程图、原工作说明书等。

表 3-2 工作分析需要收集的信息

分 类		具 体 内 容
基本资料		岗位名称、直接上级职位、所属职位、所属部门、所辖人员、工作性质等
工作描述	工作概要	用简练的语言说明工作的性质、中心任务和责任范围
	工作活动内容	在完成该项工作的某项职能时，某个工作人员做什么，要求逐项列出
	工作职责	员工的岗位要求、享有的权利及承担的责任
	工作结果	说明任职者执行工作应产生的结果，以量化为最佳方式
	工作关系	包括报告关系、所受的监督、监督对象、职权、可晋升的职位、可转换的职位以及可升迁至此的职位、与哪些职位发生联系

分　类		具　体　内　容
工作描述	工作人员运用设备和信息说明	要应用的主要设备的名称，应用信息资料的形式等
	员工的必要条件	有效的工作绩效所需要的知识、技能、能力、个人特点、学历等
	工作环境	包括工作场所、工作时间特征、工作的均衡性能等

（二）信息来源

信息的来源是多种多样的。一般来说，提取有关工作任务、工作活动内容的信息时，任职者、监督的管理者都可以作为可靠的信息来源；提取有关工作特征的信息时，任职者之外的人士都可以提供较可靠的信息，尤其是工作分析者提供的信息最可靠；而提取有关任职资格方面的信息时，则可从下属、顾客或用户中获取。总之，选择信息来源时要坚持一个原则，即不能从有利害关系的来源提取信息，如不能从任职者中提取有关工作负荷、薪酬待遇等方面的信息，这是因为员工往往会受到利害关系的驱使而夸大自己工作的重要性。

二、了解各类工作分析方法

在确定工作分析的内容之后，工作小组成员接下来要做的是了解各分析方法的内容、特点以及优缺点，夯实理论基础，并掌握各分析方法的实施步骤，从而为下一步选择合适的工作分析方法做好准备，保证实践的可行性和有效性。工作分析的方法主要是指工作信息收集的方法。崔占中（2013）认为，问卷法、访谈法、观察法、工作日志法、资料分析法、关键事件法是工作分析最常用的方法，并各有优缺点。这里将工作分析方法分为定性工作分析方法和定量工作分析方法，其中定性工作分析方法包括观察法、访谈法、工作日志法、资料分析法等；定量工作分析方法包括问卷法、职务分析问卷法、管理岗位描述问卷法、功能性工作分析法等。

此外，工作分析方法的执行出现了一个新的趋势，即大数据技术以及各种计算机软件已经可以较好地应用到人力资源管理活动中，工作分析当然也不例外（马涛，2018）。对此，企业应不断提高人力资源管理信息化水平，这样在组织和实施工作分析的时候，就能够有更多、更高效的选择。

（一）观察法

观察法，一般由有经验的人完成，即通过直接观察的方法，记录某一时期内工作的内容、形式和方法，并在此基础上分析有关的工作信息。在不影响员工正常工作的条件下，通过对被调查员工的观察，将有关工作的全部信息真实地记录下来，然后对所收集的信息进行分析、归纳，制定出工作说明书。一般来说，观察法适用于对具有短时期的外显行为特征的工作的分析，而不适用于对脑力劳动成分比较高的工作和处理紧急情况的间歇性工作的分析。

为真实了解所分析的工作，分析人员可到实地观察。而分析人员在观察工作时，必须要注意工作分析要素，即"做什么""如何做""为何做"，以及工作中所包含的"技术"，来探求工作的内容（李书文，2003）。此外，为了提高观察分析的效率，应尽量选择对不同的工作者在不同的时间内进行观察。因为面对同样的工作任务，不同的工作者会表现出不同的行为方式，相互对比后，有助于平衡分析者对不同工作者的行为方式的不同意见。对同一工作者在不同时间和空间的观察分析，则有助于消除工作情景与时间上的偏差。

观察法的具体操作主要包括准备阶段、观察阶段、面谈阶段以及后续的合并与核实工作信息阶段（见图 3-2）。其中观察阶段占主导地位，在这一阶段需要注意一些细节，如要选取具有代表性的工作进行观察，在进行观察的时候尽量不要引起被观察者的注意。观察者在观察前还应确定观察计划，观察计划中应含有观察提纲、观察内容、观察时刻、观察位置等。观察时，观察人员应就一些简单问题进行思考，并记录工作有关内容，以避免样板化。此外，在使用观察法时，还应获得员工的配合和支持。

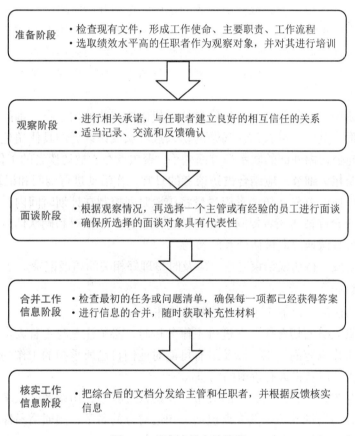

图 3-2　观察法的实施流程

（二）访谈法

访谈法是获取工作信息的常用方法。对一些工作，工作分析者不可能实际观察，或不可能现场观察甚至难以观察到。在这些情况下，必须访问任职者，了解他们的工作内容，了解为什么这样做和怎样做，由此获得工作分析的资料。访谈的对象可以是任职者本人，也可以是主管人员或工作者的同级同事与下属。

1. 访谈法的操作流程

访谈法的一般操作流程可以划分为准备阶段、开始阶段、主体阶段、结束阶段以及整理阶段 5 个环节（马国辉等，2008）。

（1）准备阶段。首先，负责工作分析的人员需要制订好访谈计划，包括访谈目的与目标、访谈对象、访谈方法、访谈时间、访谈地点、访谈所需的资源等内容。接着，负责工作分析的人员需要对参与访谈的所有工作人员进行培训，培训内容包括访谈的目的与原则、访谈的方法与技巧、访谈的计划与安排以及访谈的注意事项等。最后，负责工作分析的人员需提前编制好访谈提纲，访谈提纲中的问题须包括通用性的一般化问题（背景等信息）与针对性的个性化问题，以确保信息收集的全面性。

（2）开始阶段。首先，访谈者需要通过营造轻松舒服的访谈氛围或者采用轻松幽默的自我介绍进行开场白，来获取被访谈者的信任，这是开始阶段的重点任务。接着，访谈者需要进一步向被访谈者介绍此次访谈的主要流程安排、方法以及相关要求等。需要注意的是，如果在访谈过程中需要录音或拍照等，应提前与被访谈者协商好。最后，向参与访谈的人员说明此次访谈信息的保密性，打消其顾虑，以保证被访谈者能够畅所欲言，提供有用的信息。

（3）主体阶段。此阶段的主要内容包括寻找访谈问题的切入点、询问工作任务及相关细节两个方面。其中，寻找访谈问题的切入点可从被访谈者的具体角色与工作职责、工作环境及其与公司内外部的联系等方面入手，聚焦点在于被访谈者的工作投入与产出。对于工作任务及相关细节，应结合被访谈者的日常工作活动进行询问和记录。

（4）结束阶段。首先，访谈者应尽量将访谈时间控制在计划时间内；其次，在访谈即将结束时，应允许被访谈者提问，并与被访谈者进一步核对和确认信息的完整性和真实性；最后，应真诚地感谢被访谈者的参与。

（5）整理阶段。待访谈结束之后，应及时整理好相关的访谈记录。

2. 访谈原则

在运用访谈法时，以下 7 个原则需要格外注意。

（1）与主管人员密切合作。在进行工作分析时，必须注意与主管人员密切合作，以期找到最了解工作内容的员工，以及最有可能对他们自己所承担的工作的任务和职责进行客观描述的人，以获得最有价值的信息。

（2）尽快与被访谈者建立融洽的关系。在访谈过程中，访谈者必须掌握两种基本技能，即提问设计与访谈技巧。其要点包括：知道对方的名字，用通俗易懂的语言交谈，简单地介绍访谈的目的，向被访谈者解释约见缘由。

（3）访谈时避免针对"人"。工作分析人员必须牢记"对事不对人"。因为工作分析人员衡量、评价、分析的是工作，而不是某一员工。

（4）设计一份具有指导性的访谈提纲。在访谈时，应该依照一份设计好的、具有指导性的提纲来提问。

（5）在进行群体访谈时，工作任职者的上级主管人员要在场。如果上级主管人员当时不在场，事后也应该单独访谈这些主管人员，听听他们对工作任务和职责的看法。

（6）对没有规律的工作方式的内容进行一一列举。当完成工作任务的方式不是很有规律时，如工作并不是在一天当中重复发生时，应该要求任职者按照任务的重要性和发生频率一一列举。

（7）在访谈完成之后，要对资料进行核查和核对。工作分析人员应与被访谈者本人或其直接上级主管一起对所收集到的工作信息进行最后的检查和分析，以得出最恰当的结论。

3. 访谈提纲

为提高访谈法的效果，工作分析人员应事先对被访谈的对象进行一定的了解，包括行业特点、人员素质、企业现状等，然后在此基础上拟一个访谈提纲，以确保访谈的质量和效果。因此，设计访谈问题便成为工作分析者必须具备的一项重要技能。下面是有关设计访谈提纲问题的6点建议。

（1）问题必须穷尽有关的所有方面，直到饱和为止。

（2）根据有关的资料和经验来设计问题。

（3）只选择与所调查资料直接相关的问题。

（4）问题按一定的逻辑顺序排列，把容易的、没有挑战性但又必要的问题排在前面。

（5）设计一个粗略的访谈提纲，对少量的被访谈者进行先导性的试访谈。

（6）在先导性访谈的基础上，对问题进行修改，包括删除重复的问题、有歧义的问题、被访谈者能回答范围之外的问题以及引导性的问题。

例证 3-6

工作分析的访谈提纲

（三）工作日志法

工作日志法是为了了解员工实际工作的内容、责任、权利、人际关系及工作负荷，而要求每个员工都要将自己所从事的每一项活动按照时间顺序以日志的形式进行记录，以实现工作分析目的的一种工作分析法（曹世奎，2017）。这种方法能够完整记录员工的整个工作程序。

1. 工作日志的分类

根据观察对象的不同，可以将工作日志划分为个人工作日志、工组工作日志、特殊工作日志和自我工作日志。

（1）个人工作日志：以某一作业者为对象，由观察人员实施的工作日写实。

（2）工组工作日志：以工组为对象，由观察人员实施的工作日写实。

（3）特殊工作日志：以研究特定现象为目的，以个人或工组为对象，由观察人员实施的工作日写实。

（4）自我工作日志：以作业者本人为对象，由作业者自己实施的工作日写实。

2. 工作日志法的操作和实施

工作日志法的操作流程大致分为准备、填写与整理 3 个阶段，其简化流程如图 3-3 所示。其中，准备阶段包括以下 4 个步骤。

（1）对现有的文献资料进行整理，确定收集信息的对象，包括岗位和相应的工作人员。

（2）工作分析人员设计出一份详细的工作日志表。

（3）工作日志填写辅导。工作分析小组召集填写者进行填写辅导，介绍如何规范地填写工作日志。

（4）确定填写的时间跨度和每日时间间隔。设计填写的总时间跨度，一般选取一个月到一个半月，根据岗位的特点和所需的信息而定。填写工作日志的时间间隔不能过长，否则会由于遗忘而使信息不准确；也不能过短，否则会因为填写工作日志而打乱工作节奏，影响工作的正常展开。

在工作日志的填写过程中，为保证任职者按规范完成工作日志的填写，工作分析者需要通过各种方法进行过程监控。例如，进行中期讲解、分析阶段性成果、举办工作分析交流会等。

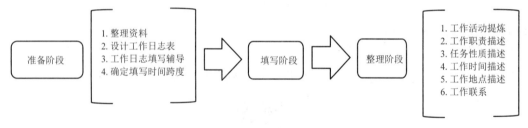

图 3-3　工作日志法的实施流程

工作日志样例

（四）资料分析法

资料分析法主要分为确定工作分析对象、确定信息来源、收集原始资料、筛选和整理相关信息以及描述信息 5 个操作步骤，如图 3-4 所示。其中，在收集原始资料的过程中，内部资料包括员工手册、公司组织管理制度、岗位职责说明、公司会议记录、作业流程说明、质量文件、安全手册、工作环境描述、员工生产记录、工作计划、设备资料使用手册、管理制度、作业指导书等，外部资料包括所有对相关工作产生影响的外部信息。

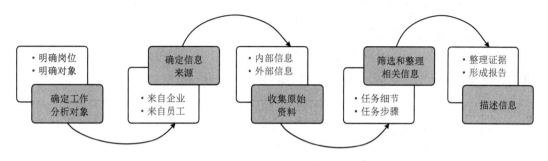

图 3-4　资料分析法的操作步骤

（五）问卷法

问卷法是工作分析中广泛运用的方法之一，是目前工作分析的主流方法。问卷可以分为结构化问卷和非结构化问卷。结构化问卷多采用封闭式调查表收集信息，而且问题设计遵循严格的逻辑顺序，因此结构化问卷重要的是后期的资料分析。非结构化问卷中的问题多是开放式的，可以全面地、完整地收集信息，能够针对不同的组织进行个性化设计，因此适应性强且灵活高效。结构化问卷具有较高的信度和效度，便于岗位之间相互比较；而非结构化问卷精度不高，随意性较强，容易受到分析者的主观影响。

运用问卷调查法收集到的工作信息，其质量取决于问卷本身的设计是否科学合理、被调查者的文化水平以及填写时的态度等。为了保证所收集到的信息准确可靠，最好请有关专家设计与编制问卷，并在发放、填写问卷时做出具体的说明与指导，必要时附上范例。

问卷法的实际操作很简单，主要分为问卷设计、问卷试测、样本选择、问卷发放及回收和问卷处理及运用 5 个步骤（见图 3-5）。在整个过程中，为取得良好效果，有 4 个方面需要注意。

1. 问卷设计的质量

问卷法的效果首先取决于问卷设计的好坏。一份好的问卷必须具有系统完整的结构、标准化的范式，同时在问卷的各个部分给出详细的填写说明和填写示范，使问卷回答者能够准确把握填写的标准。应考虑的内容主要体现在如下 7 个方面：① 提问要准确；② 问卷表格设计要精练；③ 语言通俗易懂，问题不能模棱两可；④ 问卷表前面要有导语；⑤ 问题排列应有逻辑，能够引起被调查人兴趣的问题放在前面；⑥ 每个问题的目的要明确，语言应简洁易懂，必要时可附加说明；⑦ 问卷调查表的调查项目可根据工作分析的目的加以调整，内容可繁可简。

2. 问卷调查前的辅导

问卷法的效果还取决于问卷回答者对调查的合作态度以及他们对问卷的理解程度。因此，在调查前，必须对调查对象进行问卷填写辅导，向他们说明调查的意图，并就问卷的内容和填写规范进行讲解。

3. 问卷调查过程的控制

对调查过程的严密组织、及时沟通与反馈能够大大提高问卷调查的效果。

4. 问卷调查信息的确认

回收问卷之前，必须将问卷反馈到被调查岗位的上级，请他们对问卷中的信息进行确认、修正，并签字，以确保问卷收集信息的真实性与准确性。

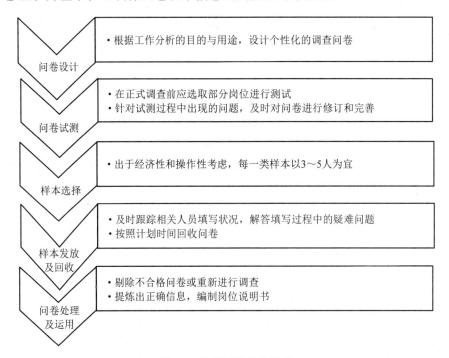

图 3-5　问卷法的操作流程

例证　3-8

工作分析调查问卷

（六）其他工作分析方法

除了以上 5 种工作分析方法，企业在实际操作中还会运用多种其他工作分析方法及技术以推进工作分析流程，提高工作分析的科学性和专业性。表 3-3 中列举了职务分析问卷法（position analysis questionnaire，PAQ）、管理岗位描述问卷法（management position description questionnaire，MPDQ）和功能性工作分析法（functional job analysis，FJA）3 种技术方法以供参考。

表 3-3　PAQ、MPDQ 与 FJA 的比较

工作分析技术	内　涵	需要搜集的信息	优　点	缺　点
PAQ	采用问卷形式，通过对某种工作特征的单元或项目的描述来进行分析，随后，由分析人员提供的情况来确定这个项目是否适用于所研究的岗位	• 信息来源，即员工从哪里获得工作信息 • 智力过程，即工作所涉及的决策、计划和信息处理活动 • 工作产出，即员工工作活动、工具及方法 • 人际关系，即执行工作所需要的与他人之间的关系 • 工作背景，即执行工作的物理和社会背景 • 其他岗位特征	• 直接用于不同的组织和工作，更加容易比较组织间工作 • 得出的工作技能数值与等级可以用来甄选人员 • 为人事调查、薪酬标准的制定提供了依据	• 标准化的格式导致了工作特征的抽象化，因而不能描述特定的、具体的任务和活动 • 对收集的数据的有效性、准确性和通用性要求高，因此需要较高的时间成本 • 问卷填写人需要受过专业训练
MPDQ	以工作为中心的工作分析方法。管理岗位描述问卷是结构化的、工作导向的，该方法的分析对象是管理岗位和督导岗位，问卷由任职人员本人完成	涉及管理者所关心的问题、所承担的责任、所受的限制以及管理者的工作所具备的各种特征，分为产品、市场与财务规划、与其他组织及人员的协调、组织内部管理控制、组织的产品与服务责任、公众与顾客的关系、高级咨询、行为的自治、财务委托的认可、员工服务、员工监督、工作的复杂性与压力、高层财务管理责任和海外员工人事管理责任共 13 个类型	• 具有较高的区分度 • 适用于管理层的工作分析，有很强的针对性 • 广泛收集信息，可以在人力资源管理的其他职能领域进行综合应用 • 通过计算机程序降低了主观因素的影响，同时最终报告以大量图表形式出现，信息充足，简单易懂，提高了组织人力资源管理的效率	• 分析维度是在对国外管理人员的实证研究基础上形成的，缺乏根据中国管理人员自身特点的本土化应用 • 由于管理工作的复杂性，难以用 MPDQ 分析所有类型的管理工作 • 成本较高，投入较大
FJA	以任职者应发挥的职能为核心，对工作的每项任务要求进行详细分析，一般能覆盖 95% 以上的工作内容	数据、人、事	运用此工作分析法能对工作内容提供一种非常彻底的描述，对培训的绩效评估极其有用	要求对每项工作任务都做出详细的分析，故费时、费力；不记录有关工作的背景信息

 例证 3-9

工作分析问卷样式

例证 3-10

MPDQ 问卷维度

例证 3-11

FJA 的职能等级

三、选择合适的工作分析方法

在掌握了工作分析方法的相关信息之后，"对症下药"才是关键，即如何选择合适的工作分析方法，将方法与要求相匹配，达到有效的分析效果，得出高质量的工作分析成果。要达成以上目标，应该从两个方面入手：① 从方法本身的角度，归纳总结各类工作分析方法的适用情况；② 从工作分析的实质内容的角度，分析该项工作的内容受哪些因素的约束，将方法的适用性与分析内容的约束性逐一匹配，从而选择出最佳的分析方法展开工作。

（一）各类工作分析方法的适用范围

工作分析方法多种多样，不同的企业进行工作分析的侧重点也各有不同，所以选择合适的工作分析方法十分重要。选择分析方法时应以把握其适用范围为前提，在范围内做选择才不会在大方向上犯错。关于各类工作分析方法的适用范围，归纳如表 3-4 所示。

表 3-4　工作分析方法的适用范围

方　法	适　用　范　围
问卷法	用于收集工作范围、职务、任职资格等方面的信息
访谈法	适合于小样本量收集工作描述、工作分类、工作范围、工作所需能力、知识和技能等方面内容的信息
资料分析法	适用于比较常见、正规且有一定历史的工作；一般不能单独使用，要与其他工作分析法结合使用
观察法	用于收集工作内容、工作环境、体力要求等相关信息；适用于以体力劳动为主的工作周期短、有标准化工序的工作，不适用于以脑力劳动为主的、工作周期长且主观性强的工作
工作日志法	适用于确定工作职责、工作内容、工作关系、劳动强度等相关信息；适用范围局限于周期较短、状态稳定、复杂琐碎的工作
职务分析问卷法（PAQ）	适用范围较广
管理岗位描述问卷法（MPDQ）	针对管理层的工作分析
功能性工作分析法（FJA）	适用于对目标岗位的功能性要素分析

（二）选择工作分析方法的考虑因素

一般来说，在选择工作分析方法时，需要考虑以下 5 个因素（张艳娟，2006）。

1. 工作分析的目的

工作分析的目的不同，使用的方法也有所不同。例如，当工作分析用于招聘时，应该选用关注任职者特征的方法；当工作分析关注薪酬体系的建立时，应当选用定量的方法，以便对不同工作的价值进行比较。

2. 工作分析的成本

不同的分析方法成本不同，企业应根据自身的能力，量力而行，选择经济实用的方法。例如，专家访谈法虽能深入地挖掘有关工作的信息，但需要花费较高的成本；问卷调查法虽然样本量大、范围广和效率高，但其深度有限。

3. 工作的性质

不同工作的复杂程度、技术水平及周期长短各不相同，因此适用的工作分析方法也不同。例如，观察法适用于操作简单、技术水平不高和周期较短的工作，如以操作机械设备为主的工作；而对于操作复杂、技术水平较高及周期较长的工作，可选用访谈法、工作日志法等。

4. 工作样本数量

如果样本数量较多，可选用比较经济的问卷法；如果样本数量较少，则可选用访谈法、观察法等。

5. 分析对象

分析对象水平的差异也会影响方法的选择，如对于一般员工，常选用问卷法、工作日志法；对于高层次的管理者，PAQ 和访谈法更为适用。

总之，企业在选择工作分析方法时，除了要考虑工作分析方法本身的优缺点，还应根据工作分析的目的、对象、工作的性质、企业规模等因素选择合适的方法。

在实际工作分析中，通常不会单独使用一种方法，而是将几种方法结合使用，以收集全面、准确的工作信息。例如，在分析事务性工作和管理工作时，可以采用问卷调查法，并辅以访谈法和观察法；在分析生产性工作时，可以采用访谈法和观察法。因此，只有根据具体目的和实际情况，有针对性地选择最适用的方法或组合，才能有最佳效果。

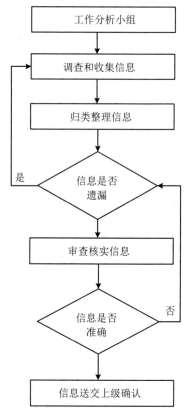

图 3-6　信息整理与审查的操作步骤

四、整理和审查调查资料

确定了工作分析活动的目的、对象和分析方法之后，需要对相关的调查资料进行归类整理和详细审查，检查是否有遗漏的项目，这在一定程度上可以保证信息的完整性和准确性。

1. 信息整理与审查的操作和实施

信息整理与审查工作主要包括 4 个步骤：首先由工作分析小组调查和收集相关信息，并对其进行归类整理；接着由工作分析小组对信息的完整性进行检查，查看是否存在遗漏情况；再由工作分析小组对信息的准确性进行核实，检查所收集的信息是否与事实一致；最后由工作分析小组将核查后的信息交给上级进行确认。信息整理与审查工作的具体操作步骤如图 3-6 所示。

2. 信息整理与审查的主导对象

工作分析收集到的信息与工作的性质和功能息息相关，且工作分析的结果主要由相关岗位的工作人员及其上级主管使用，这要求在进行信息的整理与审查工作时，需要与相关岗位的人员及其直接主管进行沟通与核对，收集他们的意见和建议，据此对信息进行适当的调整和修改，这样才能最大程度地保证相关信息的完整性和准确性。

第四节　分析和描述阶段

资料的分析和描述阶段是一个信息处理、分析以及输出的过程。在此阶段，需要对核查后的各种信息进行处理、研究和描述，并据此形成一份完整的工作说明书。对收集到的各种信息进行细致的分析、准确的描述，能够帮助企业对当前的工作活动有更清晰、系统的认识，从而做出更为合理的人力资源规划。

一、资料分析

在确认所收集到的各种信息没有遗漏和错误之后，就进入资料的信息分析阶段。信息分析阶段是将通过各种方法收集到的信息进行核对、筛选、统计、分析、研究、归类的一个过程。在信息分析阶段可以参照企业以前的工作分析资料，以及同行业、同岗位其他企业的相关工作分析资料，以提高信息分析的可靠性和规范性。

资料分析应遵循三大原则：① 对工作活动是分析，而不是罗列。分析时，应当将某项职责分解为几个重要的部分，然后将其重新组合，而不是对任务或者活动进行简单罗列。② 资料分析针对的是工作，而不是个人。③ 分析要以当前的工作为依据。工作分析是为了获取某一特定时间内的岗位情况，应当以当前的工作状况为基础进行分析，不能加入对工作的设想。

对收集到的资料进行分析的时候，一般从 4 个方面分类进行：① 工作标识分析；② 工作描述分析；③ 工作环境分析；④ 任职资格分析。其中，前 3 项是对工作相关信息的分析，第 4 项则是针对任职者的分析。

（一）对工作相关信息的分析

1. 工作标识分析

工作标识就是识别某一工作的基本要素，即某一工作区别于其他工作的基本标志。工作标识就像标签一样，能让人们对岗位有直观的印象，一般包括工作名称、代码、地点等。

工作名称是工作识别项目中最重要的项目，是与其他工作相区别的基本要素，它能指出工作的大致领域和性质。需要注意两点：一是工作名称要正确恰当地反映其在组织中的位置与功能特征，如可以以人力资源部部长、管理处处长、办公室科长等命名；二是工作名称要避免污名和歧视，如用"保洁员"而不是用"垃圾工"对负责清洁工作的工作岗位进行命名。工作代码是为了方便岗位管理，将各项工作按照统一的代码体系编码，工作代码既能反映出工作岗位所属部门，又能反映出工作岗位的上下级关系（如HR—03—06，HR 代表人力资源部，03 表示主管级，06 表示人力资源部全体员工的顺序编号）。工作地点则指工作所在的实际位置。此外的相关信息可以归到其他的工作标识，主要是为了便于管理和提供特殊的类属信息。

2. 工作描述分析

进行工作描述分析主要是为了全面认识工作，其内容包括工作任务分析、工作责权分析、工作关系分析、劳动强度分析、工作活动和程序分析、工作条件分析等。

工作任务分析是对工作职责、工作内容、独立性与多样性程度、工作的程序和方法、设备与材料的运用进行分析；工作责权分析是确定每项任务的责任和权限；工作关系分析是对工作的制约与被制约关系、协作关系、升迁与调换关系等进行分析；劳动强度分析是对劳动强度指数、标准工作量、工作压力等进行研究与界定；工作活动和程序分析主要是对所要完成的工作任务、工作职责、完成工作所需要的资料、机器设备与材料、工作流程等进行分析；工作条件分析则主要包括对工资报酬、奖金制度、工作时间、工作季节性、晋级机会、进修机会、该工作在本组织中的地位等进行分析。

3. 工作环境分析

工作环境分析的目的是确认工作的条件和环境，包括工作的物理环境分析（如对温度、湿度、照明、噪声、震动、异味、粉尘等进行分析）、安全环境分析（包括对工作环境的危险性、危害性、危害程度、发生频率、职业病、工业卫生等安全因素进行分析）、社会环境分析（包括对工作所在地的生活环境、社会心理气氛、同事的特征及相互关系、工作的孤独程度、工作的单调性程度、人际交往等社会因素进行分析）。

（二）对任职资格相关信息的分析

任职资格分析的目的是确认任职者的最低任职资格条件。任职资格的内容主要包括5个方面。

（1）知识技能方面：指对任职者所具有的基本知识技能的要求，主要包括最低学历要求，对有关政策、法令、工作准则及规定的通晓程度要求，对设备、材料性能、安全技术、工艺过程和操作方法、工具选择等有关知识的最低要求。

（2）工作经验方面：指对任职者的基本经验要求，包括相关工作经验要求，专门训练和职业证书要求，有关工艺流程、操作规程、工作完成方法等实际经验要求等。

（3）个人综合能力方面：主要涉及注意力、决策力、创造力、组织力、判断力、适应性等。

（4）心理素质和身体素质方面：心理素质包括任职者的职业倾向、运动心理能力、气质取向等，即工作中应具备的耐心、细心、诚实、责任感等；身体素质包括任职者应具备的耐力、手眼协调性、感觉辨别力等。

（5）其他非工作行为的条件：这部分不涉及工作的责任和质量，但是对招聘有很大影响，一般包括对相关证书、年龄、婚姻、国籍、政治面貌等的要求。

二、资料分析结果的描述与整合

资料分析结果主要有3种，即工作描述、工作规范和工作说明书。工作描述与工作规范的区别在于：工作描述主要阐述岗位是做什么的，而工作规范侧重阐述工作对任职者有哪些要求。工作说明书是对工作描述和工作规范的进一步整合。

一般来说，对资料分析结果的描述，主要通过形成工作描述和工作规范两大成果体现，最后形成工作说明书。

1. 工作描述

工作描述是指用书面形式对组织中各类工作和岗位的工作性质、工作任务、工作职责与工作环境所做的统一规范和要求。工作描述包括工作识别、工作概述、工作关系、工作职责（工作任务）、工作权限、工作设备和工作环境等方面的内容。它的显著特征是以一种概括而简明的形式向人们直接描述工作是什么、为什么做、怎么做以及在哪里做等基本信息。

2. 工作规范

工作规范即对任职资格的规定。它是工作分析结果的另一种表达形式，主要说明任职者需要具备什么样的资格条件及相关素质才能胜任某一岗位的工作。这些资格条件及相关的素质要求是最低的限制，主要包括任职者胜任工作所需的最低智力、知识、学历、经验、能力和素质等。

3. 工作说明书

企业对工作描述和工作规范进一步整合之后，形成工作说明书的初稿。当然在最终成果确认之前，还需要对其进行试用，并在此基础上予以改进。

一份完整的工作说明书包括工作概况、工作说明、任职资格等。工作概况主要有工作名称、编号、所属部门、日期等内容，工作说明有工作概要、职责范围及工作要求、工作目标、设备及工具、工作条件、环境等内容，任职资格则包括任职者的受教育水平、培训经历、性别、年龄、相关工作经验、身体状况、个性能力、知识要求、基本技能等内容。

项目经理岗位工作说明书样例

第五节　反馈和调整阶段

斯宾塞·约翰逊和肯·布兰佳合著的《一分钟经理人》一书中提到一个重要的观点——"人之所以会改变，是因为他得到了反馈。"组织的成长也遵循同样的道理，组织只有得到反馈，才能知道工作做得好与坏，从而进一步调整和修改，才能得到快速成长。工作说明书是组织进行工作分析的结果输出，是为组织运作服务的，因此对它的反馈与调整对组织的发展至关重要。

（一）工作说明书可能存在的缺陷

工作说明书是由工作分析专业人员编制的，但使用工作说明书的是实际从事工作的员工，二者相互割裂，这至少产生了两个方面的影响：① 使用工作说明书的员工并不能完全理解工作说明书里的内容以及该在什么时候使用，这导致工作说明书并不能发挥它真正的价值。② 由工作分析专业人员编制的工作说明书可能并未对相关信息进行准确描述，出现了表述偏差或理解错误，甚至遗漏关键信息，这导致工作说明书的实际可用性大为降低，甚至成为开展岗位工作的阻碍。

（二）弥补工作说明书缺陷的措施

1. 推广前进行使用培训

为了使工作说明书能够物尽其用，在推广使用工作说明书前有必要就其使用方法进行培训。例如，招聘员工时如何使用工作说明书，如何根据岗位描述确定下属员工的工作目标和绩效标准，如何根据岗位描述对员工进行考核，提出对员工培训的需求，等等。此外，公司的管理层也应起到先锋模范作用，积极落实对工作说明书的应用，不让它成为一个塑造企业形象的"花瓶"。这样做，一方面可以让员工知道工作说明书的含义和内容以及每个部分的作用，从而明确自己该做的工作，激励员工在自己的岗位领域内的创新精神，不仅能促进公司的发展，而且可以帮助员工成就更好的自己，这在一定程度上也贯彻落实了优秀的企业文化；另一方面，可以帮助各部门经理知道如何使用以及可以在哪些情境下使用工作说明书，更清晰地规划自己属下的工作计划和安排，也能够帮助人力资源部门更有针对性地进行招聘，提高工作效率。

2. 收集任职者反馈意见并进行调整

工作分析小组在拟定工作说明书初稿后，应将其发放给各个岗位的任职者，请求他们进行检验，并给予反馈意见。因为拟定的工作说明书，只有通过实际工作的检验，才能体现出价值和有效性，工作说明书在使用的过程中才能不断适应内外部环境的变化。因此，在工作说明书定稿和投入使用之前，必须先对其进行检验，收集反馈意见，并根据得到的反馈意见进行修改和调整。当所有的工作说明书条款都被审核和给予了反馈意见后，工作分析小组应针对意见共同探讨，最终确定工作说明书的修订办法，经小组再修订后，工作说明书定稿，并通过一定的程序下发执行。

工作说明书的调整通常可分为常规性调整和特定性调整。常规性调整通常一年一次，周期相对固定，一般由企业人力资源部每年或定期组织对工作说明书进行各个层级的使用情况调查，收集审核意见，综合分析后，酌情对工作说明书进行修改。特定性调整则是当企业发展战略发生了变动，组织结构发生了变化，引起岗位结构、性质、职责和要求等也发生了变化时，企业重新修订工作说明书。

工作说明书定稿并下发执行后，并不代表工作分析自此结束。工作说明书并不是一成不变的，应在实际的应用中动态地对其进行修订，而且这种修订应该和企业的人力资源规划结合在一起，以实现人力资源管理工作的系统性和规范化。

 课程思政

1. 在工作分析过程中要注重企业组织管理者的特殊作用，特别是需要重视管理者的领导核心作用。中国共产党领导是中国特色社会主义最本质的特征。在新时代背景下，坚持中国共产党的领导，就要坚决做到"两个维护"，即坚决维护习近平总书记党中央的核心、全党的核心地位，坚决维护党中央权威和集中统一领导。

2. 在工作分析过程中需要注重与员工的沟通，积极主动消除员工的恐慌心理，这也是党的群众路线的具体体现，是"红色管理"在企业管理中的具体体现。

3. 凡事预则立，不预则废。在工作分析过程中，要重视方案计划的重要性，要承接好企业的战略发展需要。同样的，新时代的新青年、劳动者也要注重个人的职业生涯发展，并且要自觉地将个人的职业生涯融入国家的发展大局中。

4. 调查研究是工作分析过程中十分重要的一环。同时，调查研究是党和国家领导人一直所倡导的科学的管理方法，是"红色管理"的重要内容，也是企业管理、人力资源管理以及工作分析中重要且有效的工作方法。

 读书推荐

《工作分析：基本原理、方法与实践（第二版）》

出版信息：潘泰萍主编，复旦大学出版社 2018 年出版。

内容概要：该书包括了工作分析概述、工作分析的方法、工作分析的流程、工作分析的结果、工作设计、工作评价、工作岗位分类以及工作分析系统评估，共 8 章内容。作者将理论与实践相结合，对工作分析进行了翔实的阐述，有助于读者对工作分析形成全面、系统的认识，对于工作分析的实操具有良好的指导作用。

推荐理由：本书在介绍工作分析理论的基础上，运用案例详细解析了工作分析的各种实操方法和技巧，从理论和实践的角度对工作分析进行了全面系统的阐述。全书语言通俗易懂，每章均设有学习要点、导读案例、讨论案例等内容板块，有助于学生更好地进行学习和理解。

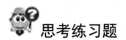 **思考练习题**

 学以致用

以小组为单位组建工作分析小组，运用在本章学习的工作分析的流程和方法，尝试分析所在班级都有什么样的岗位，并就这些岗位撰写完整的工作说明书，完成后交由岗位的"任职者"进行评价，小组收到反馈后对工作说明书进行修改、定稿。最后小组成员就这些岗位存在的问题以及工作分析操作过程中遇到的问题进行讨论。

案例分析

建筑公司—项目部的"难题破解"

 参考文献

[1] 孙丽丹. 人力资源工作分析内容与组织实施[J]. 农家参谋，2019（12）：244.

[2] 周银珍，李江伟. 基于部门的工作职责分析法[J]. 企业管理，2013（7）：56-58.

[3] 葛玉辉. 工作分析[M]. 北京：电子工业出版社，2020.

[4] 祝士苓. 工作分析与组织设计[M]. 北京：中国劳动社会保障出版社，2007.

[5] 任正臣. 工作分析[M]. 2版. 南京：江苏凤凰科学技术出版社，2020.

[6] 欧小庆. 浅析工作分析在人力资源管理中的应用：以雅芳公司招聘销售主管为例[J]. 中国管理信息化，2018（21）：104-105.

[7] 丁玲. 浅谈工作分析在企业人力资源管理中的应用[J]. 中国高新技术企业，2016（34）：210-211.

[8] 李兆兵. 工作分析应注意的问题[J]. 中国人力资源开发，2003（3）：35-36.

[9] 李强. 人力资源工作分析研究[J]. 科学管理研究，2006，24（1）：103-106.

[10] 高卫中. 工作分析中的员工恐惧及应对策略[J]. 商业研究，2009（3）：103-104.

[11] 黄旭，李敬宇. 企业工作分析实施中的问题与对策[J]. 中国劳动，2013(6)：45-47.

[12] 穆园园. 工作分析在企业人力资源管理中的应用研究[J]. 全国商情，2016（4）：38-39.

[13] 唐丽. 浅谈岗位管理之工作分析[J]. 人力资源管理，2014（5）：159-160.

[14] 段磊. 基于流程的工作分析[J]. 人力资源，2009（6）：39-41.

[15] 张微，王忠军. 心理学专业实习与实践指导手册[M]. 北京：世界图书出版公司，2018.

[16] 刘光明. 企业文化[M]. 4版. 北京：经济管理出版社，2004.

[17] 黄明朗. "家文化"与"狼文化"[J]. 宁波通讯，2020（13）：74.

[18] 王小艳. 企业领导者行为风格对员工创造力的影响研究[J]. 企业改革与管理，2020（10）：73-74.

[19] 吴华. 领导者管理风格与单位工作误差的关系及掌控之道[J]. 领导科学，2020（7）：14-17.

[20] 李智朋. 一看就懂的管理学全图解：升级版[M]. 北京：北京理工大学出版社，2015.

[21] 张海峰. 破解企业工作分析中员工不配合难题[J]. 河北企业，2013（4）：12-13.

[22] 胥维波. 某项目部的一次人力资源工作分析[J]. 人才资源开发，2006（9）：62-63.

[23] 陈彩琦，马欣川. 工作分析与评价[M]. 武汉：华中科技大学出版社，2017.

[24] 崔占中. 浅析工作分析方法及实施建议[J]. 知识经济，2013（10）：132.

[25] 马涛. 人力资源管理工作分析的组织与实施问题探讨[J]. 企业改革与管理，2018（10）：73-83.

[26] 李书文. 浅析几种常用的工作分析方法[J]. 晋东南师范专科学校学报，2003，20（6）：87-88.

[27] 马国辉，张燕娣. 工作分析与应用[M]. 上海：华东理工大学出版社，2008.

[28] 曹世奎. 医药人力资源管理[M]. 北京：中国中医药出版社，2017.

[29] 刘玉新，张建卫. 工作分析方法应用方略[J]. 人力资源，2006（2）：45-49.

[30] 周亚新，龚尚猛. 工作分析的理论、方法及运用[M]. 上海：上海财经大学出版社，2010.

[31] 张本超. 基于职能工作分析方法的工作评价与应用[J]. 长江大学学报（自科版）理工卷，2007（2）：325-326.

[32] 张艳娟. 企业工作分析方法的比较及选择[J]. 技术与市场，2006（01A）：68.

[33] 刘羚先，王相平，郑礼，等. 我国中小型家族企业的工作分析研究：以 HJ 公司为例[J]. 中国商贸，2012（1）：111-112.

第四章
工作分析的成果

用人不在于如何减少人的短处，而在于如何发挥人的长处。

——美国著名经济学家　彼得·德鲁克

 **本章框架**

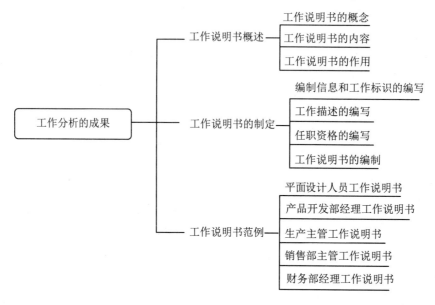

工作分析的成果
- 工作说明书概述
  - 工作说明书的概念
  - 工作说明书的内容
  - 工作说明书的作用
- 工作说明书的制定
  - 编制信息和工作标识的编写
  - 工作描述的编写
  - 任职资格的编写
  - 工作说明书的编制
- 工作说明书范例
  - 平面设计人员工作说明书
  - 产品开发部经理工作说明书
  - 生产主管工作说明书
  - 销售部主管工作说明书
  - 财务部经理工作说明书

学习目标

- ➤ 了解工作说明书的概念、内容与作用
- ➤ 掌握工作描述的内容与编写
- ➤ 掌握任职资格的内容与编写
- ➤ 掌握工作说明书的编制

引例

企业组织结构重建中工作说明书的编制

A公司是某集团公司的全资子公司，成立于20世纪80年代，为适应改革需要，公司在组织结构和人员配置上进行了比较大的调整。在组织结构重建背景下，对公司原有岗位设置及其每个岗位的职责进行科学梳理，编制工作说明书成为当务之急。

（一）工作说明书编制前的准备工作

（1）组建工作分析小组。小组要由A公司人力资源主管、其他职能部门主管、分公司经理和外部聘请的工作分析专家组成。该小组需要确定工作说明书模板，编制工作说明书编写标准。同时，工作分析小组还要牵头组织相关部门共同审核工作说明书初稿并修订发布。

（2）获得公司总经理的支持与推动。每当公司召开工作分析动员大会时，总经理要向所有部门主管和分公司经理强调编制工作说明书的重要性，并印发正式通知，要求各位中层管理者给予高度重视和积极配合，并提出具体的考核要求。

（3）确定工作说明书的模板。事先确定模板可以省去事后很多不必要的调整工作。

（4）培训相关人员。一是对撰写工作说明书初稿的岗位任职者进行培训，二是工作分析小组内部培训。

（二）确定组织结构与业务流程，编制部门职能说明书

在组织结构重建背景下，编写工作说明书之前要先确定组织结构，梳理业务流程，明确各类业务的接口关系（尤其是跨部门的接口关系），编制好部门职能说明书，防止职责的交叉与遗漏。

（三）收集岗位信息，拟定工作说明书初稿

A公司各职能部门主管和分公司经理的工作说明书由各自岗位任职者初拟。普通员工的工作说明书拟稿人应该至少由两人组成：一人为对岗位业务相对熟知的员工，负责对工作内容的具体写作；一人为其直接上级，负责从部门职能和业务流程上把关。员工与其直接上级应当把握好沟通面谈这一环节，并达成一致意见，避免敷衍了事。

（四）对工作说明书初稿进行审查与修订

这一阶段主要对工作说明书初稿存在的问题、基本格式进行审查。在此基础上，工作分析小组需要分析汇总工作说明书存在的问题，提出修改建议。在初步审查并修改后，工作分析小组要对工作说明书进行第二次审查，重点是依据公司业务流程图、部门职能说明书进行修订，对于有问题的地方做好记录，以便对工作说明书进行全面审查与修订。

（五）与管理层进行访谈，全面审查与修订工作说明书

在工作说明书定稿之前，还需要和A公司部门主管和分公司经理进行具体访谈。访谈的内容：一是补充和确认上一阶段修订的工作说明书；二是对部门内外流程接口所涉及的工作职责进行访谈，讨论与流程规定相矛盾之处，确定岗位的职责范围和职责描述。（刘剑锋，2013）

上述引例表明，在企业组织结构重组中，编制一份科学、全面的工作说明书能够帮助企业梳理清楚各部门、各岗位的工作职责和任职资格，与此同时，管理层和员工的积极性以及工作的顺畅程度也会有很大的提升。这充分说明了工作说明书的重要性与作用。本章将在对工作说明书进行概述的基础之上，详细阐述工作说明书的编写内容、要则及步骤，并通过具体岗位工作说明书范例加以说明。

第一节　工作说明书概述

工作说明书明确了工作的职责权限、任职资格、特点、目标等重要因素，能够进行岗位工作的客观数据和主观数据分析，有助于整个组织逐步走向标准化和科学化。因此，把握工作说明书的有关内容至关重要。本节将介绍工作说明书的概念、内容和作用。

一、工作说明书的概念

工作说明书是对工作性质、职责、条件、环境等工作特性，以及任职者的技能、特点、专业、工作背景要求等方面进行描述的书面文件（陶建宏，2016）。简单地说，工作说明书就是一份对某项职位的具体工作内容进行详细而准确描述的文件。规范的工作说明书对岗位的职责、职位的绩效衡量标准以及任用人员的资格标准（需要哪些技能、经验、知识等）等方面都有清晰明确的描述，可以帮助组织实现最佳的人岗匹配效果。

工作说明书是工作分析的主要成果，其质量不仅影响工作分析活动本身，更会影响组织的人力资源管理乃至其他管理活动的成效。工作说明书是组织期望任职者做什么，任职者应该做什么、怎样做、做得如何以及在什么样的条件下履行职责的汇总。此外，作为工作分析活动数据分析的结果，工作说明书可以帮助制定有关招聘、选拔、晋升、调动、培训、个人和组织发展以及绩效评估等领域的决策（劳伦等，2006）。

二、工作说明书的内容

工作说明书是运用有关方法和各种调查资料，对工作加以整理、分析以及判断，根据所得出的结论，最终编制而成的规范性文件。工作说明书的内容编写没有标准化的模式，但一份完整的工作说明书常常包括编制信息、工作标识、工作描述和任职资格等四大方面的内容。编制信息是指工作说明书的基本文件信息，主要包括文件编号、编制时间、编制人、复核人以及任职人等基本信息；工作标识提供了岗位的主要信息，包括岗位编号、岗位名称、所属部门、级别等信息；工作描述是围绕工作岗位的有关信息进行的描述与说明，包括岗位的工作性质、工作职责、工作流程、工作环境等信息，主要解决"该项工作主要干什么"的问题；任职资格是对岗位工作人员所具备的教育经历、职业能力、工作经验以及个性特征等资格条件的呈现，主要解决"谁来干"的问题。针对的职位和采用的编写格式不同，所编制的工作说明书的呈现模式也不同。一般而言，工作说明书的编制内容主要包括工作概况、工作目的、工作承担者所应完成的主要职务或活动、工作环境以及胜任工作所需的能力等5个方面。

（1）工作概况：注明该职位的基本情况，包括职位名称、所属部门、隶属关系、职位级别、编号以及工作说明书的编写日期等。

（2）工作目的：解释该职位存在的价值和目的。

（3）工作承担者所应完成的主要职务或活动：描述该职位所承担的具体职责以及每项职责的主要任务和活动，包括基本职责以及细化的工作职能。

（4）工作环境：包括物理环境和心理环境，其中物理环境可以分为自然环境、安全环境和社会环境。

（5）胜任工作所需的能力：描述该职位所需要的知识技能和学历要求、培训经历和相关工作经验及资格证书等其他条件。

事实上，工作说明书的具体内容安排可灵活调整。陈彩琦等（2017）认为，一份详细的工作说明书应该包括工作描述、任职资格要求、工作执行标准、报酬因素和工作组群。其中，工作描述和任职资格要求两个部分是常见工作说明书的核心内容。工作执行标准是指任职者在执行工作的过程中必须遵守的操作规范与工作指南，以及完成某项工作所必须达到的绩效要求，当绩效要求不高的时候，工作执行标准也可能会在工作描述中出现。报酬因素是指在工作评价的基础上，某一工作在组织薪酬体系中的相对价值。工作组群是指一组工作性质相同、工作内容相近、任职资格要求相差不大的职位的集合，任职者可以在工作组群中进行工作轮换。工作组群是组织解决结构扁平化所导致的员工成长空间减少问题的对策之一。在实际的操作中，组织可以根据不同的工作分析目的、用途和使用对象等因素综合考虑，从而选择适合组织发展的工作说明书。

工作说明书的形式有表格式、叙述式以及二者混合的复合式，其编写并没有统一的格式要求，可根据岗位要求的实际情况或繁或简。一份合格的工作说明书应具备准确性、完备性、普遍性、简约性、预见性以及可操作性。

三、工作说明书的作用

工作说明书以比较规范的文件形式呈现在组织成员面前，它是劳资双方共同遵守的契约，是人力资源部门招聘新员工的标准，是在岗员工绩效评估的基础，也是劳资双方解决矛盾的依据。

（一）工作说明书是人力资源规划和决策的重要依据

一份详细、全面的工作说明书，能够使企业管理者充分了解企业内部各个部门、各个岗位的工作特点和工作要求，从而为企业管理层做出科学、合理的人力资源规划和决策奠定基础。

1. 工作说明书是筛选和招聘新员工的标准

企业的人力资源部门按照工作说明书中的条款标准，选择合适的方式（如面试、提问、测试），从符合条件的求职者中筛选、聘用相应部门所需的专业人才为企业服务。

2. 工作说明书是培训项目开发的依据

企业使用工作说明书来评估培训需求和开发项目。工作说明书可帮助主管识别一名员工必须完成的任务，通过将绩效评估结果与工作说明书原始要求进行对比，便可认定员工所完成工作的好坏，并判断没有完成好的工作是否可通过培训来改进，人力资源部亦可开发相关的培训项目。

3. 工作说明书是绩效评估的基础

工作说明书的信息可为绩效评估系统的开发提供帮助。例如，工作说明书可通过明确列出与某项工作相关的任务和行为，以及明确每一项工作的目标层次，对组织成员的工作提出具体要求，提升员工的工作投入度和工作绩效。

4. 工作说明书是薪酬决策的依据

大部分企业主要依据每项工作对组织的重要性或相对的价值来决定员工的酬劳，而工作的价值主要是基于一些要素来评估或分级的，如技能水平、努力程度、责任心以及工作任务量。这些要素的相应要求都可以从工作说明书中得到。因此，工作说明书可为评估工作价值和制定员工薪酬标准提供依据。

（二）工作说明书是企业实现科学高效管理的重要工具

工作说明书对企业内部各项工作的权限和职责都有具体的描述。一份清晰明了的工作说明书能够帮助企业梳理清楚各项工作的具体职责、工作步骤以及不同工作之间的关系等，同时，企业员工也能够通过工作说明书明确各自工作的任务、流程等，从而减少重复的工作步骤，提高流程效率，使得企业管理更为科学、高效。

1. 工作说明书是生产率提高的基础

工作说明书对生产率的提高起着重要的作用。企业需要给予超水平完成任务或做出特殊贡献的员工相应奖励，以激发员工工作积极性，提高生产效率。工作说明书可以用来确定哪些员工超出多少水平完成任务或做出了什么样的特殊贡献。

2. 工作说明书是员工纪律决策的依据

为了使员工及时、优质地履行其工作职责，管理者有时必须通过一定的规则或者制度约束其下属。例如，当个别员工找借口推卸属于其工作范畴内的工作任务时，管理者可以借用工作说明书相应条款对员工加以约束。

3. 工作说明书是安全健康的保障

从安全健康的角度来说，工作说明书也有十足的用途。企业必须通过工作说明书明确工作的危险性（包括潜在危险）和不安全行为，即以什么样的方式完成任务可能导致伤害。

例证 4-1

工作说明书解决职责不匹配问题

第二节　工作说明书的制定

工作说明书的制定是对工作设计与工作分析的结果加以整合，以形成具有组织或企业法规效果的正式文本的过程。它是人力资源应用不可或缺的必要步骤。工作说明书一旦正式形成，就会成为组织中众多人力资源活动的依据。工作描述和任职资格是工作说明书编制绕不开的话题，这两个部分内容的编写不是对工作岗位信息的简单罗列，而是借客观的内在逻辑形成一个完整的工作岗位信息系统。此外，工作说明书还包括编制信息和工作标识这两部分的内容。

一、编制信息和工作标识的编写

编制信息主要是展现工作说明书文件的基本信息，一般包括文件编号、编制时间、编制人、复核人以及任职人等信息。

工作标识也称工作识别或工作认定，它如同一个职位的标签，能够让人对这个职位有一个直观的印象，一般包括职位编号、职位名称、所属部门、直接上级（即直接领导）和职位薪酬 5 项内容。职位编号主要是为了方便职位的管理，企业可以根据实际情况来决定应该包含的信息。职位名称要简洁明确，尽可能反映职位的主要职责内容。职位薪酬是工作评价的结果，反映了这一职级在企业内部的相对重要性，是确定这一职位基本工资标准的基础。具体形式如表4-1所示。

表4-1　工作标识示例

职 位 名 称	人力资源部经理	职 位 编 号	HRM-001	所 属 部 门	人力资源部
职　　级	2级	直 接 上 级	人事行政总监	直 接 下 级	招聘专员、薪酬专员等
所 辖 人 数	10人	薪 金 标 准	3级	填 写 日 期	
定 员 人 数	1人	分 析 人 员		批 准 人	

二、工作描述的编写

工作描述是对组织中各类工作岗位的工作任务、工作职责、工作环境、工作关系等所做的统一说明，是对工作本身的内涵和外延加以规范的描述性文件，用于界定和控制劳动过程，具有结构性的特点，并非详细地说明任职者所做的每一个工作（杜西，2004）。

（一）工作描述编写的决定因素

一个员工每日的工作会被总结归纳，一组任务的集合就是一个工作，对于这些任务组合的完整描述就是工作描述。组织中有多少个工作就有多少份工作描述。不同岗位工作描述内容编写的决定因素主要有两点：工作分析的目的和工作描述的使用者。

1. 工作分析的目的

不同的组织，其工作分析的目的各不相同。同一组织在不同的发展阶段，其工作分析的目的也会有所不同。有的是为了规定工作岗位的工作规范,从而制定贴合实际的管理制度;有的是为了明晰现有工作的内容和要求,从而制定更为合理的激励制度;有的是为了帮助员工更好地理解工作的标准和价值,从而提高员工的工作效能;等等。工作分析的目的不同,所收集到的信息的用途和分析结果也可能不同,那么根据这些信息所编写的工作描述也不尽相同。一份工作描述的核心内容应该包括工作概要、工作职责和工作关系,这些项目旨在传递职位的基本信息。而工作权限、工作任务、工作范围、工作职责的量化信息及业绩标准、工作条件等项目是工作描述的选择性内容,主要应用于工作评价、绩效考核、上岗引导等目标。编写人员可根据组织开展工作分析的目的,权衡项目添加与否。

2. 工作描述的使用者

工作描述的使用者不同,工作描述的内容要求也不相同。对于管理职位而言,几乎所有的项目都是必要的;对于专业技术职位而言,工作概要、工作职责、工作关系以及工作负荷是需要重点呈现的内容,其他项目可以选择性地添加或删减;对于从事生产操作的工人来说,工作条件也是该职位应该关注的项目之一,如工厂流水线工人的职位描述中应特别注明工作环境中的噪声、粉尘、辐射以及工作的危险性等。

(二)工作描述编写的内容

工作描述编写的内容主要包括工作综述、工作职责、工作程序、工作条件与工作环境、工作范围、工作联系、工作权限以及绩效标准等,能够清晰地展现出一项工作的基本情况。企业也可以根据实际情况调整工作描述编写的内容,使工作描述更好地服务于职位管理。

1. 工作综述

工作综述需要用简练的语言文字介绍工作的总体性质、中心任务和要达到的工作目标,是使该工作与其他工作区分开来的标志性文件。工作综述一般用动词开头来描述最主要的工作任务。例如,某企业人力资源经理的工作综述是"对企业人力资源管理工作进行协调、指导、监督和管理,负责企业人力资源规划,员工的招聘、选拔、培训、绩效考核、薪酬管理及员工的激励和开发等工作和相关制度的制定,保证企业人力资源供给和员工高效率工作"。

工作综述中应尽力避免出现如"执行要完成的其他任务"等笼统的描述。虽然这样的描述可以为主管人员分派工作提供更大的灵活性,但如果一项常见的工作内容没有被明确写进工作说明书,而只是用像"所分配的其他任务"一类的模糊语言进行描述,就很可能会成为一些员工逃避责任的一种托词,因为这使得对工作的性质以及员工需要完成的工作的叙述出现了漏洞。

2. 工作职责

工作职责是指任职者所从事的工作在组织中承担的责任、所需要完成的工作内容及其要求。它是在工作标识与工作综述的基础上,对工作内容进一步细化的部分。

工作职责主要包括 6 个方面的内容。

（1）日常工作，包括经常性的、周期稳定的或常常发生的工作。

（2）上级分配任务的性质和数量。

（3）与组织内外人员的关系，包括建议、培训等。

（4）对于业绩、利润等的责任。

（5）与上级和下级的权责关系。

（6）所要使用的设备与机器等。

在工作说明书中，应当列举出每种工作的主要职责，并用一到两句话分别对每一项任务加以描述。例如，"选拔、培训、开发下属人员"任务的具体内容可进一步定义为"培养合作和相互理解精神""确保工作群体成员得到必要的专门训练"以及"对培训工作进行指导，包括教育、说明、建议"等。当工作职责中存在多个行动和多个对象时，要避免行动和对象的关系产生歧义。同时，在工作说明书中应尽量避免使用冷僻的专业术语，如果确实有使用术语的必要，应在工作说明书的附件中予以解释。更详细的职责描述可能还包括每项工作所占时间比例及优先级排序。详细的工作职责描述常常以主动性动词开头，经过专家多年的研究，形成了一套规范的动词库（王阳，2007），如表 4-2 所示。

表 4-2　工作职责描述部分动词使用规范表

决 策 功 能		裁决、决定
管 理 功 能	组织计划	制定、主持、筹划、协调、预测
	指挥控制	听取、指导、督导、提出、监督、协调、掌握、安排、控制
	人事行政	委派、授权、签发、处置、考核、检查、交办、派遣
业 务 功 能		审批、审定、审核、签署、批准、审阅、推广、核转、考察
执 行 功 能		执行、贯彻、整理、编制、完成、送达

3. 工作程序

工作程序就是工作职责的履行程序，又称职责细分或工作任务。它是对工作职责的进一步分解，是指每项工作职责如何具体完成的过程。

工作职责关注的是该职位"主要做什么"，而工作程序关注的则是"如何做"。工作程序的内容在职责描述中并非必要内容，而是对职责描述的进一步拓展和细化，主要应用于绩效标准的提取和新员工的上岗引导。同时，它对于职业规范的建立也具有十分重要的作用。

工作程序的形成主要有两种方法：① 自上而下的"职责分解法"。这种方法建立在工作职责已经明确的基础之上，通过对每一项工作职责的完成进行流程分析，找到完成这项职责所需要的主要环节和步骤，从而形成责任细分的描述。② 自下而上的"归纳法"。这种方法是从"履行程序"中的最小工作要素出发，通过对这些基础性的工作活动进行逻辑上的归类，形成职责细分，并进一步根据履行程序的归类，得到职责描述。

4. 工作条件与工作环境

工作条件主要涉及两项：① 任职者主要使用的设备名称；② 任职者运用信息资料的形式。

工作环境则是指经常性工作场所的自然环境、安全环境和社会环境。其中，工作的自然环境包括温度、湿度、照明度、噪声、震动、异味、粉尘、辐射等，以及任职者与这些环境因素接触的时间。工作的安全环境包括工作的危险性，可能发生的事故、事故的发生率和发生原因，工作对身体的哪些部分易造成危害以及危险程度，易患的职业病、患病率以及危害程度等。而社会环境包括工作地点的生活方便程度、环境的变化程度、与他人交往的程度等。

此外，工作环境还关注工作本身或工作环境的特点给任职者带来的工作压力，主要包括工作时间的波动性、出差时间所占的比重、工作负荷的大小等。

工作时间与生产力

5. 工作范围

工作范围是指任职者所能掌握的资源的数量和质量以及所处职位的活动范围。它代表了该职位能够在多大程度上对组织产生影响。该部分信息并非所有职位描述中的必备内容，往往用于管理职位和以职位评价为目标的工作描述中。

工作范围主要包括人力资源、财务资源以及活动范围等内容。其中，人力资源包括直接下级的人数与级别、间接下级的人数与级别等；财务资源包括年度预算、项目成本、年度收入（营业额）、年度利润、销售回款等；活动范围根据职位不同存在着较大的差异，例如，销售职位的"每星期接待客户的人数"，人力资源经理的"每星期进行内部沟通的次数"等。

6. 工作联系

工作联系又称工作关系，是工作承担者与组织内以及组织外的其他人之间的联系情况。工作联系主要包括报告工作对象、监督对象、工作合作对象、接触的组织外部人员、此工作可晋升和平调的岗位。由此可见，工作联系不仅表示了组织中的权力关系，而且由于明确了员工可能的晋升路线，也是员工职业发展的重要指南。

工作联系的编写需要遵循两个原则：① 经常性，即要对发生频率较高的工作联系进行明确描述和界定；② 重要性，即编写工作联系时，需要选择经常发生的工作联系以及发生频率不高却是很重要的工作联系进行描述。因此，在编写过程中，不必枚举工作岗位所有的工作联系。

7. 工作权限

工作权限是指组织根据该职位的工作目标与工作职责，赋予该职位的决策范围、层级与控制力度。在界定工作权限时，可以从工作权限所指的对象和对象职责承担程度这两个角度进行考虑。工作权限的描述主要应用于管理人员的工作描述与职位评价，以确定职位"对组织的影响大小"和"过失损害程度"；另外，在工作说明书中对该职位拥有的工作权限进行明确表达，可以进一步强化组织的规范化，提升任职者的职业化意识，并有助于其职业化能力的培养。

8. 绩效标准

绩效标准又称业绩标准或业绩变量，是在明确界定工作职责的基础上，对如何衡量每项职责完成情况的规定。它包括衡量要素和衡量标准两个方面：衡量要素是指对于每项职责，应该从哪些方面来衡量它的完成状况；衡量标准是指这些要素必须达到的最低要求，该标准可以是具体的数字，也可以是相对的百分比。

（三）工作描述编写过程中的注意事项

工作描述是工作分析的初始产物，为组织后续的任职资格确定、绩效评估和薪酬奖惩等人力资源活动奠定了基础。因此，在人力资源工作中具有非常重要的作用。工作描述的格式并不固定，项目描述范围可多可少，不同组织甚至同一组织的不同部门也可能存在巨大差异。然而，工作描述的编写也并非随心所欲和任意发挥。一般来说，工作描述不能过长，而应根据服务的目的来决定信息长度，工作因素则可以从不同层次来描述，以更好地归纳有关细节。此外，还应注意如下 3 个方面。

1. 责、权、利一致

工作描述的编写过程中需要考虑各工作岗位责任、权力与利益相一致的问题。某个工作岗位在承担一定职责的同时，应当享有相当的权力和利益。如果某工作岗位的责任非常重，但其所享有的权力和利益却很小，势必会影响工作的顺利开展。

2. 工作描述与组织结构设计、职能分解和岗位设置相一致

工作描述、组织结构设计、职能分解与岗位设置是人力资源管理的几个密切相关的环节。在编写工作描述时要尤其注意其与组织结构设计、职能分解、岗位设置的一致性和衔接性。

（1）工作描述的编写根据组织结构设计、职能分解和岗位设置而进行。

（2）各个工作岗位的职责应与本部门或组织的职能分解保持一致，工作岗位的职责不应该超越部门或单位职能分解表中所规定的职责。

（3）部门或组织里各个岗位的职责总和应与其职能分解表中所规定的职责相符合。

（4）工作描述里的职位名称应和岗位设置表中的名称一致。

3. 职责范围清晰

工作描述中每个工作岗位的职责应划分清晰，既不能重叠，也不能有所遗漏。同时，所有文件在文字措辞和格式上应保持一致。为了便于清晰划分职责，可按以下 3 种方式操作：① 部门或组织负责人的职责原则上和本部门或组织的职能分解表中的职能保持一致。② 部门或组织某项业务主管的职责原则上是本部门或组织的职能分解表中的几项，部门或组织全部业务主管的职责原则上是本部门或组织的职能分解表中的全部。③ 职能部门或单位一般员工的职责原则上是本部门或单位的职能分解表中的一项或几项。

三、任职资格的编写

任职资格又称工作规范，它界定了工作岗位对任职者的身体条件、年龄、教育程度、工作经验、专业知识和技能、培训经历、能力、心理特征及其他特殊条件等方面的要求，是任职者应该具有的个人特征方面的基本素质和条件。作为对工作行为中被认为非常重要的个人特质的书面描述，任职资格可用于员工招聘和人员配置，并且其必要的知识和技能部分也为组织培训提供参考（西姆斯等，1980）。当任职资格作为招聘甄选的依据时，也可以视其为任职要求或者雇佣标准。

（一）任职资格编写的内容

1. 基本要求

基本要求是指组织对任职者或应聘者年龄、性别、身体状况等的要求。在实际工作中，一些特殊岗位会对任职者或应聘者的性别和年龄有要求，如矿山的采掘、井下安检等岗位一般会要求任职者为男性。而某些岗位会对任职者或应聘者的身高、体重、健康状况、运动灵活程度、感官灵敏度、速度与耐力、身体协调程度等提出一定标准，如调香师的工作对任职者的嗅觉灵敏性有很高的标准。

2. 教育程度

教育程度是指组织对任职者或应聘者胜任岗位工作应具有的最低学历的要求，以及承担岗位工作所需要的专业要求。一些对专业性要求极高的岗位，要明确规定任职者的专业范围，如护士必须是护理相关专业，而自媒体从业者可以是传播学、新闻学、文学等专业。

在进行工作分析时，可能会出现这样的情况：一位有多年工龄、经验丰富的高中学历任职者的学历并不能代表其已具备的教育水平。此外，同等学力任职者的认知水平也可能存在较大差异。为了克服以"学历+专业"的方法来衡量教育程度的弊端，国外的许多工作分析系统开发了测量实际教育水平的量表，其中应用最广泛的是美国劳工部的"普通教育程度量表"，该量表从推理能力、语言能力和数学能力3个维度来界定岗位任职者所需要的实际教育水平。

3. 工作经验

工作经验反映从事该岗位工作之前，员工应具有的能够完成岗位工作、解决相关工作问题、从事相关职位工作的实践经验。工作经验的度量可采取不同的尺度，可分为社会工作经验、专业工作经验以及管理工作经验。其中，社会工作经验是指参加工作后的工作经验，包括任职者所有的工作经历；专业工作经验是指从事相同或相似的岗位与专业工作的经验状况；管理工作经验是指是否从事过管理工作、从事哪类管理工作、从事管理工作的时间等。

4. 职业知识

职业知识是指对任职者职业的知识要求，包括胜任该岗位工作所具有的专业知识，与岗位或专业相关的法律知识和基础性学科理论知识，与组织相关的文化、制度等方面的知识。其中，专业知识常常是岗位最为核心的知识，是工作的不断实践与研究积累的知识。

5. 工作技能

工作技能是指胜任某工作需要具备的技术能力，分为通用技能和专业技能。通用技能包括计算机技能、公文处理能力及外语运用能力等。专业技能主要是指从事某工作所需具备的专业技术水平及能力。不同职位对任职者专业技能的要求也不同，一般指掌握使用、调整某一设备的技能和使用某工具、仪器的能力等。

6. 能力

能力是指人们能够从事某种工作或完成某项任务的主观条件，是知识运用的表现形式，受先天因素和后天因素的影响。能力包括逻辑思维能力、沟通能力、理解能力、演绎归纳能力、观察力和想象力等。不同岗位对任职者能力水平和能力倾向的要求也会有所区别。管理类职位强调领导力、判断与决策力、演绎归纳等能力，而技术岗位的分析判断能力、解决问题能力、执行能力以及协作能力等则排在任职资格能力要求的前列。

7. 培训经历

培训经历是指从事该工作前应接受过的基本的专业培训，否则将不能够胜任工作或不允许上任。培训经历的内容包括培训时间、培训内容、培训方式等。培训时间有长期、中期和短期；培训方式包括岗位培训、脱产培训、合作培训等；而培训内容往往根据培训对象的层次与需求设计，如针对一线员工的知识技能培训、针对中层管理者的管理方法培训、针对高层管理者的经营理念培训等。

 例证 4-3

华为任职资格管理的实践

8. 资格认证

资格认证是指国家或行业规定任职者应获得的专业资格认证。例如，公司要求任职的会计师必须拥有会计从业资格证书或注册会计师证。

 例证 4-4

1+X 证书制度

9. 个性特征

个性特征是指某工作通常需要从业者具备何种性格特征。不同岗位的一些独特性决定了对在这一岗位工作情境中的个性特征有特殊的要求，如销售岗位的任职者要开朗、善交际，教师岗位的任职者要亲和、有耐心。

10. 其他要求

其他要求包括对任职者品格气质的要求或由于岗位工作特性而产生的特殊要求，如在流水线工作中可能会日夜颠倒、在高科技企业中可能需要经常加班等。

任职资格涵盖了工作的方方面面，对工作行为和能力尽可能提出具体的要求。如表 4-3 所示，某软件公司对培训部讲师的任职资格要求包括基本要求、教育程度、工作经验、职业知识、资格认证、个性特征等内容（潘泰萍，2018）。

表 4-3　某软件公司培训部讲师的任职资格要求

岗 位 名 称		讲师
所 在 部 门		培训部
基 本 要 求		性别不限，年龄不限，身体健康，形象、气质俱佳
教 育 程 度		大学本科学历，计算机相关专业
工 作 经 验		具有从事 Linux 培训工作的相关经验
职 业 知 识	专业知识	精通 Linux 系统管理、Linux 服务管理、Linux 安全管理等
	能力要求	1. 良好的语言表达能力 2. 快速分析问题并解决问题的能力 3. 良好的沟通能力 4. 快速引导学生完成相关技能学习的能力
资 格 认 证		具有 Linux 认证讲师证者优先
个 性 特 征		1. 工作认真严谨 2. 能够承受压力 3. 具有主动性 4. 热爱教学 5. 平易近人、诚恳、有耐心 6. 有强烈的责任心

（二）任职资格编写过程中的注意事项

1. 任职资格的确定应结合组织实际情况

任职资格要求学历、经验等条件应兼顾实际情况，既要符合工作的实际要求，也要结合所在地区、行业及本组织的实际情况，做到适度掌握，不能夸大或降低。当组织现有人员实际水平低于该职位的知识、经验、能力等要求时，任职者应将工作说明书中的任职资格作为努力的方向，但也要谨防任职资格描述出现理想化标准"矫枉过正"的情况（满则亮，2004）。如果一个职位只需掌握一般的统计知识和具有使用办公软件的能力就可以胜任，却要求任职者的教育程度为统计学专业、大学本科以上学历，这样的任职资格标准会大大增加组织成本，不利于组织的长远发展。

2. 任职资格的拟定应以工作描述为依据

任职资格要求是保证工作职责顺利完成的基本要求和条件，既不能凭经验来确定，也不能依靠主观判断来确定，其对身体条件、知识技能、工作经验等条件的要求应建立在对工作描述各项信息充分分析的基础上，与工作描述的职责要求相对应。不同岗位的任职资格要求要根据岗位特点适当变化，不能"千岗一面"。例如，在素质要求方面，组织监察岗位强调任职者要有"原则性"，而营销岗位更看重任职者工作的"灵活性"。

3. 任职资格的内容不能与有关法律规定相抵触

任职资格中所列的条件必须与工作相关，且不能与相关法律规定相抵触，严禁出现种族、宗教、性别、年龄、身体等方面的歧视性规定。如果任职资格不当，限制了任何受保护群体的就业途径，就会触犯法律。

例证 4-5

中国宪法平等权第一案

四、工作说明书的编制

工作说明书的编制工作需要遵循一定的步骤才能确保其科学性及准确性。但是，在实际操作中，企业工作说明书的编制工作常常出现一些纰漏，使工作说明书无法发挥其最大效用。

（一）工作说明书的编制步骤

工作说明书的编写目的是说明工作任务、职责及职权范围，确定工作绩效的主要标准，为组织招聘和培训提供依据。在收集组织现有信息之后，工作分析小组需要根据工作分析的目的、范围和对象，在专家的指导下采取适用的方法编写出规范的工作说明书。具体的编制过程可分为如下 4 个步骤。

1. 收集工作信息

编写工作说明书之前需要对组织现状有大致了解，浏览已有的组织内部和组织外部相关文件并与任职者或管理人员进行交谈，提取岗位基本信息。针对不同的岗位，灵活地运用各种工作分析方法，如观察法、访谈法、关键事件法等，尽可能全面地收集与工作有关的各种资料信息。

2. 处理工作信息

工作分析小组将通过查阅文件、问卷和访谈等所得的信息进行分类整理、审核评估，可得到每个职位的各种信息。针对某一职位收集的信息，逐条列出这一岗位的相关内容，或者按照工作流程的先后顺序以及不同工作之间的逻辑关系，对全部信息进行梳理，得到工作任务清单，以形成初步的工作说明书。在整理信息的过程中，工作分析小组需要与组织中岗位的任职者或者监管者保持沟通，对于针对同一职位但回答差异很大的项目要进行商议，以取得统一的意见。

3. 编写工作说明书

由工作分析小组讨论制定工作说明书的编写规范，如探讨工作任务的描述采用"自上而下"还是"自下而上"的方式，分析小组也可以选择市场上已有的工作说明书生成系统（付亚和，2007），或者从美国劳工部网站下载标准工作说明书样本。工作说明书的编写最好在一个固定的办公地点进行，由小组成员统一参与，以便对工作内容进行协商。一个部门的调查结束后即可进行工作说明书的编写，同时开展对另一部门的调查工作。不同部门的工作内容由对岗位任务相对熟悉的小组成员负责编写，一个部门的编写工作完成后再对下一个部门的工作说明书进行编写。负责编写的成员应及时与相应岗位任职者或岗位监督者沟通，确认工作描述和岗位规范的编写内容完整且准确。工作分析小组需要定期对说明书编写的情况进行审查与讨论，分析汇总工作说明书已撰写部分内容上存在的问题并提出修改意见，以便出现偏差时可及时纠正。必要时可再次进行调查研究，尤其是重要的岗位，其工作描述与岗位规范应进行多次修订。经过调整和汇总后，工作分析小组可将完成的工作说明书向领导小组汇报，并将最终确定的工作说明书交付相关部门试用。

4. 修订工作说明书

工作说明书是自上而下形成的人力资源管理文件，是否需要完善和改进还需在实践中进行检验。在试用过程中，工作分析小组可根据使用部门的反馈信息检验工作说明书的准确性和适用性，明晰不恰当之处的原因并及时调整。在正式使用后，工作分析小组要对工作说明书定期评审，判断现有的工作概念、内容和方法等是否需要改良和部分更换。进行修改和调整时必须填写修改分析单，以保证工作分析活动的持续进步。当工作说明书的内容难以满足实际工作的变化需求时，可根据组织需要选择适当的工作分析途径以应对挑战，或者开展新的工作分析以适应发展。

（二）工作说明书编制的常见问题与误区

1. 工作说明书编制的常见问题

编制工作说明书是企业各项人力资源管理活动中最基础的工作，不同岗位有其特定的地位和职责，制作相应岗位的工作说明书时，要把握目标岗位的工作流程与规范，否则工作说明书的作用可能会受到影响。企业在编写工作说明书时主要存在如下 4 个常见问题（王阳，2007）。

（1）混淆工作概要的内容。工作概要是要求用一句话概述该职位的使命以及作用，但如果仅仅从字面理解，可能会犯两类错误：① 与工作标识混淆，省略了对该部分的描述；② 将其视作对工作职责的简单陈述，导致二者的内容边界模糊。

因此，在撰写工作说明书之前，应准确界定工作标识、工作职责与工作概要的含义与范围。工作标识是一个岗位最基本、独特的信息，帮助人们形成对该岗位的直观印象；

工作职责是对特定岗位主要职能和职责的详细描述；而工作概要是从宏观视角把握工作职责的一种概括性表达，一般以"职责+范围+目的"的范式呈现。

（2）遗漏或赘述核心项目。工作职责是工作说明书的核心内容之一。在分析工作职责时，如果忽视了访谈结果的重要性，就可能导致工作职责的描述不够周全、完备。例如，编写者在描述缺乏了解的人力资源经理的某一工作职责时，可能会用"组织编制部门年度工作计划"这样的简单描述，而忽略了报批、审核与督导的若干细节。

任职资格是工作说明书的另一核心内容，是任职者履行工作职责的必备条件。如果编写者不能区分任职资格各类项目的意义，就可能会导致不同资格要求的重复表述。例如，编写者在任职资格的能力项目上规定任职者"有较强的协调能力"，而在工作技能项目又要求任职者"能够维护公司内外部良好的工作关系"，这两个部分的描述存在内部的因果联系与意义重复，显然是不恰当的。

工作分析小组应认真梳理工作分析的结果，力求全面、无遗漏。工作职责与任职资格的确定都应遵循"穷举、互斥"的原则，以达到既包括所有工作内容，又能避免互相重叠的目的。

（3）用语随意，遣词粗糙。工作说明书的很多项目需要用标准化的模式和词语加以描述，若不能谨慎用词、斟酌用语，可能产生歧义或者弱化工作说明书的精确性。例如，在工作职责中使用 "负责企业人力资源管理制度的制定和执行"，这样的描述属于表述模糊不清，说明书的使用者无法得知"负责"是指组织安排还是工作监督，抑或是亲力亲为。此外，该项工作职责在管理活动中是一个连续的过程，涉及组织、管理、制定、核批等诸多环节，上述用语过于粗略，导致职责描述不清晰，与实际的工作内容也不完全符合。

因此，编写人员在撰写过程中要仔细拿捏用词，在工作职责的描述上使用规范的表达方式，在编写任职资格项目时使用恰当的程度词汇，以实现既能描述准确，又能符合实际的目标。

（4）主次不分，轻重不明。优秀的工作说明书好比岗位"标签"，能让不了解它的人迅速把握概况，让熟悉它的人立即洞悉要点。然而，部分企业的工作说明书就像一个岗位流水账，在工作职责、工作联系、任职资格等项目的描述中不分主次，缺乏重点，影响工作说明书发挥其作用。

因此，在描写不同项目或同一项目的分支内容时，最好根据重要性程度排序。若不同内容之间内含逻辑关系或先后顺序，也应按照逻辑顺序进行描述。

2. 工作说明书编制的误区

在企业编制工作说明书的过程中，为编写而编写、缺乏专业的技术或培训、企业内部宣传不到位、编写工作定位不清晰、对工作说明书管理不及时等都会导致说明书的编写走进误区（李燕萍等，2007）。

（1）功能错位。当提到工作描述时，有些企业把岗位责任制当作工作说明书来使用。虽然二者都描述了任职者在工作中所承担的工作职责，但工作说明书对岗位信息的呈现更为全面，不仅包括工作职责的内容，还包括任职者行为或工作活动的结果。如前文所述，工作描述应全面反映岗位的信息，清晰准确地界定任职者应承担的责任、所具有的权限以及工作必须达到的目标，规范责、权、利三者之间的关系。

（2）职责交叉。许多企业为了适应外部竞争环境，会实行团队化的工作制度，即同一项工作任务需要几个不同部门或岗位共同完成，这就有可能会出现职责交叉的问题。正确处理职责交叉有益于发挥协作效能，取长补短，提高工作效率。然而，如果企业在编写工作说明书时，不能明确各岗位的职责权限和对工作结果应负有的责任，就可能会产生工作职责不清晰、多头领导等问题，以致各部门相互推诿责任，工作效率大大降低。

（3）职责重叠。在企业的实际工作中，一些任务性质相同并且任务量较大的工作岗位会出现"一岗多人"的现象。在进行工作描述时，有些企业采取了简单的一刀切的方法，归纳出岗位的共同特征，定义了岗位的共同要求，只编制一份工作说明书。这种方法忽视了同一岗位不同任职者之间工作任务和任职资格要求的差异，显然是不可取的。如果是对岗位进行描述，应该采用"一人一份"的方式，让每个任职者都持有一份工作说明书。

（4）闭门造车。虽然一些企业已经认识到工作说明书的作用，并开展了工作分析，但其产出的成果并不能真正发挥作用。究其原因，是企业对工作分析缺乏正确的认识。编写工作说明书时，企业要么要求岗位的任职者自行编写，要么交由人力资源管理部门全权负责，闭门造车，导致岗位描述脱离实际，缺乏客观标准。

（5）全盘借鉴。企业在编制工作说明书的时候，可以借鉴其他企业或岗位的工作说明书，吸取其中优秀的、合适的内容，但是要避免全盘借鉴。编制工作说明书时，应该依照企业自身的实际情况以及不同岗位的具体特点来决定工作说明书的具体内容和表现形式，唯有如此，工作说明书才能真正在企业人力资源管理中发挥最大的作用。

（6）不成体系。一套科学、规范的工作说明书能为企业中各项工作的进行提供依据。但是，不少企业的工作说明书在编制过程中存在工作职责不完整、夸大或缩小职责、任职资格主观性强、部分岗位没有工作说明书等问题。这些问题导致后续的工作评价、招聘等工作缺乏客观依据。科学、规范地编写一份工作说明书需要多方支持。在开展编写工作之前，人力资源管理部要先得到高层的支持和认可；在编写工作进行时，各部门的管理人员及员工都应积极参与，人力资源管理部门也要为相关人员做好技术培训、指导和审核工作。

（三）工作说明书的编写要求

工作说明书在组织管理中尤为重要，既可以帮助任职者了解其工作内容、明确责任范围，又可以作为管理人员做出重要决策的参考依据。在编写工作说明书时，要根据工作岗位的特点等实际情况，以客观公正的态度进行描述，遵守以下3点要求。

1. 以符合逻辑的顺序来编写

一般来说，一个岗位通常有多项工作职责，在工作说明书中对这些工作职责的罗列并不是杂乱无章、随机的，而应以一定的逻辑顺序来编排。这样才有助于理解和使用工作说明书。

2. 尽量使用通俗易懂的语言

编写工作说明书应尽量避免使用过于强调技术性的文字或概念，因为工作说明书不仅要让上级能够理解，更重要的是要让上岗人员能实实在在地领会。因此，当遇到技术性的问题时，应尽量将其转化成较为通俗易懂的解析。

3. 应该表明各项职责的重要程度

许多具体的工作所出现的频率、各项职责所占的时间比重会有所不同。因此，可考虑按重要程度自上而下进行排列，或者结合各项职责出现的频率，在对应的备注栏中说明该职责在总的职责中所占的比例。

要想编写出好的工作说明书，不但要清楚岗位工作的主要内容，而且要明确其职责大小与次序划分。在实际编写中，可根据各项职责的重要程度、难易程度和任职者花费的时间等进行具体分析，客观真实和可操作性是关键。

一般来说，考虑到基层或生产线员工的工作更为具体，其工作说明书中的描述也应更为详细。实际上，许多企业会使用作业指导书和岗位操作规程来替代工作说明书。不同职业类别对工作说明书的要求也有所不同（彭剑锋，2003），如表4-4所示。

表4-4　不同职业类别对工作说明书的要求

职 业 类 别	职 位 特 点	对工作说明书的要求
研发与高层管理职位	创新要求高，工作方式难以固定	1. 以角色定位代替工作定位，采用更加宽泛的职责描述 2. 更加强调职责界定的成果导向 3. 更加注重任职资格中的创新要素
职能管理与基层直线管理职位	创新要求低，规范化、职业化要求高	1. 需要采用严格、准确的职责描述 2. 既要注重职责界定中的成果导向，也要注重职责界定中的过程性部分 3. 任职资格的界定要注重责任心、业务知识、专业技能等有利于提高职业技能与职业规范的因素
生产操作工人	基本不需要创新，强调职位的标准化与操作一致性	1. 同时注重工作任务以及完成任务的工作程序的界定 2. 包括完成工作所采用的工具、设备与技术 3. 任职资格需要将心理与身体能力相结合

第三节　工作说明书范例

工作说明书没有统一的规范和格式，但大致可分为表格式、叙述式以及二者混合的复合式这3种呈现方式。编制人员可根据组织的需求和岗位特点选择适宜的编写样式。表格式工作说明书的内容清晰，一目了然，对使用者和编写者来说都很便利，一般适用于程序性强的岗位；叙述式工作说明书的各个部分基本以文字叙述为主，适用性广，内容翔实但程序性不强；复合式工作说明书则兼具表格式工作说明书与叙述式工作说明书的优点，灵活多变。本节将为读者呈现不同形式的工作说明书以供理解和参考。

一、平面设计人员工作说明书

平面设计人员主要以绘画或其他视觉表达方式呈现自己的作品与工作质量，需具备丰富的想象力，一般不适合用表格方式制作相关岗位说明书。此处以一个较为简单的复合式工作说明书作为范例（郑大奇，2010），如表4-5所示。

表4-5　复合式的平面设计人员工作说明书

一、工作标识

岗位名称	平面设计人员	直接下级	
岗位编号		直接上级	市场经理
岗位定员		薪酬类型	
隶属部门	市场部	工资等级	
晋升方向	市场经理	轮换岗位	
所辖人员		编写日期	

二、工作概述

运用各种视觉元素的组合及编排来表现设计理念，以体现企业形象及经营理念

三、工作职责与任务

1. 根据营销策划方案，对广告进行平面设计
2. 负责报媒广告的定版，设计制作的接洽
3. 负责企业布置及相关物品（灯箱广告、易拉宝等）的设计
4. 负责拟定企业宣传册，进行内刊的版面设计及排版
5. 负责企业设计资料的收集存档
6. 负责品牌推广、营销策略实施中影音图像的录制和管理
7. 负责企业活动的现场布置及相关物品的设计，确保与企业形象设计一致
8. 负责对公司网站、商城风格的把握，注意其色调搭配、布局合理性，并进行图片整理、周期性更新处理
9. 完成上级主管交办的其他工作

四、工作绩效标准

1. 熟练使用平面设计软件 Photoshop、CorelDRAW、Ai，满足平时工作中一般修图的要求
2. 对色彩把握敏锐，以 VI 系统为准进行各种需求的设计
3. 具备团队合作精神，能配合上司、同事完成各项设计工作，能承受工作带来的较大压力

五、工作权限

1. 对公司各项平面设计工作策划有咨询权和建议权
2. 对公司企业网站、商城、网店装修及更新维护有操控权
3. 对部门网络销售战略有建议权

六、基本任职资格

项　　目	基　本　要　求		期　望　要　求
教育	学历	大专及以上	本科
	专业	美术、设计专业	无
培训经历	培训内容		培训时间
	受过平面设计、产品知识、消费者心理学等方面的培训		每年定期培训一次，时间为15天

工作经验	2 年以上相关工作经验	
个人素质	英语能力	具有较强的英语阅读能力
	抗压能力	能在压力下工作，喜欢从事具有挑战性的工作
	美学素养	具备扎实的美术功底
	工作能力	具有进取心和责任感
技能要求	熟练使用 PageMaker 6.5，FreeHand 8.0，IIIustrator 8.0，QuarkXpress，Streamline	
	精通 Photoshop 5.0，GIF Animator 3.0，CoreDRAW 8.0	
	了解 3ds Max，Director，Authorware，Maya	

七、工作环境

办公室内工作，工作环境舒适，基本无职业病危险

二、产品开发部经理工作说明书

产品开发部经理的工作有较强的技术属性，适合用叙述式工作说明书来呈现（胡八一，2004），如表 4-6 所示。

表 4-6　叙述式的产品开发部经理工作说明书

一、工作标识			
岗位名称	产品开发部经理	所属部门	产品开发部
岗位编码		直接上级	总经理
岗位定员		直接下级	开发工程师、经理助理、工业设计员、试验员、资料员
工资等级		分析日期	

二、工作概述

负责分析产品技术发展信息，从事产品开发与革新工作

三、工作职责与任务

1. 负责编制产品开发和技术改造规划并组织实施
2. 负责建立并完善技术开发管理制度
3. 负责组织新产品项目立项、调研、谈判、签约工作
4. 负责组织新产品鉴定和专利产品认证的申报工作
5. 负责制订技术引进、技术人才引进、对外合作项目计划
6. 组织开展基础技术和应用技术研发工作
7. 负责审批科研技术革新方案
8. 负责收集市场信息，分析产品技术发展情况
9. 协助工艺部门解决生产技术难题

四、关键绩效指标

1. 年度计划完成情况
2. 新技术、新产品市场接受度
3. 新产品开发及应用成本
4. 相关部门满意度

五、工作难点

1. 研究市场消费情况，开发市场所需产品

2. 技术创新跟上并逐步超越同行业水平

3. 对引进项目和合作项目进行论证

六、工作权限

1. 本部门各项计划、文件的审核权

2. 技术开发管理制度的建议权及修改权

3. 本部门人员相关奖惩、晋升工作的建议权

4. 部门人员的绩效考核权

七、任职资格

1. 学历要求：电子、机械制造等相关专业，大学本科以上学历

2. 工作经验：具有 5 年以上相关产品开发管理经验

3. 语言能力：英语听说能力优秀，能与外商顺利洽谈技术研发事宜

4. 技能要求：熟悉工业设计及电子应用技术

5. 能力要求：具有较强的组织能力和领导能力

八、工作环境

1. 一般在办公室内工作，环境宜人，照明条件良好，偶尔需要出差

2. 通常在公司制度规定时间内工作，有时需要加班

三、生产主管工作说明书

生产主管的工作说明书根据组织的要求可采用表格式，也可以采用叙述式。表 4-7 所示为表格式的生产主管工作说明书（韩明等，2007）。

表 4-7　表格式的生产主管工作说明书

一、工作标识

岗位名称	生产主管	直属上司	生产部经理
岗位编号		直属下属	生产调度员、生产基层专员
所属部门	生产质量部		
薪资等级		职务级别	部门主管

二、工作概述

计划、指导或协调生产基本工作

三、工作职责

1. 协助生产计划部经理组织、计划、指导及协调生产过程中的各种活动和资源，以达到公司对成本控制、产品数量和质量的要求

2. 参与分析生产制造、质量控制、设备维护及其他相关报告，及时发现问题并解决

3. 制订并实施生产日程计划

4. 协助实施生产计划的检查和进度控制工作

5. 填写并呈报生产报表

6. 协助制造成本控制

7. 生产现场管理

8. 用料管理与控制

9. 完成上级布置的其他工作

续表

四、工作权限	

1. 参与年度、月度生产计划制订，并具有建议权
2. 要求相关人员配合的权力
3. 督导生产各层次人员工作的权力
4. 生产部经理授予的其他权力

五、内外部关系	
组织上级	组织上级领导、各部门人员
外部关系	上游市场、下游市场、同行业同类型企业等

六、任职资格	
教育背景	机械设计、制造专业或相关专业，大学本科以上学历
培训经历	受过生产管理、管理学、管理技能开发、项目管理、产品知识等方面的培训
工作经历	需有 5 年以上生产管理相关工作经验，并有 2 年以上同等职位任职经历
能力要求	1. 熟悉所在产业、行业的生产过程 2. 熟悉原材料的供应渠道 3. 熟悉生产流程及质量标准 4. 具备良好的生产经营管理理念，有一定的财务知识 5. 熟练使用办公软件 6. 具有一定的英语基础 7. 具有均衡生产观念，有极强的进度控制能力 8. 具有一定的决断能力和创新能力 9. 具有战略思考能力 10. 具有较强的市场观念、成本观念、质量观念、创新观念和效益观念 11. 具备团队建设能力 12. 具备良好的沟通能力 13. 具备极强的执行力
个性要求	1. 性格稳重 2. 执行力强 3. 具有良好的团队合作精神 4. 能够承受较大的工作压力 5. 具有强烈的责任心 6. 具有敬业精神

七、工作环境	
工作设备	台式计算机、笔记本计算机、扫描仪、音频记录器
工作地点	办公室或车间
工作时间	正常工作时间。根据工作需要，有时需出差

四、销售部主管工作说明书

销售部主管是许多企业都会设置的工作岗位，其日常工作程序性不强，工作内容较为繁杂，此处呈现叙述式的工作说明书范例，如表4-8所示。

表 4-8　叙述式的销售部主管工作说明书

一、工作标识

岗位名称	销售部主管	所属部门	销售部
岗位编码		直接上级	销售经理
岗位定员		直接下级	销售代表、销售文员
工资等级		分析日期	

二、工作概述

负责与客户进行信息沟通，维护并服务客户；协助销售经理完成销售部门的日常任务，以确保企业销售任务的完成

三、工作职责与任务

（一）监督销售活动

1. 监督销售人员的工作绩效

2. 监督销售活动工作进度

（二）执行预算与核对

1. 准备财务文件、报告和预算

2. 检查财产或产品状况

3. 检查产品或材料的库存

4. 保留销售或其他业务交易的记录

（三）指导和考核下属工作

1. 培训销售人员

2. 为员工提供执行复杂任务的指导

3. 评估员工工作绩效

（四）联系客户并处理反馈

1. 收集客户或产品信息，确定客户需求

2. 回答客户有关商品或服务的问题

3. 向内部传递客户反馈

4. 跟进客户问题解决情况

（五）开展部门销售业务

1. 制定运营政策

2. 制订销售计划或策略

3. 分析市场状况或趋势

4. 向员工分配职责或工作计划

5. 协调销售活动

6. 与技术人员讨论产品或服务的设计

7. 联系当前或潜在客户

8. 准备销售合同

（六）完成上级委派的其他任务

四、工作绩效标准

（一）信息沟通及时准确

（二）客户反馈问题及时传达并使客户得到满意的处理结果

（三）销售活动进展顺利，销售额保持增长

（四）财务核算准确清晰

（五）下属绩效均能达到公司考核标准

五、工作关系

（一）内部关系

1. 所受监督：在开展部门业务、与客户交流沟通以及执行预算核对过程中受到销售经理的指示和监督

2. 所施监督：对下属工作情况以及销售部门业务开展情况进行监督，并对下属工作进行绩效考评

（二）外部关系

在开展业务过程中与政府机关、竞争企业及合作单位保持联系

六、工作权限

（一）对市场调研方案和计划的建议权

（二）对市场部日常管理工作的建议权

（三）对销售制度执行情况的督办权

（四）对市场调研工作情况的督办权

（五）对下属销售工作的指导权

（六）对部门下属工作争议的裁决权

（七）对直接下级工作奖惩的建议权

七、任职资格

（一）知识及教育水平要求

1. 大学本科及以上学历，市场营销、经济管理等相关专业

2. 熟练运用计算机办公软件、网络制图软件等

3. 具有良好的英语听说读写能力

4. 具备基础的人事管理相关知识

5. 了解销售和市场营销的策略和方法

6. 熟悉文件记录管理及其他办公程序

7. 了解销售相关的政策法规

8. 熟悉国内外同类产品的市场销售动态

（二）技能技巧要求

1. 良好的倾听与沟通能力

2. 灵活运用市场开发与营销战略的能力

3. 优秀的组织协调能力

4. 良好的分析与评估能力

5. 良好的判断与决策能力

6. 敏锐的社交感知力

7. 良好的说服力与谈判能力

（三）工作经验及培训要求

1. 至少有 4 年以上的相关工作经验以及 1 年以上的管理经验

2. 需接受为期 1 周的在职培训

（四）其他要求

1. 具有抗压能力，诚实可靠

2. 具有领导力和成就动机

3. 工作主动，注意细节

4. 具有合作精神

八、工作环境

1. 一般在办公室内工作，环境宜人，照明条件良好。需要经常出差
2. 通常在公司制度规定时间内工作，有时需要加班

五、财务部经理工作说明书

在公司的实际运营中，财务部经理要做的不仅仅是简单的财务核算并提供相关财务报告，更需要为企业全面发展提供建设性意见。表4-9 为一个叙述式的财务部经理工作说明书的编写范式（刘卯秀，2006）。

表4-9　叙述式的财务部经理工作说明书

一、工作标识

岗位名称	财务部经理	所属部门	财务部
岗位编码		直接上级	财务总监
岗位定员		直接下级	管理会计、成本会计、出纳员等
晋升岗位	财务总监	轮换岗位	

二、工作概述

负责组织会计核算和财务管理工作，控制公司成本费用，分析公司财务状况

三、工作职责

1. 根据公司发展战略，组织制定财务规划
2. 参与重大财务问题决策
3. 关注外部资金市场动态，及时为公司重大经营决策提供信息支持
4. 根据公司经营目标，组织和指导各部门编制财务预算
5. 根据公司经营状况，组织审核并修正财务预算
6. 定期组织财务决算，组织制作决算报告
7. 组织公司成本估算，提出控制指标建议
8. 监督产品采购、入库、保管与出库工作，定期组织盘存，确保记账真实准确
9. 定期组织清查核算固定资产与流动资产
10. 定期组织税务筹划
11. 定期组织编制会计报表
12. 定期组织编制财务状况说明书，分析公司当期财务能力并提出建议
13. 监督公司资金预算的执行
14. 制订年度、月度资金计划

四、工作权限

1. 对公司投资项目具有评价权
2. 对公司筹资方式具有建议权
3. 对公司购销合同具有审批权
4. 对各部门提交的预算报告具有建议权
5. 对下属上报的预算报表具有审批权
6. 对下属工作具有检查权
7. 对下属工作争议具有裁判权
8. 对各项费用支出具有审核权
9. 对下属业务水平和业绩具有评价权

续表

五、关键绩效指标

1. 重要任务完成情况、财务报告完成及时性、财务信息有效性、财务工作准确性、财务预算控制情况、财务制度健全情况

2. 部门费用控制情况

3. 部门合作满意度

4. 领导能力、决策能力、沟通能力、协调能力、影响力、判断力、计划与执行能力、专业知识技能

六、任职资格

1. 教育背景：财务管理相关专业，本科以上学历

2. 培训方向：财务管理、会计培训

3. 工作经验：具有 2 年以上财务管理经验和 5 年以上会计工作经验

4. 知识技能：熟练使用英语；精通会计知识、财务管理知识、相关行政知识、法律知识；熟练运用各种办公室软件和财务管理软件

5. 个人素质：具有较强的领导能力、决策能力、沟通能力、协调能力、影响力、判断力、计划与执行能力、专业知识技能

七、工作环境

1. 工作场所：办公室

2. 工作时间：正常，偶尔加班

3. 环境状况：舒适

4. 危险性：基本无，无职业病风险

5. 使用设备：计算机、计算器、一般办公设备

 课程思政

1. 工作说明书的编制要在调查研究的基础上，结合企业的实际情况开展，不能全盘借鉴，更不能闭门造车，工作分析如此，企业管理如此，我们伟大的祖国发展亦是如此。所以，我们选择中国特色社会主义道路是完全正确的，我们要坚定道路自信。

2. 编制工作说明书中的工作规范（任职资格）时，要遵照法律法规要求，不能设置就业门槛，避免产生就业歧视。这就要求我们要牢牢把握社会主义和谐劳动关系的核心要义，要积极构建新时代中国特色社会主义和谐劳动关系，要在人力资源管理具体工作中做到遵法守规。

3. 工作说明书中工作规范（任职资格）的具体内容既不要过度拔高，也不要随意降低，而是要结合企业的实际情况进行编写，这也体现了我们要坚持实事求是的原则。人力资源从业者要认真负责地做好劳动者的分级分类工作，将合适的人匹配到合适的岗位，力求实现人尽其才、才尽其用，促使劳动力资源能够得以精准匹配，为建设人才强国贡献智慧力量。

读书推荐

《管好岗位用对人》

出版信息：郭晓英编著，北京理工大学出版社 2017 年出版。

内容概要：本书着力于帮助企业建立有效管理模式，进行科学管理分析并提出相应措施。具体到不同的模块，书中对企业内每项管理工作均进行了细致划分——岗位管理、人岗匹配、选人、用人、留人等，为管理者进行实践提供充分参考。

推荐理由：不同于管理学教科书，《管好岗位用对人》一书因势利导，在向读者传递相关管理方法及方式时引入大量案例，通过案例教会读者如何将书中理论知识应用至具体管理实践之中，实际工作场景的引入将引起读者的极大共鸣。比如，本书第五章"莫让'浮云'遮望眼——识人的智慧"通过对工作场景中人员的表情、言语、举止等进行细节描述，使读者如身临其境，更真实地学习到职场中的识人技能。

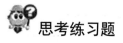

思考练习题

学以致用

请选择自己感兴趣的一个公司的某个岗位，利用在本章学习的知识，查找相关信息，制作一份该岗位的工作说明书。

案例分析

某公司人力资源部经理的工作说明书

参考文献

[1] 刘剑锋. 企业组织结构重建中工作说明书的编制——以某集团公司全资子公司 A

为例[J]. 晋中学院学报，2013（2）：42-44.

[2] 陶建宏. 人力资源管理理论与实务[M]. 北京：中国经济出版社，2016.

[3] LAUREN E M, LESLEY R D, HOLLY K O, et al. Innovations in job analysis: Development and application of metrics to analyze job data[J]. Human resource management review, 2006, 16(3): 310-323.

[4] 陈彩琦，马欣川. 工作分析与评价[M]. 武汉：华中科技大学出版社，2017.

[5] 杨静. 做好工作说明书编写工作 提高人力资源管理效率[J]. 中国经贸导刊，2015（2）：31-32.

[6] DUCEY A. What is the use of job descriptions?[J]. Working USA, 2004, 6(2): 40-55.

[7] 王阳. 如何写好职位说明书[J]. 中国劳动，2007（1）：45-46.

[8] 初鸣. 工作时间、环境与营业员工作效率[J]. 商业经济与管理，1988（3）：66.

[9] SIMS J M , FOXLEY C H . Job analysis, job descriptions, and performance appraisal systems[J]. New directions for student services, 1980(9):41-53.

[10] 吴春波. 华为的素质模型和任职资格管理体系[J]. 中国人力资源开发，2010(8)：60-64.

[11] 国务院关于印发国家职业教育改革实施方案的通知[EB/OL]. (2019-02-13) [2022-10-01]. http://www.gov.cn/zhengce/content/2019-02/13/content_5365341.htm.

[12] 潘泰萍. 工作分析：基本原理、方法与实践[M]. 2 版. 上海：复旦大学出版社，2018.

[13] 满泽亮. 编制职位说明书的关键点分析[J]. 人口与经济，2004（S1）：138-140.

[14] 周伟. 从身高到基因：中国反歧视的法律发展[J]. 清华法学，2012, 6(2)：15-30.

[15] 付亚和. 工作分析与工作说明书生成系统[J]. 中小企业管理与科技，2007（05）：38-42.

[16] 李燕萍，翁艳娟. 岗位说明书的编写误区及其修正[J]. 企业改革与管理，2007（6）：54-55.

[17] 彭剑锋，朱兴东，张成露. 职业分析面临的问题及应对策略（续）[J]. 中国人才，2003（8）：33-35.

[18] 郑大奇. 职位说明书与员工手册范本[M]. 北京：企业管理出版社，2010.

[19] 胡八一. 岗位说明书案例精选[M]. 广州：广东经济出版社，2004.

[20] 韩明，包庆华. 人力资源职务说明与管理制度范本[M]. 北京：中国纺织出版社，2007.

[21] 刘卯秀. 新编岗位说明书精选[M]. 广州：广东经济出版社，2006.

第五章
工作分析的应用

管理是一种实践，其本质不在于"知"而在于"行"。

——美国著名经济学家　彼得·德鲁克

 **本章框架**

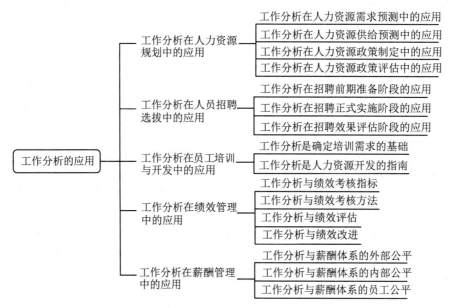

学习目标

- ➤ 了解工作分析在人力资源规划中的应用
- ➤ 掌握工作分析在人员招聘选拔中的应用
- ➤ 了解工作分析在员工培训与开发中的应用
- ➤ 熟悉工作分析在绩效管理中的应用

> ➢ 掌握工作分析在薪酬管理中的应用

引例

工作分析真的无法在实践中应用吗？

Z 公司是我国的一家大型汽车制造公司，由于公司规模的扩大及员工数量的增多，其人力资源管理开始出现诸多问题。

为了改善公司的人力资源环境，Z 公司决定从工作分析入手，寄希望于工作分析可以为公司人力资源管理工作提供充足的信息。在参阅相关工作分析资料后，人力资源管理部门制定了一份职位分析问卷，要求各部门经理将该问卷发放给部门的所有员工进行填写。一个月之后，人力资源部门对问卷进行回收，结果却发现，员工或由于任务繁重，或由于对问卷中的作答规范不甚了解，实际填写效果令人很不满意。

在问卷发放的同时，人力资源部门也对部分员工进行了访谈工作。但是，由于人力资源部门中只有人力资源经理可以与其他部门经理对话，而经理们平时又都有许多工作任务，很难抽出时间聚在一起进行访谈，因此访谈工作进度十分缓慢。与此同时，在与少数可进行访谈工作的经理的交谈中，人力资源经理发现，访谈期间部门经理花费了大量时间抱怨工作繁重等事项，却对本部门工作职责等只字未提。这也使得访谈工作收效甚微。

由于时间的限制，在问卷工作及访谈工作均不尽如人意的情况下，人力资源经理仍被迫马上进入工作说明书撰写阶段。由于工作岗位信息大量缺失，人力资源部门员工只能东拼西凑，甚至在工作说明书中加入自己的大量想法，公司数十个乃至上百个岗位的工作说明书在两个星期内仓促完稿并下达至每个部门，要求各部门按照说明书要求进行招聘、培训、薪酬管理等工作。在进行了一段时间的实践之后，这些岗位说明书遭到各部门经理的强烈反对，认为这些工作说明书不仅没有帮助他们顺利完成日常工作，反而拖了他们的后腿。（潘泰萍，2018）

从以上引例可以看出，如果无法将工作分析充分应用到公司运行的实践之中，人力资源工作将缺乏一定的岗位职责指引，这将导致各项工作结果无法满足现实需要，甚至会导致人力资源系统内出现难以逆转的恶性循环。因此，只有将工作分析与人力资源管理有效融合，才能使人力资源工作依据明确的岗位职责进行。本章介绍了人力资源管理中人力资源规划、人员招聘选拔、员工培训与开发、绩效管理、薪酬管理等主要功能的关键概念，在此基础之上结合具体案例剖析工作分析在实践工作中的具体应用，以阐明工作分析如何与人力资源管理工作有机结合。

第一节 工作分析在人力资源规划中的应用

作为人力资源管理的起点，以企业战略为立足点的系统人力资源规划可避免人浮于事现象的出现，大大提高组织内部人事匹配程度并有效降低企业的人工成本，而将工作分析充分应用于人力资源规划工作中，则更有利于提高人力资源管理工作的整体效率，从而取得事半功倍的效果。

一般而言，人力资源规划包括如下 4 个步骤：① 对人力资源需求进行预测。依据市场需求、转换比率法、趋势外推法等方法进行人力资源需求预测，实现对企业人力资源需求、结构、增量与存量及特种人力资源的预测。② 对人力资源供给进行预测。综合考虑企业内部流动、自然流失、就业意愿、劳动力市场发育情况等多种内外部因素对企业内外部的人力资源供给进行预测。③ 制定人力资源政策。将人力资源需求预测结果与人力资源供给预测结果进行比较，判断企业人力资源是供需平衡、供不应求还是供大于求。要求人力资源管理人员制定相关人力资源政策，以使企业人力资源逐步达到供需平衡状态。④ 对人力资源政策进行评估。在相应政策施行一定时间后，相关部门需要对人力资源供需政策进行评估，以考察政策是否达到预期效果，避免政策无效给企业带来更大的损失。事实上，工作分析在每个环节中均发挥着至关重要的作用。工作分析在人力资源规划四大环节中的应用有利于提高人力资源规划工作的有效性和科学性（葛玉辉，2011）。

一、工作分析在人力资源需求预测中的应用

工作分析可应用于人力资源总体需求预测和具体岗位人力资源需求预测。

对于人力资源总体需求预测，作为工作分析的结果，组织文化及组织发展环境结果可以对未来组织人力资源的总体数量和质量进行预测分析，也可以对人力资源总体结构进行预测，包括年龄结构、知识多样性结构、知识等级垂直分布结构等。例如，若工作分析结果显示组织文化倾向于富有活力，则人力资源年龄结构应侧重于往年轻化方向进行构建；若工作分析结果显示企业属于高度专业化组织，则人力资源需求预测将更倾向于扁平化知识多样性结构；而当工作分析结果显示员工间较大的知识等级垂直分布距离更有利于组织未来发展时，人力资源需求则需要追求适合的知识等级垂直分布差异。

对于具体岗位人力资源需求预测，作为工作分析的最终成果，工作说明书及工作规范可以清晰地表明岗位对应职责是否满足组织未来发展的需要，以及现有员工能力是否与岗位职责要求相适应，并且能够准确把握每一个岗位的人员未来流向（包括外部流失、内部流动和自然流失），从而确定现有岗位的人员数量缺口和质量缺口，以明确未来的人员补充类型。

二、工作分析在人力资源供给预测中的应用

人力资源供给预测分为人力资源内部供给预测和人力资源外部供给预测，工作分析可为其提供内部人员流动趋势及岗位任职要求信息。

对于人力资源内部供给预测而言，工作分析主要为其提供组织内部人员流动的具体信息，包括职位晋升及降级情况、可进行平级人员调动的相应岗位等，这些信息成为人力资源内部供给预测的重要依据。例如，在运用人员配置图的人力资源供给预测方法时，常常需要将工作分析得出的工作说明书的相关内容作为制图依据。工作说明书中关于工作关系的描述清晰地介绍了该工作的上下级职位（即可晋升或可降级的职位）及同等级

别职位，根据工作关系可以找到对应职位及其工作说明书，其中有关任职资格的描述可用于判断哪些员工符合调动、晋升或降级的资格（姚月娟，2017）。

对于人力资源外部供给预测而言，工作分析对人力资源外部供给提出了更多岗位任职具体要求，进行外部招聘时需要按照相应的岗位规范进行人才选拔，只有符合岗位任职标准的应聘人员才是组织真正需要的人力资源。例如，某互联网企业项目经理职位的有关工作分析文件要求应聘者需要具备 3 年以上该行业的从业经验，并且必须是计算机相关专业本科学历等，那么在对应聘人员进行筛选时，必须按照这些条件进行相应的选拔，才能找到与组织要求相匹配的供给人员，否则外部招聘工作将变得没有任何价值。

例证 5-1

基于工作分析的卫生服务团队人力资源配置

三、工作分析在人力资源政策制定中的应用

在人力资源需求预测工作及人力资源供给预测工作完毕后，根据人力资源规划流程，需要将需求预测结果与供给预测结果进行对比，从而预判企业的人力资源状况：人力资源是供需平衡，还是供不应求，抑或是供过于求。

（1）若组织人力资源处于供需平衡的状态，则可维持现有工作分析结果（如工作说明书和工作规范），在此基础上做适当调整而不进行较大幅度的变动。

（2）当组织人力资源供过于求时，企业可以考虑如下 3 个举措：① 着重根据工作分析结果评估员工能力是否与对应岗位职责相匹配，裁减部分对企业边际贡献过低的员工，以尽可能消除冗员过多的现象；② 重新审视工作说明书等工作分析成果，同时综合考虑员工对裁员措施的抵抗程度及企业社会责任，判断是否有必要对工作职责进行分解，将部分工作一分为二甚至一分为多，让部分工作重叠的员工流向新增工作岗位，并根据新增岗位的新工作说明书要求对员工进行针对性培训，以使其快速适应新工作；③ 缩短工作时间，以应对人力资源供过于求的问题，同时达到不裁员且提高员工凝聚力的目的。

（3）当组织人力资源供不应求时，企业首先需要综合考虑各个岗位的工作分析内容，判断人员空缺的岗位是否有必要存在或是否有岗位对应职责高度重叠而需要合并，尽可能提高每个岗位的饱和度。如果工作职位的任务达到饱和，则不考虑扩展工作职责；若任务强度未达到饱和，企业可以考虑适当扩展该职位的工作职责。其中，所涉及的扩展工作职责类型和强度需要以工作说明书和工作规范等工作分析结果为依据进行分析，同时还需对处于该工作岗位上的员工能力进行评估，若员工能力不足以承担新扩展的工作职责，则需要对员工进行相应的技能培训。而在工作职责扩展之后，企业部分岗位的职责和任职要求会发生相应的变化，因此需要进行新一轮的工作分析以确定新的工作标准。

值得一提的是，如果在进行工作职责扩展之后企业人力资源仍供不应求，说明企业人力资源的供给不足更多的是由员工过少导致的。此时，企业可通过增聘雇员的方式使企业人力资源达到供需平衡状态，在此过程中应根据工作分析结果中岗位职责有关信息进行内部招聘和外部招聘，使招聘工作具备明确的标准。

四、工作分析在人力资源政策评估中的应用

在人力资源政策实施之后，需要对政策实施的效果进行评估和反馈，并根据反馈的结果对原有的人力资源政策进行适当的调整、修改和完善。评估的具体内容包括如下几个方面：新任职者的能力是否达到岗位要求、供过于求时所采取的员工裁减措施是否达到预期效果、政策实施后组织人力资源是否达到供需平衡状态等。这些问题的答案均需要通过工作分析结果的答案进行检验。

第二节　工作分析在人员招聘选拔中的应用

一个企业的员工在一定时期内可能相对稳定，但是在较长的时间里，企业的员工存在一定的动态性和流动性，即一些原有的员工会流失，而一些新的员工会进入。因此，企业需要通过校园招聘等渠道招聘和引进人才，以维持企业内部员工的动态平衡。作为企业常用的一项人力资源管理工作，人员招聘需使用最明确的招聘标准，采用最规范的招聘程序，并且进行最准确的招聘评估。而工作分析作为一项基础性的工作，贯穿人力资源招聘的整个流程，包括前期准备阶段、正式实施阶段以及招聘效果评估阶段。工作分析可以为招聘工作提供充分且精确的信息，有效提高招聘工作的成功率。

一、工作分析在招聘前期准备阶段的应用

根据招聘来源，招聘工作可分为内部招聘和外部招聘两种方式。因为外部招聘成本相对较高，所以当企业内部存在职位空缺且需要补充新员工时，企业需要先根据该岗位的工作说明书，从工作关系一栏找到其上下级岗位及同等级别岗位，并对所处这些岗位的员工进行一一考察，如果存在冗员情况，则可对相应员工的能力进行衡量，同时参照空缺岗位的职责要求，通过提拔、平级调动等方式将符合条件的内部员工调到需要的岗位，以减少招聘的成本。如果工作分析结果认为企业内部人员无法满足空缺岗位的职责要求，那么企业则不得不采取外部招聘行动，并首先根据工作说明书的相关内容确定招聘广告的具体信息。与此同时，企业还需要根据工作分析结果中所显示的岗位性质，选择合适的招聘渠道进行外部招聘活动，以确保招聘到的人员与岗位具备较高的匹配程度。

（一）招聘广告的制定

招聘广告可以向应聘者提供一系列关于企业和岗位的信息，其对应聘者的素质及应聘者与岗位的匹配程度具有重大影响，因此成功的招聘广告是降低招聘成本的关键。

例证 5-2

应聘者云集不一定意味着成功

　　从例证 5-2 可以看出，设置"形象良好"这一与工作无关的条件导致许多不符合要求的应聘者前来申请，招聘广告中具体岗位任职条件的缺乏致使企业承担一定的代价。因此，进行招聘广告设计时应充分利用工作说明书中的相关内容以提高广告内容饱和度，努力提高应聘者与岗位匹配程度及招聘工作有效程度。

　　具体而言，招聘广告的主要内容应包括职位名称、工作内容和招聘条件，这 3 个方面的具体信息需要根据工作说明书中的相关内容进行提取和转换。首先，工作说明书中的工作标识可直接作为职位名称出现在招聘广告上；其次，广告中的工作内容具体信息来源于工作说明书中的工作概要和职责，但为遵循广告的精简原则，需要在投放招聘广告前对其中的关键信息进行归纳提炼，力求让应聘者了解本岗位最主要的工作职责；再者，作为招聘广告的重点，招聘条件的主要信息来自工作规范，由于广告篇幅有限，同样需要对工作规范内容进行提炼，并且更多涉及学历、技能、经验等"硬"条件，诸如操作能力等其他"软"条件可以留待面试阶段进行考察，无须占据招聘广告版面。

例证 5-3

基于工作说明书的腾讯招聘广告

（二）招聘渠道的选择

　　在招聘广告设计完毕后，企业选择何种渠道传递招聘信息同样重要。招聘渠道的选择也需要在工作分析的基础上进行。例如，如果工作分析的结果认为某一岗位不需要任职者具备任何工作经验，而是更看中任职者的未来潜力，那么企业可以选择校园招聘的渠道进行招聘；如果工作说明书中指明本岗位职责需要高技能人才承担，则企业可考虑通过专场招聘或猎头公司的招聘途径引进高素质人才；而若工作说明书中岗位职责等级较高且急需人员迅速上任，企业可以通过员工推荐的方式寻找到市场上的高级管理人员或市场短缺的专业技术人才，这样既缩短了招聘时间，降低了招聘成本，又因为推荐双方相互了解，从而提高招聘准确率。

二、工作分析在招聘正式实施阶段的应用

（一）候选人资料筛选阶段

对候选人的资料进行筛选是招聘实施过程的一个重要阶段，企业通过合理的招聘广告以及招聘渠道可以收集到符合公司岗位要求的应聘者资料，工作分析可以帮助企业对这些候选人进行初步的筛选，同时提高筛选的质量和效率。具体而言，企业通过将求职申请书中应聘者的学历、专业、相关工作经验、资格认证等硬性的条件与工作说明书中的教育程度、工作经验、资格认证等相关的内容进行一一对照和比较，以确定应聘者是否具备承担该岗位工作职责的能力。例如，一个企业需要找一名总部人力资源经理以负责日常劳动关系管理工作，如果该岗位的工作规范明确指出担任该工作的人员必须取得人力资源管理师二级证书，且需要有 10 年以上同等级别工作经验，则组织需要审查候选人的求职申请书中是否涉及人力资源管理师二级资格认证及相关工作经验时长，如果任意一个条件不满足，则需要筛除。

（二）面试阶段

如果说候选人资料筛选阶段更加注重结合工作分析以审查应聘者的硬性条件，那么在面试阶段中，企业则需要根据工作说明书的相关内容对应聘者的软性条件进行分析。面试主要考察应聘者知识、能力与经验等指标，这些指标与工作说明书中的相应指标对应。由于这些指标难以被直接衡量，因此招聘人员需要把工作说明书的相关内容在脑海中间接转化为深层次感知，通过提问和观察等方式对应聘者进行考察。

例证 5-4

以工作说明书为依据的面试评价表

值得一提的是，工作分析结果主要涉及相关职位的基本知识、能力和经验等，多数指标通过提问的方式即可进行考查。此外，如果工作说明书中不涉及更高的职位能力要求，则需要通过更多的观察手段分析应聘者的能力。也就是说，工作说明书仅对工作职位的最低能力要求进行描述，而不涉及高层次的胜任力特征。因此，目前我国企业进行招聘时暂时无法依靠工作分析为胜任力模型在招聘中的应用提供相应的评判标准。

（三）候选人选拔阶段

企业对应聘的候选人进行面试之后，就进入候选人最终选拔和确定的阶段。在这一阶段，企业可以通过能岗匹配的工作对人员进行筛选，通过全面比较各候选人全方位的能岗匹配程度，选出最符合工作规范要求的应聘人员。表 5-1 展示了企业在候选人最终选

拔和确定的阶段可以参考和借鉴的能岗匹配表。

表 5-1　能岗匹配表

应 聘 岗 位	应 聘 者
基 本 情 况 要 求	基 本 情 况
1. 年龄：	1. 年龄：
2. 专业：	2. 专业：
3. 学历：	3. 学历：
4. 过去经历：	4. 过去经历：
基本情况匹配程度：	
性格特征要求：	性格特征：
性格特征匹配程度：	
能力要求：	能力情况：
能力要求匹配程度：	
总体匹配程度：	

三、工作分析在招聘效果评估阶段的应用

企业确定最终的人选后，会要求新任职的员工进行一段时间试用，一方面可以帮助员工尽快适应新的工作环境，另一方面可以帮助企业评估招聘的效果，判断员工与工作的真实匹配程度（祝士苓，2007）。为较为全面地评估招聘效果，企业会在新员工试用期内对员工进行定期考核，考核的主要内容包括如下两个方面：① 员工的工作能力、工作绩效是否可以达到本岗位工作职责的要求；② 试用期内，员工是否因为逐步适应组织环境而提高了绩效。

第三节　工作分析在员工培训与开发中的应用

当前许多企业已经认识到员工培训与开发工作对企业整体的战略意义。一些企业通过不断挖掘员工的工作需要，对其进行针对性的培训与开发管理工作，这在一定程度上可以切实提升员工个体的能力和素质，并不断提升组织的适应能力和竞争能力。培训工作与开发工作的侧重点不同，培训工作的主要内容涉及员工工作中所需要的基本知识和技能，较注重员工个人当前的发展和提升；开发工作的主要内容是通过正规教育、在职实践、人际互动、能力测评等活动培养员工未来发展的潜力和能力，更注重员工未来的长远发展。培训与开发工作对组织绩效的作用至关重要，精准地确定培训与开发的对象及内容，科学合理地安排培训与开发工作是一项系统性的工作，需要依靠工作分析的帮助。

一、工作分析是确定培训需求的基础

完整的培训流程包括 4 个环节，即培训需求分析、培训计划制订、培训活动实施和

培训效果评价。作为培训流程的起点，培训需求分析是决定培训工作成败的关键环节，倘若企业在不明确员工培训需求的前提下，采用一系列无效的培训措施，则该组织的培训工作不仅花费了一定的时间成本、经济成本以及人力成本等，还无法达到提升组织绩效的最终目的。企业只有做好培训需求分析工作，才能做到有的放矢，真正提高培训效果，从而实现员工个人价值提升与组织绩效提高的双赢。做好培训需求分析，需要充分应用工作分析，以提高需求分析的准确性，这也是工作分析在整个员工培训流程中的主要应用。

培训需求分析包括 3 个层面：组织分析、任职资格分析和人员分析。

（1）组织分析，即基于组织战略和目标，分析各类员工所需具备的知识和技能，形成组织人力资源需求，并与组织现有人力资源做比较，从中找出组织层面的差距，进而确定是通过招聘还是培训的方式加以解决。简而言之，组织分析在某种意义上是为了回答"是否需要对组织整体进行培训"这个问题。

（2）任职资格分析，即结合工作职责、工作任务、工作环境等因素对组织内每一个具体的职位进行分析，推导出担任该职位的员工需要具备的知识、能力与技能。

（3）人员分析，即对各职位现有员工的知识、能力与技能进行全面分析，并与任职资格分析得到的结果相比较，得出具体岗位上的员工现有水平与标准任职资格的差距，以此确定培训需求（陈国海等，2019）。

可以看出，不同于组织分析，任职资格分析和人员分析侧重于从个体层面进行培训需求分析。而无论是组织分析、任职资格分析还是人员分析，各层面的培训需求分析均可以充分应用工作分析以找到培训需求点。

（一）工作分析在组织分析中的应用

工作分析主要通过构建组织内部人力资源信息系统及提供工作场景信息两种方式实现在组织层面培训需求分析中的应用（吴远卓等，2017）。组织内部人力资源信息系统的建立可以帮助组织洞悉现有人力资源状况，以便于与组织目标人力资源结构做比较并找出数量及质量上的差距。而提供工作场景信息所涉及的是诸如工作成本、工作流程、产品服务等面临的问题，其中，一些问题对组织整体发展具有极其重要的影响，但是部分组织尚未将其纳入培训体系之中。而借助工作分析，企业可以清晰地了解问题的重要程度及其具体内容，从而确定培训需求。

（二）工作分析在任职资格分析中的应用

任职资格体系内容有显性与隐性之分。显性内容不仅包括知识、技能，还包括组织能力、计划能力、信息收集能力等，这些内容与员工的能力息息相关。不同于显性内容，任职资格体系的隐性内容主要包括动机、信念、价值观等个性特征。显性内容与工作分析结果中的知识、技能、素质要求等相匹配，而隐性内容与工作说明书中的具体个性特征要求相呼应。需要指出的是，由于隐性内容难以衡量且较难改变，因此在实践中主要将工作分析结果应用于任职资格显性内容需求分析上，由此形成的常见岗位任务清单具体问题包括任务的执行频率、任务的具体完成时间、任务对取得良好工作业绩的重要程度、学习任务的难度系数、任务对员工的标准要求等，这些题项的具体设置需要通过运用现场观察、访谈等工作分析方法完成。在形成明确的岗位任务清单之后，可以通过举办主题专家会议进行进一步工作分析，以确定工作任务清单中的关键性因素，并确认清单的整体有效性。在此之后，企业将再次运用工作分析方法，以访谈、调查问卷的形式明确筛选出任务清单中岗位要求的能力要求。从任职资格分析的整个流程可以看出，工作分析在任职资格分析中的应用确实无处不在，工作分析方法甚至成为串联起任职资格分析每个步骤的主要手段。表 5-2 展示了工作分析在任职资格分析中的实际应用。

表 5-2　基于工作分析的任职资格分析

工 作 岗 位	客 服 专 员
职责概述	通过电话、社交软件或电子邮件等形式，负责对客户的疑问进行解答和处理
具体职责 （打钩项为重要职责）	1. 售前进行产品介绍，引导客户尽快达成交易 2. 售中及时跟进订单情况，发现物流异常及时向上级汇报 3. 对于客户反馈的退换货、投诉等问题须在 24 小时内进行答复（√） 4. 售后分别以 7 天、1 个月为期限对客户进行两次回访（√） 5. 对客户的要求和投诉进行整理，以周为单位定期向上级汇报产品改进方案 6. 对客户资料进行整理归档
现阶段的 不足之处	

（三）工作分析在人员分析中的应用

有了任职资格分析得出的岗位标准要求作为基础，企业还需要通过相关工作分析方法进行人员分析工作，以找出实际运行与理想状况之间的差距，具体分析项目包括个人考核绩效记录、员工自我评价、知识技能测验、员工态度评价等。只要基于科学的工作分析方法进行任职资格分析和人员分析，就能够在很大程度上确保所找出的培训需求点的精确度。当然，任职资格分析结果和人员分析结果总会存在一定程度的差异，企业并不一定要对所有存在差异的人员开展培训工作，在制订培训计划前必须做好成本收益分析。只有培训为企业带来的收益大于企业的培训成本，才能考虑将此差异纳入企业的培训计划之中。

由此可见，工作分析得出的人力资源要求对确定培训需求具有基础性作用。其实，工作分析结果中的其他内容同样能为培训流程的其他环节提供帮助。例如，制订有效培训计划需要明确培训时间、培训人员及培训内容，这些均可在工作说明书中的工作时间及工作环境特征分析中找到依据，从而帮助企业科学地安排培训工作，避免培训工作与员工日常工作相互间产生不利影响（陈彩琦等，2017）。另外，在培训效果评价阶段，对培训效果的评价需要具备一定的标准，这种标准可以由工作分析得出的工作职责转换得到，这能够使组织较为准确地衡量培训效果的好坏（周亚新等，2010）。

例证 5-5

工作分析在护士分层培训项目中的应用

二、工作分析是人力资源开发的指南

培训工作主要针对员工基本专业技能进行训练，而人力资源开发工作注重帮助员工进行职业生涯规划，培养员工未来应具备的、能够促进企业持续发展的高级知识和技能。员工职业生涯的设计和规划需要综合考虑组织因素、工作因素和个人因素，而后两者所涉及的关键信息均可由工作分析得到，因此工作分析有助于企业在人力资源开发工作中综合考虑各种因素，进而成为人力资源开发工作的指南。

一方面，工作说明书可以为员工提供关于工作的相关信息。例如，工作说明书中指出的岗位关系可以帮助员工理解各个岗位在组织中的位置以及岗位的具体职责要求，帮助员工确定未来职务晋升方向与空间，提前训练和提升自己的职业技能，做好未来的职业发展规划。另一方面，工作说明书为员工提供了更多的信息，可以帮助员工清晰地了解自己当前的工作情况及表现、个人技能特点以及相关的职业困惑和需求，同时方便组织对员工进行有针对性的提升职业技能的培训和提供相关的咨询服务。

第四节　工作分析在绩效管理中的应用

绩效管理是指识别、衡量和发展个人和组织的绩效，并使绩效与组织的战略目标保持一致的过程（阿吉尼斯，2013）。也就是说，绩效管理的对象不仅包括组织的整体绩效，还包括员工层面的个人绩效。绩效管理应为正确的绩效结果而遵循正确的过程，完整的绩效管理过程包括绩效计划制订、绩效计划实施、绩效评估、绩效反馈面谈和绩效改进（安斯沃思等，1993），而要想取得高准确度的绩效结果，将工作分析充分应用于整个绩效管理中的各个环节同样必不可少。

一、工作分析与绩效考核指标

进行绩效管理时需要有明确的考核标准才能对员工进行科学的绩效评估，因此确定绩效考核指标成为制订绩效计划的重要一环。如果绩效指标制定不合理，将给员工乃至组织带来极大的不利影响：当绩效指标设置得过高时，初期员工可能会努力尝试达到该绩效目标，但当员工多次尝试后发现实现目标的可能性微乎其微时便会放弃努力，回到原来的工作状态，甚至消极对待工作，同时对组织抱有怨言；而当绩效指标设置得过于接近员工的实际水平，甚至低于实际工作强度时，员工可以轻松达到绩效目标，虽然表面的绩效完成率十分可观，实际上却可能导致员工偷懒现象频发，对组织有百害而无一利。与此同时，不同绩效指标的权重设置向员工间接表达着各项工作的重要程度，如果不进行科学的工作分析，导致指标设置失实，那么在努力实现绩效目标的过程中员工可能错过工作重点，绩效工作也很可能将事倍功半。

（一）工作分析在设置绩效指标中的应用

设置绩效指标时，最关键的是要保证指标的明确性、具体性、可操作性及可量化性。设置科学的绩效指标需基于工作分析结果（如工作说明书），具体工作包括提取和筛选两个阶段。

绩效指标可分为正向绩效指标和负向绩效指标，其中正向绩效指标包括产品质量合格率、出勤率、客户满意度等，负向绩效指标则包括事故率、废品率、次品率、被投诉次数、旷工次数等。一般而言，在绩效指标提取阶段，工作分析更普遍应用于正向指标的提取上。具体而言，当指标设置以结果为导向时，可以在工作说明书的工作描述、工作目的及工作职责中找到职责清晰、易于衡量的工作职责作为初始正向绩效指标；当指标设置以过程为导向且需要找出过程中的关键性指标时，可以遵循关键性和可控性（即所提取指标应是岗位所能直接影响的关键性因素）的基本原则，以工作分析结果为指导，找出整个工作流程中的关键性节点，并对所选出的关键节点进行进一步筛选，以找到对工作流程影响最大的工作节点，该节点将成为初始提取的正向绩效指标。而在整个过程中，恰恰是工作分析的应用使得工作职责细分成为可能，工作节点的重要性排序工作也才能有效进行。此外，无论是提取正向指标还是负向指标，在进行初步指标提取工作之后总会得到大量的候选指标，此时需要进一步根据指标的可操作性和关键性等对指标进行筛选。

（二）工作分析在设置指标权重中的应用

在指标提取和筛选工作完成后，我们将得到清晰的绩效指标任务清单，但此时还存在着一些问题：已有的绩效指标清单中，哪些指标对于工作的完成最为关键？其他指标的权重又应该如何安排？不同指标间权重的设置主要依靠相应指标对工作绩效的贡献程度，而这必然需要工作分析的指导，同时权重的确定还需要考虑指标的可量化性。通过查阅工作说明书中的工作职责一栏，可以较为清楚地判断本岗位对应的各个职责是否容易通过具体数字衡量。例如，银行柜员的工作职责要求柜员须对顾客抱以亲切诚恳的态度，由此对应的负向绩效指标为"客户投诉率"，该指标的计算方法相对简单，即"客户投诉率=客户投诉次数/客户总人数×100%"，对于这种可量化程度较高的指标，在指标权重设置时可以赋予其在指标清单中更高的地位，当然这也要建立在考虑指标重要程度的基础之上。

与此同时，指标权重设置应采取科学的赋权方法，常见的权重分配方法有主观经验法、基准类比法、专家调查法和层次分析加权法等。

（1）主观经验法主要是绩效计划制订者根据其对待定岗位的工作职责与任务的了解，主观确定各项任务在绩效评估中的比重情况。只有计划制订者拥有所评估岗位的经验时，其做出的判断才具有较高的信度（莫格森，2016），但由于绩效计划制订者无法全方位了解企业中每个岗位的具体职责情况，因此工作说明书中的细分职责工作时间占比和工作相对重要性等内容成为权重设置的重要依据。

（2）基准类比法是在绩效指标任务清单中选出相对重要性较低的一项工作职责，并与其他绩效指标进行逐一比较，由此确定每项指标的比重权数，以此权数确定各项指标在总体绩效指标体系中的最终权重。

（3）采用专家调查法需要绩效评价人员组织一批与工作岗位职责相关的专家，通过专家调查法等方法进行指标权重分配工作，或者由专家各自对各指标的重要程度进行打分，然后根据评分情况运用熵值法等相关赋权方法确定各指标权重。

（4）层次分析法是一种定量分析与定性分析相结合的方法，主要通过构建多层次分析结构模型，并对问题进行优劣排序而得到权重结果。

值得一提的是，相对于前面两种方法，专家调查法和层次分析法显然要耗费更多的人力、财力和物力，因此难以应用于企业每一个岗位的绩效指标权重衡量工作之中。在这种情况下，工作分析能为指标权重设置方法的选择提供一定的方向性指导，当工作分析结果认为某一岗位在企业中担任着极其重要的角色，对组织绩效的贡献程度也远远超过其他岗位时，则可以选择专家调查法或层次分析法以提高指标权重分配的科学性；若工作说明书指出某岗位为企业众多执行性岗位中的一员，则在设置权重时采用主观经验法或基准类比法等简单易行的方法即可，无须耗费大量时间和精力，否则权重设置工作将得不偿失。

在各指标及相应权重明确设定之后，完整的绩效指标清单还可根据指标实际情况对指标进行分级管理，以在绩效评估之后根据绩效等级水平对员工采取相应的激励、惩罚或培训等后续措施。经过以上一系列操作之后，每个岗位可以得到相应的绩效指标操作明细表，如表5-3所示。

表5-3　绩效指标操作明细表

指标名称	客户投诉率			
指标定义	客户投诉次数与客户数之间的比较			
指标计算公式	客户投诉次数/客户数×100%			
指标权重	17%			
被考核者	业务部前台柜员			
数据来源	客户投诉记录			
等级定义	S	A	B	C
	5%以下	5%～10%	10%～15%	15%以上

例证 5-6

基于工作分析的行政执法类公务员绩效考核指标体系

二、工作分析与绩效考核方法

常见的绩效评估方法有个体评估方法、群体评估体系、目标管理法（management by objectives，MBO）、平衡计分卡（balanced score card，BSC）、关键绩效指标（key performance indicators，KPI）法、目标和关键成果（objectives and key results，OKR）法等（余泽忠，2016）。在绩效计划制订阶段，不仅需要对绩效指标做出准确设置，还需要指明运用何种绩效考核方法实施绩效计划。例如，倘若使用个体评估方法中的行为观察量表法（behavioral observation scales，BOS），在使用该方法之前需要明确衡量业绩水平，因此需要通过关键事件技术的方式进行工作分析，在此基础上识别工作行为，只有完成这些工作才能进行后续的标度划分、因素分析、要素得分与工作量相关性分析等环节。倘若使用 KPI 法，该方法针对中高层职位及基层职位的操作不尽相同，由于中高层职位负责的领域较为宽广，通过 KPI 便能直接掌握人员的主要业绩，一般不需要依靠工作分析来补充考核指标。但是，对于基层职位而言，由于其涉及的领域相对狭窄，工作也无法直接体现组织的战略目标，而且相当多基层职位缺乏相应的 KPI，因此首先需要企业基于战略分解找到基层职位为数不多的 KPI，在此基础上通过工作分析得到其他考核指标，找到其中同样与组织战略目标密切相关的指标并将其定量化，以弥补 KPI 所忽略的部分，完成指标补充工作。与此同时，基层职位常常存在一些临时任务，需要将其与 KPI 及工作分析相结合，由三者共同构成专属于基层的、较为全面的绩效考核体系。

三、工作分析与绩效评估

工作分析在绩效评估中的主要应用在于工作分析得出的岗位关系为确定相应的绩效评估者和被评估者提供依据。一般而言，普通绩效考核评估工作由岗位上级部门执行，这可以通过工作说明书中的工作关系体现出来。而在实际工作中，经常出现一个岗位不只由一个直接主管进行绩效评估工作的情况，这主要分为两个方面：① 当下级部门进行多业务运营时，其不同业务范畴的绩效考评工作需要由不同的上级业务部门组织，在这种情形下，绩效考评工作更需要依据工作说明书找到相应的上级部门绩效考评负责人，通过沟通协商制定合理的绩效评估体系，根据上级各部门业务在部门间合理分配具体绩效内容，避免考评工作重复；② 当工作分析结果认为某一岗位不仅需要完成上级布置的任务，还需要常常对外与客户打交道时，绩效考评主体便不仅仅是岗位上级部门，而需要同时将客户纳入其中，通过设置客户满意度、投诉率等指标对处于该岗位的员工工作进行全方位评价，而这些都离不开工作分析的支持。

当然，绩效评估工作不仅要明确"谁来评估"，还要回答"多久评估一次"这一问题。关于绩效考核周期的选择，仍然需要基于工作分析而进行，而不是由评估者随机确定评估间隔。绩效考核周期由岗位工作性质决定，因此工作分析得到的工作复杂性或特殊性可以为之提供向导。例如，进行研发工作的人员被评估周期往往相对较长，因为研发工作不确定性相对较高，耗时较长，进行持续性绩效评估工作所得到的绩效结果可能差异较小，这样反而增加了由于过分评估所带来的成本；而当工作分析结果显示相应岗位工作复杂性较低时，则可以缩短岗位绩效评估周期，以避免无法及时观测到程序化工作中出现的较大绩效浮动。

 例证 5-7

商业银行绩效考核工作的乱象

由例证 5-7 可以看出，某些看似是由绩效考核指标体系设置不合理导致的问题，实际上很可能是由绩效考核部门缺乏沟通和监督引发的，由此造成的后果可能会使部分组织无法承受，为避免该种情况出现，做好工作分析工作显得尤为必要。

四、工作分析与绩效改进

绩效管理的最终目的是提高员工个体的工作绩效以及组织的整体绩效。绩效评估不仅仅是为了考核工作本身，评估之后还必须对结果进行分析，这是绩效管理的最后环节，也是整个绩效管理流程最为关键的一环。绩效反馈和改进工作同样需要与工作分析结果相匹配。

如果员工的实际绩效水平未达到工作说明书的工作职责要求，说明该员工的工作存在一定的绩效改进和提升空间，其接下来的努力方向是提升自己的绩效水平以满足工作的相关职责要求。倘若员工的实际绩效水平已经达到了工作说明书的工作职责要求，说明公司需要对员工进行新一轮的分析工作，并且制定新的工作绩效标准，以防止出现员工的工作绩效不进反退的问题。此外，完善的工作分析工作可以找出员工绩效未达到标准的原因，企业可以依此对员工进行针对性培训，提升员工的工作技能和工作绩效。总体而言，绩效管理工作会不断鞭策工作分析工作向前迈进，当组织整体绩效均已超过工作分析的职责要求时，证明现有工作标准接下来有可能无法对员工产生正向激励作用，这时候企业就需要以企业战略发展目标为基础进行新一轮的工作分析：首先对各岗位任职人员的工作能力进行再次考察，明确员工潜在的绩效提升空间，继而对岗位具体工作任务进行重新解析，根据员工潜在的绩效提升空间对各岗位的工作职责提出新要求，从而不断为企业员工注入新的动力。

第五节   工作分析在薪酬管理中的应用

薪酬是指员工为组织付出劳动而得到的经济或非经济的回报。组织中的员工薪酬主要可以分为 3 类：① 基本薪酬，即组织根据员工既有技能所支付的报酬，这一类薪酬较为稳定且一般以经济型报酬为表现形式；② 激励报酬，该类报酬与员工绩效直接挂钩，具有上下浮动的特点，对员工具有极强的激励性；③ 间接薪酬，即组织为员工提供的各种福利，其中一部分由政府强制企业为员工提供，如失业保险等，另一部分是雇主为员工提供的非固定福利，如补充养老保险、病假、带薪休假等。

　　薪酬对于员工的发展和企业的发展具有不可替代的重要作用。要使薪酬不仅能满足员工需求，还能对员工起到真正的激励作用，薪酬管理必须遵循 3 个原则：① 外部竞争性，即组织内部岗位薪酬应与外部组织同类型岗位薪酬具有可比性，并让员工感到公平；② 内部公平性，即薪酬应在公司内部组织结构中具有可比性，无论是横向或纵向的比较，都必须使员工感受到自己所得到的薪酬与自己的岗位职责相匹配；③ 激励性，即需要对组织、团队、个人多个层面的绩效进行激励管理。

　　根据薪酬管理的三大原则，可以将薪酬体系设计应遵循的原则总结为"三个公平"，即外部公平、内部公平和员工公平。工作分析与薪酬体系设计的关系便是围绕着这三个公平原则而展开的，如图 5-1 所示。

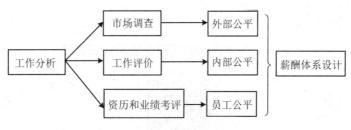

图 5-1　工作分析与薪酬体系设计

一、工作分析与薪酬体系的外部公平

　　外部市场薪酬水平是影响组织薪酬体系设计的一大重要因素。在市场经济的条件下，企业的薪酬结构和水平只有保持足够的外部竞争性，才能吸引优秀人力资源进入企业。因此，企业应通过工作分析对外部薪酬市场进行调查，在此基础之上形成企业独特的、具有竞争力的薪酬结构和水平。

　　在工作分析与人力资源规划的关系中曾经提到，工作分析可以帮助企业确定外部人力资源供需状况，由此制定相应的人力资源政策。与此类似，工作分析也可以起到调查和分析竞争对手薪酬水平，继而确定自身薪酬水平的作用。通过工作分析展开薪酬调查，可以获得竞争对手的薪酬策略信息，以此确定不同类型人才劳动力市场的大致价格，并结合企业各岗位具体贡献情况明确各岗位在公司中的相对价值及其与对应薪酬水平之间的关系，以此形成公司整体薪酬结构和水平以及各个岗位的具体薪酬水平。

二、工作分析与薪酬体系的内部公平

　　为确保薪酬体系的内部公平，企业需要综合运用工作分析方法以确定工作岗位的相对价值。通过采用不同的工作评价方法，结合工作知识、技能、外部环境等因素，可在企业内部形成不同的工作等级，以此为依据展开薪酬体系设计，才能更好地维护企业内部薪酬公平。而工作评价所使用的信息均需要借助工作分析获得，主要有以下两种方式：

① 根据相关工作分析方法（如问卷调查法、访谈法、观察法等），直接对工作岗位进行调查。该方法得到的信息真实可靠，但需要耗费大量人力和物力。② 根据已有工作分析结果（如工作说明书、工作规范等）进行工作评价。该方法虽然能节省大量工作，但可能会由于所得到的信息过于笼统而不利于进行工作评价。

在进行工作评价之后，组织内部还需要根据工作分析成果对组织各岗位进行等级划分，制定相关等级制度及升降级制度，以此作为薪酬管理的制度保障。

三、工作分析与薪酬体系的员工公平

组织内部的员工公平主要通过员工的绩效工资体现，而绩效工资水平主要依据员工资历和个人业绩考评确定。关于员工资历，工作分析可以得到岗位所需的员工资历水平及所处于这一岗位上的员工的实际资历，以此作为计算员工绩效工资的依据；而关于个人业绩考评，在本章第四节进行了详细阐述。

 例证 5-8

基于工作分析的润邦药业公司薪酬管理

 课程思政

1. 工作分析在薪酬管理中的应用，可以保障薪酬设计的外部公平、内部公平及员工公平。薪酬设计的"三公平原则"，充分体现了社会主义制度下"人人平等"和"按劳分配"的原则。

2. 工作分析在员工职业生涯规划方面的应用，展现了在新时代条件下，组织对员工发展和成长的关怀，是以人为本的具体体现。

3. 工作分析在员工安全健康管理方面的应用，是在新时代条件下，注重劳动安全保障和人身安全保障的具体体现。

 读书推荐

《麦肯锡工作思维》

出版信息：卫斯理著，天津科学技术出版社 2018 年出版。

内容概要：本书分享了由麦肯锡咨询顾问总结出来的若干高效工作思维。"面对已经明确方向的课题与相关数据信息，能不能从中找出核心环节考验的是分析问题的能力。"麦肯锡咨询公司自 1926 年成立以来，致力于帮助客户掌握更加科学合理的工作方

法，以提高工作效率。许多国际知名管理学家、企业家是"麦肯锡校友"。麦肯锡的工作方法也因此在世界各大企业中成为流行的管理工具。

推荐理由：相较于具体的工作技巧，工作思维的转变更为关键。通过阅读本书，读者可检查自身日常的工作情况，找出平时工作中存在的问题，然后对照麦肯锡工作思维来加以改进。

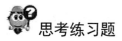 **思考练习题**

 学以致用

请根据自己的实习或实践经历，选择自己最熟悉的职位，采用相关工作分析方法制作一份岗位面试问题清单。

 案例分析

如何实地进行工作分析

 参考文献

[1] 潘泰萍. 工作分析：基本原理、方法与实践[M]. 2 版. 上海：复旦大学出版社，2018.

[2] 葛玉辉. 工作分析与工作设计实务[M]. 北京：清华大学出版社，2011.

[3] 姚月娟. 工作分析与应用[M]. 4 版. 沈阳：东北财经大学出版社，2017.

[4] 彭迎春，苏宁. 基于工作分析的社区卫生服务团队全科医师人力资源配置研究[J]. 中国全科医学，2013，16（5A）：1458-1461.

[5] 马国辉，张燕娣. 工作分析与应用[M]. 上海：华东理工大学出版社，2008.

[6] 祝士苓. 工作分析与组织设计[M]. 北京：中国劳动社会保障出版社，2007.

[7] 陈国海，霍文宇. 员工培训与开发[M]. 3 版. 北京：清华大学出版社，2019.

[8] 吴远卓，傅春. 工作分析方法：案例与练习[M]. 南昌：江西高校出版社，2017.

[9] 陈彩琦，马欣川. 工作分析与评价[M]. 武汉：华中科技大学出版社，2017.

[10] 周亚新，龚尚猛. 工作分析的理论、方法及运用[M]. 上海：上海财经大学出版社，2010.

[11] 万方圆，杨丽黎，毛霞文，等. 磁性医院认证标准下的护士分层培训项目及其效果评价[J]. 中国护理管理，2020，20（5）：747-752.

[12] AGUINIS H. Performance management[M]. 3rd ed. Upper Saddle River, New Jersey: Pearson Prentice Hall, 2013.

[13] AINSWORTH W M, SMITH N. Making it happen: managing performance at work[M]. New Jersey: Prentice Hall, 1993.

[14] MORGESON F P, SPIZMULLER M, GARZA A S, et al. Pay attention! The liabilities of respondent experience and carelessness when making job analysis judgements[J]. Journal of management, 2016, 42(7): 1904-1933.

[15] 冯江平，刘春湘，陈虹，等. 行政执法类公务员绩效考核指标体系研究[J]. 心理学探新，2014，34（5）：474-480.

[16] 余泽忠. 绩效考核与薪酬管理[M]. 2版. 武汉：武汉大学出版社，2019.

[17] 高连水，沈启浪. 商业银行考核评价体系的优化[J]. 中国金融，2020（10）：66-68.

[18] 程刚毅. 润邦药业的薪酬管理改进[J]. 企业管理，2015（7）：74-78.

[19] 张春瀛. 工作分析[M]. 天津：天津大学出版社，2009.

第六章

工作设计

工作中需要越多的人工作业技巧，那么就应该把越少的基本步骤整合为一项工作；需要的判断越多，就越需要把较多的基本步骤组合在一起。

——美国著名经济学家　彼得·德鲁克

 **本章框架**

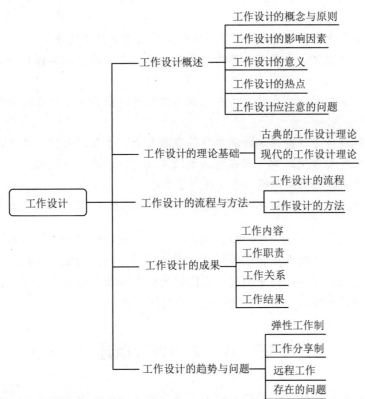

学习目标

➤ 掌握工作设计的概念与原则

➤ 了解工作设计的影响因素和意义

➤ 了解工作设计的理论基础

➤ 掌握工作设计的流程和方法

➤ 了解工作设计的方式与趋势

引例

海尔的激励型工作设计法

海尔的工作设计采用激励型方法，该方法强调可能会对工作承担者的心理价值和激励潜力产生影响的工作特征，并且把满意度、内在激励、工作参与度、工作绩效等态度和行为变量看成是工作设计最重要的成果之一。海尔采用的激励型工作设计包含了以下五个核心维度。

第一，技能多样性。要求为员工安排不同类型的工作任务，以帮助员工发展不同的技能。

第二，任务同一性。要求为员工安排一整套条块分明的工作任务，促使员工了解某一项工作的整体流程。

第三，任务重要性。要求让员工了解他们工作的重要性以及他们工作所产生的影响。

第四，工作自主性。要求在工作中给员工一定的自由度，让其保持一定的独立性和判断力。

第五，工作反馈性。要求让员工在完成工作时可以获得关于自己绩效的直接和明确的反馈信息。

激励型工作设计方法更强调提高工作的激励潜力。工作扩大化、工作丰富化以及自我管理工作团队等管理实践都可以在激励型的工作设计方法中找到渊源。正是这种激励型的工作设计方法，帮助海尔将业务发展到了全球。

（资料来源：闫培林. 人力资源管理模式的发展与创新研究[M]. 南昌：江西高校出版社，2019）

从上述引例可以看出，即使是行业顶尖的品牌企业，也会因为环境和组织内各种不可掌控的因素，需要不断地更新组织形式、岗位及员工工作关系。这就需要公司对组织进行工作设计，使员工与岗位更契合，更能促进员工绩效的提升，实现企业目标。本章主要介绍工作设计的概念、原则、理论基础及流程与方法。

第一节　工作设计概述

如今我们身处知识经济的时代，脑力活动在劳动输出中占主导地位。工作是"劳动者"与"事"的结合，二者缺一不可。但是，以往的工作设计一味地强调"事"的重要性，力求将工作专业化、标准化、重复化，只为提高生产输出的效能。随着人们对生活质量及精神方面的需求觉醒，"人"成为企业可持续发展的关键。若组织中每一位员工都能够充分发挥自身的能动性，挖掘自身潜能，获得学习成长和晋升机会，那么企业的成长将会是必然的。因此，企业管理层需要意识到组织的特性、员工的需求，并且用更为"柔性"的工作设计替代刚性过强的工作设计，更有"人情味"地满足员工个人的需求（蒋勇剑，2003）。工作设计在人力资源的管理中具有重要的战略意义，使用科学的工作设计理论，选择最适宜的工作设计方法，有助于管理的系统化和科学化，有助于带来员工发展和企业绩效提高的双赢局面。

一、工作设计的概念与原则

工作设计也称为职务设计或岗位设计，是以工作分析的信息为基础，通过对员工工作内容、职责和工作关系的管理和调整分解，将适当的工作内容分配给合适的员工，同时通过一个恰当的形式将他们组织起来，并且考虑到员工的个人需要，从而促进其工作效率，最终实现工作的协调并完成总目标的过程。

工作设计通常分为两大类：① 对组织内新设立的工作岗位进行设计；② 对现有的缺乏激励作用的岗位进行重新设计，又称为工作再设计。

在实际的工作过程中，往往有些员工会更喜欢某些工作环节，并且在这些环节中得心应手、驾轻就熟，却在特定的工作内容中觉得枯燥乏味；而对于另一些员工而言，情况可能完全相反。可见，实际工作中员工对工作的需求因人而异。因此，工作设计要基于以人为本的管理理念对工作的配置进行调整，以满足不同员工的工作需求特点，从而提高员工的工作积极性与满意度。工作设计不直接提升员工的工作效率，而是通过提高员工的积极性与工作质量满意度来间接地促进员工工作效率的提高，这有利于营造以人为本的企业文化，对于提升组织绩效有着非常积极的作用。

工作设计不仅是出于对员工需求的考虑，也是基于现代工作使人们身处一个不断加速变化的动态环境中。新技术不断涌现，旧技术不断被推翻或革新，市场竞争日益激烈都对企业各方面提出更高的要求。因此，企业进行工作设计或再设计是一种势不可挡的趋势。

综上所述，为了满足这些需求与迎接新的挑战，组织需要对员工的工作内容、工作关系、活动范围等各个方面进行设计与管理，这个过程就是工作设计。

工作设计的合理性在某种程度上对工作和组织发展有着决定性的作用，这是科学管理技术中重要的一环。工作设计既关系到企业效益，也涉及员工需求，而好的工作设计则要求"两手都要抓"。在进行实际操作的时候，需要遵循如下5个原则。

（一）效率原则

合理的工作设计能够使工作活动的效率更高，使输出成果的效率得到有效的改进。良好的工作设计也能让员工明确分工环节与工作职责，建立一个健康的协调合作关系，让员工能够在上一轮工作成果的反馈中明确下一个目标及可以提升的空间，进一步提高组织活动的秩序性和平衡性。工作的简单化与专业化曾是用来提高员工效率的"制胜法宝"，但随着现代化的发展，发挥人的主观能动性占主导地位，高程度的简单化和专业化使得员工总是在重复着一些简单的程序，从而磨灭他们的自主创新精神与工作热情。这还可能导致整个团队气氛不高涨，从而阻碍企业向前发展。

（二）权变原则

从横向来看，各个企业的情况及组织内部各岗位的特性不同，因此并不存在一种普适性的工作设计方法。而从纵向的角度分析，企业在发展的不同阶段有其不同的特点，工作设计自然也要随之调整。例如，处于起步阶段的企业会存在大量的工作扩大化、工作丰富化等现象；但是，当该企业发展到一定规模时，合理又专业的分工、规范的运作等因素又显得格外重要。因此，工作设计应当遵循权变原则，要能够随机应变、及时调整，以适应企业的发展。

（三）系统化设计原则

工作设计是一项复杂的系统工程，忽视任一因素都可能会阻碍整个系统的运作。因此，工作设计应将工作中各个方面的影响都纳入考虑范畴，包括员工、工作环境、管理方式、管理体系。在不断的试错中，寻求各因素结合的最优解，以构成一个运转良好的系统。科学化、制度化、规范化和系统化的工作设计是企业的社会效益和经济效益有效增长的有力保障。

（四）以能为本原则

工作设计原本就是基于以人为本的理念而提出来的概念，如今在进行工作设计时不仅要将员工作为中心，还要进一步将其能力最大限度地发挥出来，做到"以能为本"。作为21世纪最宝贵的资源，人才的重要性不断凸显，员工逐渐成为推动企业发展的中坚力量。在进行工作设计的过程中，要围绕员工的知识、技能及其创造性的能力，挖掘员工潜力，真正做到以能为本（刘婉琳，2009）。

因此，每个职位的工作量都应当让员工"各尽其用"。这样一方面能够提高工作效率，另一方面能够给员工带来一定的挑战性，让员工发挥自己的最大能力，进一步挖掘自己的潜能。

（五）工作生活质量原则

工作设计的过程中应重视员工对工作生活质量的诉求。工作生活质量要素包括安全舒适的工作环境、系统的职业生涯规划、个人需要与个性的满足、工作的挑战性和吸引力、工作的多样化与丰富程度、工作的自主性与自由度。例如，公司设计了较有挑战性的工作任务，辅以薪酬奖励作为激励，当任务完成时，员工将有较高的成就感与满足感。

员工对工作生活质量的满意度决定了员工在工作过程中生理与心理需要是否得到满足。当工作生活质量得到重视，员工对工作产生向往的心情，员工工作满意度增加时，则会对企业产生强烈的情感，其归属感、向心力等都会得到提升，工作效率也会随之提升。

二、工作设计的影响因素

工作设计作为一个大型的运转系统，自然会受到组织内、外部动态环境等各种因素的影响，事先对这些因素有所了解，能够更好地对工作进行周密而有目的的设计。那么，想要开展成功有效的工作设计，需要考虑哪些影响因素呢？

（一）环境因素

组织所处的大环境无时无刻不对组织活动产生潜移默化的影响，而影响工作设计的环境因素一般分为社会期望和人力资源两个方面。社会期望是指个体所在的岗位或地位所承担的社会角色被寄予的期望，反映了社会公认的价值标准和行为规范。人类的行为、人格的塑造是离不开环境、社会的期许的。因此，社会期望是重要的影响因素。人力资源是组织经营团体中的人员所具备且能为组织所用的、能够创造出价值的能力、经验等资源的总和，这限制了企业的活动和工作设计的方向。具体来说，企业对环境因素的考虑可能包含以下 4 个方面内容。

（1）工作设计会被整体劳动环境与劳动工具等条件所影响。例如，员工进行工作时的外部环境，即写字楼的办公室条件、工地的设施状况等。

（2）工作设计环节中服务的指向对象的丰富性和复杂性的影响。

（3）需要考虑大市场整体人力资源的情况，保证能够雇佣足够的合格员工进行所设计的工作。

（4）需要额外了解社会整体的期望，能够照顾到员工的社会需求和精神需求等。

（二）组织因素

基于企业在运营中不断的积淀，每个组织的工作设计不可避免地带有自身独特的烙印。虽然工作设计本身是对组织的改造，但是凡事需要把握一个度，在设计过程中要注意取其精华，去其糟粕。

在组织因素中，对岗位影响最大的一点是"专业化"。专业化是分解工作至最小的工时可以完成的程度，最后将导致很少的工作重复。在工作设计的过程中，要确保组织内每个职位负荷的均衡，不要在生产活动中产生等待、停留等浪费资源的问题，确保工作的连续性。因此，即使要将工作的专业化有所丰富等，也需要保证工作的连贯性。此外，关于组织因素需要注意如下 5 点。

（1）工作设计想要得到一个专业、高效、合理的工作程序，需要保留一定的传统工作方式和工作习惯。要循序渐进地改良，使员工能够稳步适应新的设计，而不是一味求革新而忽视传统的优势。

（2）工作设计需要考虑该部门对特定工作或岗位的目标定位，以及上级对人员的分配布置和领导倾向。在实际工作中，不同的领导者的主观倾向、独立判断、个人意志等都会不同，而这些会影响工作设计。

（3）工作设计会受岗位相关的设计工程师、劳动定额师等职能性较强的技术专家的影响。

（4）工作设计不能忽视企业核心文化、价值观和优良传统的影响。此外，每个部门独有的内部人际关系网络、组织风格、沟通模式、工资报酬系统以及规章制度也是非常重要的因素。工作习惯的力量也不容忽视，它反映了员工集体的潜在愿望，是工作设计过程中需要慎重对待的部分。

（5）工作业绩与成果作为员工与企业的直接输出体现，需要在工作设计中有所考虑。具体而言，企业生产的输出率以及生产相关重大决策、对某岗位工作成果的反馈、对工作活动的定位是否需要调整都会对工作设计造成影响。其次，组织部门中相关的迟到率、旷工率、离职的情况都要纳入工作设计的考虑中。

（三）个体因素

坚持人民至上、为人民谋幸福是中国共产党的根本宗旨。在企业层面，这直接体现为组织更多地做到以人为本、以能为本，人本化也成为工作设计的一个趋势。人本化的工作设计是指以员工的发展、需求为导向进行工作设计，它比过往更强调对个体因素（如员工的个人需求）的考虑。

（1）心理学认为人的核心属性是社会性，人类具有与他人建立友谊、进行交往的需求，因此，工作设计必须充分满足员工社交的需求。例如，当今许多企业会在办公室中设立咖啡间，这不仅是为了满足员工的放松需要，更是为员工间的社交互动创立条件。

（2）即使在同一个企业中，不同的部门也会有自己的一套运行规则，因此一个部门的价值观倾向会影响工作设计。

（3）每个人都是独特的个体且有向上、向前发展的需求，因此工作设计中应考虑与鼓励员工个性的适当发挥与学习需求。同时，工作设计应该有益于员工个人能力的发挥与潜力的发展，保证每个人在不超负荷工作的前提下使组织的生产运作获得预期的收益。

三、工作设计的意义

工作设计是有关职位管理的基础工作，专业性和科学性极强，科学合理的工作设计能保障人岗相宜和高效输出。工作设计具有如下 5 点重要意义。

（一）改变了员工与岗位关系的既定假设

在工作设计出现以前，员工与岗位的关系基本是一成不变的。过去片面强调招聘能够匹配岗位的合适人才的观念，对人才要求较高、更精细，过于刻板，而工作设计认为岗位也应适当调整与设计，以推动员工更高效地工作。工作设计将岗位要求与员工的日常习惯、工作偏好、价值观倾向等结合起来，在对员工进行挑选的基础上，让岗位为员工"量身定做"，真正做到人岗匹配。

（二）使工作职责更加清晰

工作设计能够明晰各岗位的工作职责。科学的工作设计可以为员工的录用、培训与开发以及人事考核等工作奠定夯实的基础。在此基础上，企业可以形成更为清晰的绩效评估方案、合理的薪酬体系，进而推动企业人力资源管理工作的有序开展。

（三）提高工作积极性，明晰标准

工作设计不会直接改变员工的态度，但岗位得到适宜的设计后，就会大大提高员工的工作积极性，积极的工作态度自然产生。例如，工作丰富化赋予脑力劳动更大的意义，也让脑力劳动本身更为系统化，同时有利于知识性工作的开展，因此从事脑力劳动的员工的积极动机会增加，对工作环境的满意度也会提高。

此外，工作设计作为人力资源管理的基础工作，可以为组织筛选、录用和考核员工提供新的客观标准，使得确认员工薪酬待遇和培训与开发等方面有了新的评估角度，也为员工的努力方向提供新的依据。

（四）满足个人心理需求

合理的工作设计能够创造一定的社交环境，以满足员工的社交需求，融入组织文化，改善人际关系，让员工对企业更有归属感，从而提高敬业度。同时，工作设计能够营造一个安全、舒适与健康的工作环境，这无疑能够满足员工的生理需求乃至一定的心理需求，大大减少了由工作的机械性、不完整性等引起的负面心理反应。

（五）提高工作效率，增加产出

事实上，以上 4 个方面的意义都能够间接地促进企业提高工作效率，增加产品产出以及提高产品质量。此外，合理有效的工作设计还可以通过工作丰富化、工作轮换、工作扩大化等方式使员工保持对工作的热情，通过增加工作的乐趣提高员工对工作的兴趣，让员工的特性与工作过程、方法、内容及工作关系相适应，从而实现工作效率的提高与产出的增加。

四、工作设计的热点

制定一个完善的工作设计方案并不简单。工作设计中往往涉及方方面面，大到全球性的时代背景变化和社会政策走向，小到企业中每个员工的想法以及上下级关系的变化。正是这方方面面的碰撞，构成了在工作设计过程中普遍会遇到的现象与问题，而这些现象也就成为进行工作设计时会出现的热点。其中，工作设计中的常见热点如下所示。

（一）如何通过工作设计实现人力成本的集约化

全球性的经济萧条所带来的经济萎靡、股市暴跌、失业率暴涨等后果对全球市场产生了巨大的冲击。如何在这场危机中缩减成本，同时保持企业的竞争力和经营效率，对于企业及企业管理者来说，都是极其重要的难题。那么，管理者应该如何帮助企业应对全球性的经济萧条呢？进行科学的工作设计，优化组织的人力配置，实现人力成本的集约化无疑是管理者需要选择的道路。

企业员工都应遵循组织的规章制度，在一定的标准下，出色地完成岗位分配的任务。这要求工作设计能够科学、系统地优化岗位任务和职责分工，并且做到"以能为本"，最大限度地发挥每个员工的能力，同时进一步开发其潜能。在激励与约束并重的情况下，降低人力成本，提高人力资源的投入产出，从而实现人力成本的集约化。

（二）如何处理员工与管理者的博弈

在员工与上级的博弈中，员工往往会因为信息不对称，而对工作设计下达的一些工作变动产生忧虑、恐惧的情绪。例如，某些员工认为工作量增加可能是裁员减薪的预兆，会危及自己的切身利益；某些员工对工作设计的种种变动表示抵抗，他们认为企业的行为只是"走过场"，从而在过程中冷言冷语，甚至在工作中出现松懈懒散的现象。即便员工理解了工作设计的意义，但是由于工作设计中员工和管理层之间的信息不对称，员工一旦认为这是变相的压榨，只是为增加自己的工作量，结果往往就是敷衍了事。

因此，在实施工作设计方案之前，做好一系列准备工作是非常重要的，包括宣传工作设计的重要性，让员工充分认识到工作设计变动的核心在于岗位，而不是员工自身。工作设计的最终目的是实现精细化管理，要让员工达成共识，各部门齐心协力，为工作设计提供全方位的资源保障（陈永忠等，2012）。

（三）工作设计的数字化转型

2020年，新冠肺炎疫情席卷全球，组织要想实现复工，首先要解决的问题就是如何在人员分散的情况下，最大限度地发挥员工的作用。可以说人力资源管理的数字化转型成为焦点，被纳入组织的长期战略中。以前人力资源管理的数字化只是锦上添花的可选项，在疫情的推动下，数字化成为关乎组织生死的必选项。

工作设计的数字化转型主要包括如下3个方面。

（1）员工招聘与管理的数字化实践。目前，很多企业通过线上面试的方式筛选人才，虽然这种形式对于很多企业还是第一次尝试，但是相信在未来这将成为一种常态。另外，为了更好地管理员工的信息，并且更好地实现员工调动、任务分配的灵活性，也需要升级改造人力资源管理系统。

（2）企业数字化线上培训。为了增加员工的专业知识与技能，需要对员工进行一定的培训。如今更多的企业因为疫情采取了云端培训方式，不仅可避免人员聚集，还能让知识学习实现共享，让员工更为主动地汲取知识，提升自我。

（3）对于管理工作设计的工作人员而言，必须要建立数据化思维方式。以数据作为思考问题的辅助，全面地做出评判决策，避免主观影响。学会利用大数据技术，对员工的各项数据进行分析处理，能够做出适当的预测，由事后管理转向事先防范（赵阳，2020）。

五、工作设计应注意的问题

虽然对于如何开展工作设计还没有一个固定的公式可以遵循，实际的操作要视组织的具体情况而定，但是如果我们事先对一些常见的错误和问题进行了解，就能够在工作设计中少走弯路。在工作设计中，应主要注意如下6种常见的问题（葛玉辉，2002）。

（一）工作量不足

在工作设计中，工作量不足是最常见，也是损失最大的一种错误。如果企业中某一部门工作量严重不足，那么将直接引发企业员工产生厌工情绪。这就是典型的工作量分配不当造成的后果，这种错误将直接导致生产率低下。这类错误隐蔽性较高，往往会因为难以被发现而导致难以解决。对于员工资源的浪费，需要有思想觉悟的职员发现并反馈给上级：他们需要承担更多的任务。当然，也可能存在安于轻松工作的员工，但是这类员工往往最终会被市场所淘汰。

在工作量不足的情况下，提前 2 小时就能完成任务，那么员工根本不会考虑如何提高自己的效率，反而可能会因为担心"枪打出头鸟"等而工作懒散。因此，工作量必须充足，这才能够给员工带来一定的挑战。从员工的角度出发，每一个员工都想方设法地努力完成当天的任务，这样个人才会有所进步，潜能才会得到激发。而企业自然也能在此过程中提高生产效益。工作设计正是能够实现该想法的途径。

（二）工作量过大

与工作量不足相反的错误是工作量过大。企业应该为员工分配稍有挑战性的任务，但是大多数人很快会给自己制定一个能够接受的限度。事实上，人的限度是在一次又一次的历练中打破的，所以工作量必须充足。但是凡事都要有度，工作量过大也要及时进行调整。幸运的是，这种错误往往比较容易察觉并且很快能得到纠正，所以工作量过大这种错误给企业带来的不良影响并没有工作量不足那么严重。

（三）缺乏实质性工作内容

工作缺乏实质性内容是大型企业中普遍存在的现象，特别是很多行政人员的职位其实没有实质性内容。

这就导致了一个很矛盾的问题：虽然他们的工作内容对企业运作有着一定影响，但是他们并不承担责任。不承担任何责任，往往会让人"腐败"，甚至"腐化"整个部门。这对个人乃至企业的各个方面都有负面的影响。

因此，这类职位必须减到最少，同时对这类岗位上的员工进行工作调换，让他们前往其他责任明确的岗位。这样，能对员工个人的负面影响降到最低。

（四）多人参与同一项工作

当一项工作需要多人参与时，一定是工作量过多或者其丰富程度使一个人无法完成。多人完成任务的时候，不一定"人多力量大"，所谓"一个和尚挑水吃，两个和尚抬水吃，三个和尚没水吃"，在多人参与同一项工作时，应该遵循一定的原则行事，以便发挥出多人的最大效能。这里所说的原则，是指在进行工作设计时，一项任务应当能让一个人完成或能让这个人所处的部门完成。根据这个原则，在工作设计时首先要放弃"所有的工作内容都是相互联系的"这种想法，因为不合理的联系会增加工作的复杂程度。换言之，在工作设计中，凡是能分开的工作都应该分开。例如，原本可以由销售部门单独承担的任务，由于工作设计不够明确精细，让其他部门参与进来，反倒因为沟通等问题拖累了工作进度。

（五）"几乎包含一切"的工作

"几乎包含一切"的工作不仅使得员工身心疲倦，而且效益并不理想。注意力集中对于一个员工取得成果是必需的，但是如果工作几乎包含了一切内容，那么这将迫使人们分散注意力。例如，某员工刚刚对招聘的流程、内容熟悉起来，就要去接手薪酬管理工作，其工作效率的低下是可想而知的。

因此，任务需要足够重要，让个人能够将精力长时间集中在上面，这是经过实践检验的最简单、最直接的方法，对于某些工作种类，这甚至是唯一的方法。

（六）无法完成的工作

有些工作提出的要求特别多，而且相关要求涉及的范围极其宽泛，一般人难以同时满足全部的要求。

在什么情况下我们要意识到任务本身的不恰当性？当管理人员在某个具体的任务完成上先后用了两三个通过筛选的优秀员工后，还未能找到合适的人选时，对于失败的原因就应该从工作自身来排查，且进一步调整工作。

这种问题在中小型企业中比较常见。例如，企业将营销和销售设为一个岗位，而营销和销售在本质上是完全不同的任务，需要的能力自然也不同，一个人很难同时具备这些能力。这就是工作设计应当要避免的问题。

第二节　工作设计的理论基础

工作设计的理论历经了从"古典"到"现代"的跨越。虽然这些理论的侧重点、中心内容有所不同，但是它们都回答了以下几个问题：为什么要进行工作设计？如何进行工作设计？如何达成设计的目标？通过对下面各种理论的学习，我们不难找到问题的答案。

一、古典的工作设计理论

古典的工作设计发源于 20 世纪初的科学管理运动，在早期的管理理念的培育下诞生并完善了古典的工作设计理论。早期的理论主要围绕工作内容的简单化、专业化与标准化（许小东，2001），以获取更多工作成果。喜剧大师卓别林在《摩登时代》中使用夸张的手法表现了当时生产流水线中"扭螺帽"的工作，这是工作专业化流水作业的典型代表。在当时，对工作技能要求低，工作专业化使得工作活动单一枯燥，限制了员工的个人需求。但是，古典的工作设计理论至今还在许多工厂中有所体现，这反映了其实用性之强、影响之深。

古典的工作设计理论的出现让工作活动的效率大幅提高，许多企业的盈利直线上升。但是，随着应用实践活动和科学研究的进行，古典的工作设计理论的弊端逐渐暴露出来，主要体现在如下 3 个方面：① 工作枯燥重复、外部动机不足、内部激励缺乏，甚至容易对员工的身心造成负面影响，使组织功能失调；② 太过精细的分工割裂了工作环节之间的联系，破坏了整个任务的完整度，以至于员工对组织生产整体过程与自己所承担的工作的联系和地位缺乏了解，缺乏工作的归属感与积极性、意义感；③ 员工像机器零件一般工作，不能很好地感受到作为"人"的价值体现。

正是因为古典的工作设计理论存在着许多不足，为了弥补这些缺陷，适应新时代的需求，更加科学和系统的现代的工作设计理论应运而生。

二、现代的工作设计理论

从古典的工作设计理论到现代的工作设计理论的跨越，在实现满足经济效益与技术进步的同时，也满足了员工生理需求与心理需求的新目标。现代工作设计究竟是如何做到的呢？下面介绍五种现代的工作设计理论。

（一）双因素理论

20世纪中期，赫兹伯格提出了双因素理论，该理论又称激励-保健理论，对现代工作设计的思想产生了深远的影响。赫兹伯格及其助手收集了大量数据并进行分析，得出如下结论：① 员工在工作中的高满意度是由工作本身的内在属性造成的，这称为激励因素，如工作中个人的出色发挥、工作责任与权力。② 员工在工作中的低满意度是由工作关系或环境等外在因素所造成的，这些因素称为保健因素，包括工作薪酬、办公室环境。这类因素之所以被称为保健因素，是因为它们对员工满足程度的影响就好比卫生保健对身体健康产生的影响。③ 当保健因素恶化到员工的可接受范围之外时，员工会对工作产生不满的情绪，甚至消极怠工；相反，当保健因素在员工的可接受范围之内时，它们将有助于消除员工的不满情绪，但是不会达到促进积极情绪的效果，而是让情绪处于一种平和的、既没有不满也没有很满意的中性水平。而那些能够让员工产生积极情绪的因素就是前面所说的激励因素。

双因素理论所提出的这两类因素对企业运转的作用都不容小觑。但是，由于激励因素和保健因素有各自的作用，管理层在进行工作设计时一定要注意根据二者的不同而结合使用。必须认识到只有激励因素才能促进产生工作兴趣，提高工作积极性及意义感，从而提升工作绩效，而保健因素只能防止不满情绪的滋生。因此，管理层需要了解物质奖励的作用是短期而有限的，要想真正调动员工的潜力与创造力，最关键的还是要注意工作本身的设置与分配，做到人岗匹配、以能为本、各得其所，给予精神的认可、成长的机会比物质奖励更让人难以忘怀，充满斗志（石雪梅等，2012）。

双因素理论的历史地位是毋庸置疑的。它直接推动了现代工作设计的发展，应用于众多组织实践过程中，取得了巨大的成功。双因素理论的优点包括理论简洁、具有数据支撑、有说服力、有创造性且生态效度较高，因此它很快被企业管理层所吸收接纳，并进一步贯彻在企业系统中。

（二）社会技术系统理论

社会技术系统理论由特里斯特和巴姆福思（1951）于20世纪中期提出。与过去以工作为导向的理论不同，社会技术系统理论特别重视工作系统设计的总体性，并以此为基础尝试促进组织内部的社会子系统和技术子系统的协调配合。社会子系统是一个集合互相联系的个人和群体的单元，包括工作中的上下属关系、同级关系、人力资源和个人价值取向等。社会子系统牵扯较广，不仅受外部环境的影响，也受组织内部价值观、结构等因素的影响。技术子系统则是指工作设计中完成任务所运用到的技术、硬设备、知识技能等。

社会技术系统理论强调，在进行工作设计时，对两种子系统的运用都要有充分的考虑，主要目标是通过组建最优的工作系统高效完成组织任务，找到两种子系统的最佳匹配。社会技术系统理论的变革重点在于创立新的工作组合形式，通常是"自主性工作团体"，这类工作形式在企业中经常被运用，哪怕该企业并不是明显地以该理论为指导。

与其他理论最大的不同是，社会技术系统理论主要关注整个系统的总体性设计而不是系统本身，即该理论是在宏观层面进行探讨，而不是微观角度。宏观方法的最大突破之处在于探讨了组织形式，尤其是团队与绩效的关系。在实际方法设计时，可以结合宏观与微观两种视角，最大限度地应对组织环境可能出现的问题。

（三）工作特征理论

哈克曼等人（1975）通过实证研究提出了工作特征理论，对现代工作设计有直接的指导作用，其中的工作特征模型更是屡屡被管理层所运用。工作特征理论的基本理念是5个工作特征知觉通过激发员工相关的心理状态而产生积极的结果（高动机、低离职率等）。这5个工作特征知觉分别是技能多样性、任务完整性、任务重要性、工作自主性以及工作的反馈。

1. 技能多样性

技能多样性表明任务对不同类型活动的涵盖量，这直接决定员工所需技能的多样性，即完成某个活动需要单一技能还是多种技能。例如，在个人所有的小型洗车房中，洗车房的所有者和经营者需要做一些体力劳动、收款记账、招待顾客等工作。而大型洗车连锁店的店员可能只需要收款记账即可。

2. 任务完整性

任务完整性即某一个员工正在进行的活动是属于整体任务的某个特定环节，还是所有环节，也称任务的同一性。这里也可以借鉴洗车房的例子。

3. 任务重要性

任务重要性是指员工所做的工作对组织整体以及组织内其他个人的影响程度。例如，在医院中，任务重要性高的如外科手术医师，而任务重要性低的如清洁人员。技能多样性、任务完整性和任务重要性这3个维度是员工体验到工作意义感的组成成分。

4. 工作自主性

工作自主性是指个人能够自由地安排工作完成时间、进度和方法的程度。这决定了员工对工作的责任感。例如，销售人员可以自行安排约见客户的时间、方式等，而收银员需要在规定的工作时间、在指定的岗位工作并交接等。

5. 工作的反馈

工作的反馈是指个人能够获得有关工作状况反馈的程度。明确的反馈能够帮助员工了解自己的工作活动的实际成果以及是否需要调整。如果员工能在工作中及时得到来自主管或者同事的建设性反馈，将有利于员工迅速掌握知识和技能，并且促进公司内部员工之间的交流。

当管理层将上述5个方面协调平衡，让员工体验到工作的意义、对工作的责任感以及了解自己的工作成果状况时，那么员工就会产生高度的内在工作激励，在高质量的工作表现中产生高度工作满意度，同时伴随着低缺勤率和离职率。

（四）生活质量理论

生活质量理论最开始是肯尼迪总统为了保护资本主义制度而提出的。该理论认为，企业应当从员工的需求出发来协调人与工作的关系。相比于让员工不断调整自己来适应岗位，更应该调控工作岗位和环境来满足职员的需求，如员工想要参与管理过程的需求、员工成长学习的需求以及希望工作更具挑战性的需求等。

现代产业结构的优化，促进了员工生活方式和生活理念的改变，提高了民众的生活质量。而服务业的兴起，让更多的员工直接面对客户，使得员工工作积极性直接与组织业绩挂钩。因此，企业能否营造一个舒适愉悦的工作氛围、能否减少员工的身心压力以及能否满足员工成长的高级需求，将成为公司能否可持续发展的关键。

例证 6-1

爱彼迎的员工体验团队

（五）跨学科理论

坎平恩等人经过研究提出了跨学科理论，它将现有的工作设计方法概括性地分为激励方法（双因素理论、工作特征理论）、机械方法（工业工程方法）、生物方法（人力资源因素法）和知觉方法 4 种，各方法的比较如表 6-1 所示。

表 6-1　跨学科理论的方法比较

比　较	方　法			
	激 励 方 法	机 械 方 法	生 物 方 法	知 觉 方 法
优点	① 高工作满意度 ② 高激励性 ③ 高工作参与度 ④ 高工作绩效 ⑤ 低缺勤率	① 更少的培训时间 ② 更高的利用率 ③ 更低的出错率 ④ 精神压力较小	① 更少的体力付出 ② 更低的身体疲劳度 ③ 更少的健康抱怨 ④ 低医疗事故 ⑤ 低缺勤率 ⑥ 高工作满意度	① 低差错率 ② 低事故率 ③ 精神压力较小 ④ 更少的培训时间 ⑤ 高利用率
缺点	① 更多的培训时间 ② 更低利用率 ③ 高错误率 ④ 精神压力较大	① 低工作满意度 ② 低激励性 ③ 高缺勤率	① 高财务成本 ② 低要求	① 低工资满意度 ② 低激励性

没有一种方法能够完美解决现实中所遇到的所有问题，也没有一种能占完全主导地位的工作设计方法。每一种方法都各有侧重点，各有优缺点，因此管理人员需要对每种理论有清晰的认识，并且能够根据自己组织内外情况综合评估每种方法，并选择最合适的工作设计方法。

第三节　工作设计的流程与方法

工作设计究竟应该怎么做？工作设计的具体步骤是什么？工作设计的方法有哪些？我们该怎样选择工作设计的方法？本节就来介绍工作设计的流程与方法。

一、工作设计的流程

工作设计既有可能是首次设计，也有可能是再设计，不过它们的流程是大同小异的，主要包括如下 4 个步骤。

（一）选择并确定工作设计具体目标

选择工作设计的具体目标需要在明确组织的系统架构、企业任务等前提下，进行深入的需求分析和可行性分析。需求分析是指对原有的工作岗位进行信息收集与诊断，以此判断是否应进行再设计，若进行再设计应在哪些方面进行侧重改进。

有了工作设计的需求后，就要进行可行性分析：① 是否能够通过工作设计这一工具改善工作状况；② 工作经过设计或再设计后，从经济和社会回报上是否值得；③ 员工是否具备设计后的工作相关技能，这些相关技能是否可以提前进行培训教育。

此外，企业也可从组织的总目标出发，对具体的目标进行多方面分析，包括：① 提高员工的工作积极性；② 提高工作效率；③ 增加工作的丰富性；④ 减少不必要的作业时间等。

（二）记录现状，分析事实

这一环节主要是根据实际情况详细记录目标岗位的程序、技能、环境、工作条件、工具等相关因素。这是工作设计的基础，因此记录必须做到准确、客观、全面，以为后面的工作设计步骤做好铺垫。

有效、到位的分析要敢于对现有的作业情况进行合理的质疑，并找到现状中存在的某些漏洞；要对工作场地、员工、工作关系、工作时间等进行系统的分析；要敢于在不完善之处寻求可以改善的方面。

（三）制定改进的方案

工作设计的核心环节是制定合适的改进方案，包括建立与评价新方案。这个环节通常在现行作业方案的基础上，利用 ECRS 技术的"取消（elimination）—合并（combination）—重排（rearrangement）—简化（simplification）"进行改造。ECRS 技术的具体内容见表 6-2。经过该技术的处理可以得出多种方案结果，负责人应当从社会、经济、安全等方面来进一步对方案进行评估选择（陈兵，2018）。

表 6-2　ECRS 技术

步骤/环节	要　点	举　例
取消 （elimination）	对任何工作首先要问：为什么要做？能否不做？若能不做，则取消	• 取消所有不必要的步骤或动作（其中包括四肢和眼等的动作） • 减少工作中的不规则性，如确定工具的固定位置，形成习惯性机械动作 • 尽量取消或减少手的使用，如抓握、搬运 • 取消笨拙或不自然、不流畅的动作 • 尽量减少使用肌肉力量将物件固定在某处，以动力工具取代 • 减少对惯性、动量的克服，杜绝一切危险动作和隐患 • 除必要的休息时间外，取消工作中的一切怠工和空闲时间
合并 （combination）	如果工作不能取消，则考虑是否可与其他工作合并	• 将多个方向突变的动作合并，形成一个方向的连续动作 • 固定机器运行周期，使多个作业能在一个周期内完成 • 实现工具的合并、控制的合并和动作的合并等
重排 （rearrangement）	对工作的顺序进行重新排列	• 使两只手的负荷均衡，同时进行相互对称的动作最为有效 • 使作业由手向眼转移
简化 （simplification）	简化工作内容、步骤或动作等，节省能量	• 在能够完成工作的基础上有间歇、有节奏地使用最小的肌肉群 • 减少目光搜索范围和变焦频率 • 使工作能在正常区域内完成而不必移动身体 • 减小动作的幅度 • 使用尽可能简单的动作组合 • 使手柄、杠杆、踏板、按钮等控制装置适合人的尺寸和肌体性能 • 在需要高强度肌肉力量处，借助惯性来获取能量的帮助 • 降低每个动作的复杂程度，尤其是在一个位置上的多个动作

（四）实施与评价新方案

实施方案并不比设计方案难度低。这是因为新的设计一般改变了员工以往的工作习惯，员工短时间内难以接受也是人之常情。因此，需要对该岗位的员工进行宣传与培训，同时可以逐步进行试点工作，来检验新方案的有效性。企业的投资收支比、员工的态度与反应、员工的工作业绩等是评价方案有效性的指标。

一旦新的工作设计方案被目标员工所接受，就应马上采取措施，按步骤有条理地推进工作设计方案，如新方法的训练与推广、工具的购入。

二、工作设计的方法

工作设计理论基础的多样性，使得工作设计的方法多种多样。工作设计方法通过合理的员工分配、薪资等系统配置使员工需求与企业需求的结合找到一个最优组合，以便有效地完成组织目标。常见的工作设计方法包括组织分析法、关键使命法、流程优化法和标杆对照法 4 种方法（朱勇国，2010）。

（一）组织分析法

组织分析法从组织的整体愿景和使命出发，构建基本的组织结构模型，并依据组织的具体业务流程的需求进行工作设计（周文等，2005）。采用组织分析法进行工作设计主要分为如下 3 个步骤。

（1）明确企业进行工作设计的主要目标，并梳理清楚组织的基本结构。一般而言，组织的工作设计是为其整体的业务发展目标和绩效目标服务的，因此，在采用组织分析法进行工作设计时，应始终围绕该组织的整体发展目标。此外，组织分析法要求对组织结构具有详细的了解，包括组织的总部和分支机构的管理模式、集权与分权的关系、组织的管理模式等方面。只有厘清组织的结构，明确组织的职能，才能进一步采用组织分析法进行工作设计。

（2）对组织各个部门的主要职能进行分析，识别每个部门的关键职责和使命。

（3）进一步对各个岗位的职责和任务进行分解，明确各个岗位的主要职责和工作内容。

组织分析法比较适合大型的传统组织，它可以较为详细地了解关于组织和工作岗位的许多细节信息，为组织的工作设计提供较为广泛和丰富的参考信息，这有利于企业的长远发展（全国高级经济师考试研究组，2018）。但是在采用组织分析法进行工作设计的过程中，往往操作比较复杂，并需要得到客户的大力支持。

（二）关键使命法

关键使命法是指通过分析对组织的成功起到关键作用的岗位来进行工作设计的一种方法。采用关键使命法进行工作设计需要考虑 3 方面的问题，即：本部门的关键职能是什么？完成本部门职能需要什么样的关键骨干岗位？如何评估这些职位的工作绩效？关键使命法主要适用于由于预算和时间等的限制而无法对组织的所有工作进行全面设计的情况。采用关键使命法进行工作设计时，一般分为如下 3 个步骤（周文等，2005）。

（1）依据公司目前的组织结构，分析公司各个部门的关键业务和主要职责，明确公司的关键岗位。

（2）依据各个部门岗位的主要工作内容与工作职责，进行岗位分析，识别关键岗位，并明确这些关键岗位的核心角色，根据这些核心角色确定关键岗位所承担的主要工作职责。

（3）根据公司调整后的组织结构和岗位设置，制定工作说明书。

在使用关键使命法时，管理者需要具备较扎实的专业知识，能够了解和把握公司的战略、各个部门的主要工作内容以及各个部门的关键岗位。此外，由于关键使命法不能完全概括公司所有部门的工作职能，因此，在使用关键使命法进行工作设计时，需要与其他的方法结合使用，以尽可能全面地了解工作分析的信息，形成比较详细和完整的职位说明书。

例证 6-2

A 银行采用关键使命法进行工作设计

（三）流程优化法

流程优化法主要是指依据新的流程系统或者新的信息系统来优化工作（朱勇国，2010）。一般来说，流程由投入、过程和结果 3 个部分组成，其中，过程和结果是可以控制的。如果想要优化工作流程，就需要对工作的时间、成本、风险、结果等进行控制，以保证最终优化的流程可以帮助组织实现最大的绩效。一般而言，流程优化法适用于比较小的项目，或者企业实行新的信息管理系统时。

流程优化法的主要优点是它可以适应新的信息管理系统的要求，可以较好地将在职的工作人员与新的信息管理系统联系在一起；主要缺点是它更注重对工作流程的优化，而没有投入资源进行岗位设计，因此，其工作分析的结果可能稍差（全国高级经济师考试研究组，2018）。

（四）标杆对照法

标杆对照法是指以本行业典型企业的职位设置为参考进行本企业的工作设计（张颖昆，2006）。另外，除了参照本行业的标杆企业进行工作设计，还可以依据和参考国家发布的关于本行业的岗位、人数、营业额以及岗位的平均工资等情况进行调整（周文等，2005）。

标杆对照法操作简单方便，在实际操作过程中，可以由企业工作人员自行设计，成本较低，且能够帮助组织较快地完成工作设计。此外，标杆对照法也比较直观，且具有一定动态性，需要企业在实践中依据企业的战略、自身条件、外部环境的变化等因素来进行调整和更新。但是，如果使用不恰当，容易陷入"照搬照抄"的误区，导致工作设计脱离本企业的实际情况。因此，在采用标杆对照法进行工作设计时，需要对标杆企业或者参考的官方数据进行较为准确和详细的了解。

例证 6-3

做好工作设计，提升组织效率

第四节 工作设计的成果

一般而言，工作设计的内容成果包括工作内容、工作职责、工作关系、工作结果、人员特征和工作环境。由于企业规模和工作设计规范程度等不同，各个企业对工作设计所应取得的内容成果要求不一，但工作内容、工作职责、工作关系和工作结果作为工作设计的核心内容，必须呈现在工作设计成果之中，才能充分体现企业工作设计的作用。本节将对这四大内容成果进行重点介绍。

一、工作内容

工作内容是工作设计应取得的最为重要的成果。作为工作设计的重点，工作内容一般包括工作广度、工作深度、工作自主性、工作完整性及工作反馈 5 个方面（刘凤霞等，2015）。

（一）工作广度

工作广度也称为工作多样性。为保证员工对工作保有持续的兴趣，在进行工作设计时，企业应当适当拓展工作广度，避免工作设计单一，进而引发员工的厌烦。同时，工作广度也不能过度延伸，过大的工作广度会导致员工长时间在多个工作任务间流转，对相关工作内容的经验积累不足时又要承担下一项工作任务，无法对具体工作内容产生深刻见解，从而降低员工的工作效率与质量。

（二）工作深度

为激发员工的工作创造性，鼓励员工努力解决工作中遇到的难题，在进行工作设计时，应注意具体工作内容的层次问题，相关工作应由易到难进行设计，根据不同工作难度对员工提出异质性工作要求。

（三）工作自主性

只有确保员工工作自主性，才能有效激发员工的工作责任感，使员工感受到来自企业的尊重和信任，从而促进员工工作热情的提升。需要指出的是，在进行工作自主性相关设计时，企业需要充分权衡工作自主性与管理者权力之间的关系，既要避免员工工作自主性不足，也要防止管理者权力缺失，导致员工过度自由。

（四）工作完整性

确保工作完整性，有利于让员工见证自己的工作成果。普通的工作程序需要让员工全程参与，才能提升员工的工作成就感；而对于相对复杂的工作程序，进行工作设计时也需要避免将工作程序过度切分，这不仅会使得员工难以见证属于自己的实际成果，在进行工作成果评定时也很难区分参与人员的绩效比重，这对于员工工作意义的感知是一种极大的损伤。

（五）工作反馈

一般认为，工作反馈主要来自同事和上级对自身工作的评价。事实上，工作本身也是工作反馈的另一大重要来源，诸如工作数量、工作质量、工作效率等均为工作反馈的另一种形式。只有综合"人"和"事"的工作反馈信息，才能对员工的工作行为及结果做出全面评价，才能帮助员工发现自身工作不足并不断改进，精益求精。

二、工作职责

工作职责设计包括工作责任、工作权力、工作方法、沟通和协作等内容。

（一）工作责任

工作责任是从事工作的员工必须承担的岗位职责和义务，工作责任设计需要对这些内容做出明确界定，还需要对员工承担的压力进行设定。如果工作责任设定过高，会对员工身心健康造成不利影响，不仅会触发员工抵抗情绪，更会影响企业运行效率；而如果工作责任设定过低，员工毫无工作压力，同样会导致员工工作效率低下。

（二）工作权力

工作权力与工作责任相对应而存在，承担更多工作责任的员工应当获得更大的工作权力，进行工作设计时须极力避免两者相互脱节。如果工作责任过重而工作权力过小，员工会因不受重视而严重削弱工作积极性；若工作权力过大而工作负荷过低，不仅可能导致滥权现象的出现，还可能会引起其他员工的不满，这会对企业凝聚力造成极大的损伤。

（三）工作方法

工作方法设计也是工作职责设计中的重要内容，一般包括个人工作方法设计、组织工作方法设计、领导对下级的工作方法设计等具体内容。由于各个企业、岗位工作性质各不相同，因此工作方法的设计切忌标准化处理，应当根据工作的具体性质进行设置。

（四）沟通和协作

沟通和协作在工作设计中必不可少，但常常由于其隐性特征而在工作职责设计中被忽视。事实上，为了使工作有序展开，确保各岗位、各部门间密切合作，共同提高组织工作效率，沟通和协作也应当作为工作职责的重要内容进行设计。沟通包括横向沟通、纵向沟通、斜向沟通等形式，充分的沟通能为工作顺利进行提供坚实的信息基础。而为了使组织健康发展，各个工作环节与单位都必须相互合作、相互制衡，才能确保整体有机运行。

三、工作关系

工作关系是指组织中员工由于工作而发生的人与人之间的关系。根据不同标准，工作关系可划分为不同的类型。就工作主体而言，工作关系可分为同事之间的关系、上下级之间的关系；就工作单位而言，工作关系可分为岗位关系、部门关系及与外部单位的关系；而如果以工作内容为划分标准，工作关系则可分为协作关系、监督关系等。

四、工作结果

工作结果主要描述的是工作成果和业绩产出情况，具体包括工作绩效和任职者的反应。前者应提供工作任务所应达到的数量、质量、效率等具体指标，也应包含上级根据工作结果对任职者做出的奖惩标准；后者考察任职者对工作及相关奖惩的态度，可设置离职率、缺勤率、工作满意度等指标进行衡量（赵永乐等，2006）。

第五节 工作设计的趋势与问题

在新经济时代下，人才竞争愈加激烈，就业形态也越来越趋向灵活化。与此同时，劳动者素质的提高、生活压力的增加、信息技术的进步等多种主客观因素，促使越来越多的劳动者不再拘泥于固有的工作方式，而是逐渐倾向于更为灵活、更具弹性、更有自由的工作，由此催生出一些新兴的工作模式。

一、弹性工作制

弹性工作制是指在完成规定的工作任务或固定的工作时间长度的前提下，允许员工灵活自主地安排具体工作时间的制度（赵秀丽，2014）。弹性工作制主要包括弹性工时制、紧缩工时制、任务中心制、工作分担制以及弹性工作地点制（张瑞玲，2013）。弹性工时制把工作时间分为核心工作时间和非核心工作时间，员工在核心工作时间必须到场工作，而在非核心工作时间可以自主安排。弹性工时制是弹性工作制最为经典的形式。紧缩工时制是从弹性工时制演变而来的，员工将一周的工作量压缩在两到三天之内集中完成，剩余时间便可以自主安排。任务中心制下，企业不规定员工完成工作任务的具体时间，只要求员工在规定期限内完成工作任务，并根据完成度和满意度等，对员工进行考评。工作分担制是指企业允许两人或者多人来完成一个全日制工作。弹性工作地点制是指员工除了需要参加公司的一些必要活动（如例会），还可以自由选择工作的地点，不局限于在办公室办公，但前提是保证按质按量完成工作。在实际应用中，企业需要根据自身的实际情况，选择合适的工作形式，甚至可以将多种工作形式灵活组合使用。

弹性工作制在给予员工自由选择工作时间的权利的同时，也给予员工更多处理家庭事情或者个人事情的空间，是一种人性化的人力资本管理方式。但是，无论这种工作方式给予员工多大的灵活度和弹性，从本质上来说，他们的工作任务和工作量还是不变的。此外，由于在弹性工作模式下，员工拥有了自主管理工作时间的权利，因此工作时间的长度和分配问题成为雇主和雇员之间最容易产生矛盾的地方。

二、工作分享制

随着科学技术的快速发展，劳动效率不断提高，再加上有些工作逐渐被机器所取代，就业岗位严重不足，无法满足新增劳动力的需求，劳动力的供给与需求关系失衡，从而导致劳动力绝对过剩的问题。在工作分享制下，企业通过缩短或者调整员工平均工作时间的方式，将现有的工作岗位分享出来，从而创造出更多的工作岗位，缓解就业压力。目前，工作分享方式主要有以下 4 种。

（一）定期轮岗制

定期轮岗制也就是常说的轮休制，企业员工按照一定比例轮流下岗休假，在下岗休假期间，员工只能拿到基本工资或者基本生活费，但是员工可以在这期间做一些临时工作，也可以选择学习或者休息。定期轮岗制较适用于冗员不多的企业。

（二）工作岗位分享制

工作岗位分享制，顾名思义，就是对一个工作岗位的工作时间进行不同形式的分割，以创造出更多的工作岗位。在非全日工时制下，劳动者不需要全日工时工作，而是可以有选择地在间隔的时间段内工作，也就是说，一个全日制岗位被分割成多个非全日制岗位，从而为劳动者提供更多的就业机会。

（三）提前离岗退养制

企业可以根据实际情况，对接近退休年龄的员工实行离岗退养制。员工在离岗退养期间，仍按连续工龄计算，企业可以按一定比例来发放薪资，直到员工达到正式退休年龄，再根据国家的相关规定，为员工办理退休手续，给予退休费。提前离岗退养制最初应用于国有企业，它缩短了接近退休的员工的终身劳动工作时间，从而为年轻劳动者提供更多的就业岗位，有助于企业解决冗员的问题。

（四）强制正态分布竞岗制

在强制正态分布竞岗制下，在绩效考核中表现较差的员工被强制待岗受训，直到下一次绩效考核结束。强制正态分布竞岗制使得员工处在一个竞争环境中，促使员工更努力地提升自身技能，同时不断地改进自己的工作，以避免被要求待岗受训。

三、远程工作

远程工作是指员工借助移动网络、计算机等信息通信技术和工具，离开传统办公场所进行工作的方式。远程工作不要求员工在固定的时间和地点工作，它允许员工在自己认为的更舒适的环境和更高效的时间工作。远程工作主要包括居家工作、移动工作和远程工作中心 3 种方式（邵琼，2006）。居家工作是指员工全部或者大部分时间在家办公，只是偶尔到办公室工作；移动工作是指员工没有固定的工作地点，飞机上、车里、旅馆里等都可以作为工作地点；远程工作中心是指员工在一个协商好的地点进行工作，如卫星办公室。

对于员工来说，远程工作能够节省通勤时间和费用，并给予了他们灵活安排工作的权利，使他们能够更好地平衡生活和工作。此外，员工根据自身情况，在一个更适合的环境和时间工作，有助于员工工作效率的提高。对于企业来说，远程工作能够帮助企业节省人力成本和办公成本，同时，还能促使企业突破办公空间的局限，更好地吸引和留用人才，实现人力资源的全球化配置。

四、存在的问题

在新经济时代下，企业的工作设计越来越趋向灵活化、弹性化。灵活的工作设计提升了员工的工作自主性，降低了工作的纵向专业化程度，使得工作越来越丰富化，这是企业在人力资源管理方面推行柔性管理、灵活用工的重要体现。此外，随着各种灵活用工模式的应用越来越广泛，这些模式所带来的问题也逐渐在实践中显露出来。

对劳动者而言，灵活的工作模式的确使得他们有更多的时间处理个人的事情，甚至能够更好地发展自己的才能和个性，并且能够增加收入，减轻家庭负担。但是，由于目前对此类劳动者的劳动保护并不完善，因此他们面临着各种福利待遇和保障缺失的风险。此外，他们也担心会失去升迁的机会，而且长时间独立办公，也会使他们容易产生孤独感。

对企业而言，灵活的用工模式在引才、用才方面起到了重要作用，也在一定程度上节省了人力资源管理成本。但是，由此产生的管理问题也是需要管理者去考虑和解决的。工作时间、地点的灵活化，要求企业也需要具备细化的工作流程和分工，以及健全的人力资源管理体系，只有如此，企业才能更好地避免因职责不清、分工不明等问题而引起的组织内部矛盾，更好地监督和考核员工的工作质量和工作效率，更好地在培训、升迁、福利和待遇等方面保障员工的合法权益，创造一个更为公平、平等、和谐的劳动氛围和环境。

对社会而言，新兴的工作模式给就业市场带来了活力，提供了更多的就业岗位，在一定程度上为社会解决了一些就业问题，有助于全社会人力资源的有效配置和运用，甚至还在缓解交通压力以及保护环境等方面起到了一定的作用。但是，由于相关法律法规的缺失和不完善，这些工作模式所带来的劳动矛盾和纠纷也是社会稳定的重要隐患和威胁。因此，此类劳动者的社会保障和劳动保护机制亟待完善。

例证 6-4

新型冠状病毒肺炎疫情下的"共享员工"模式

 课程思政

1. 在新时代背景下，科学的工作设计理论更加注重充分发挥劳动者自身的能动性，挖掘自身潜能，获得学习成长和晋升机会，这就直接证明了社会主义制度与资本主义制度对待劳动者的典型差异，也充分证明了社会主义制度的优越性。

2. 在工作设计过程中，既要坚持"以能为本"原则，最大限度地发挥劳动者能力和潜能，又要坚持"工作生活质量原则"，注重平衡劳动者的工作和生活，这符合我国处于社会主义初级阶段的现实，也体现了人民群众对未来美好生活的向往。

3. 喜剧大师卓别林在《摩登时代》中使用夸张的手法体现了当时生产流水线中"扭螺帽"的工作，这是工作专业化流水作业的典型代表，它体现了一个时代的工作设计状况，也体现了资本主义制度下生产方式和要求的典型特征。

 ## 读书推荐

《员工绩效顾问：知识型岗位工作设计》

出版信息：[美]詹姆士·S. 珀皮顿（James S. Pepitone）著，刘庆林、董华超，译，人民邮电出版社 2004 年出版。

内容概要：现如今劳动人员中知识型员工的占比与日俱增，该书讲述了如何运用综合性方法论和知识改善组织内工作设计的架构，为企业中知识型员工进行有机化工作设计，从而提升组织整体绩效水平。

推荐理由：本书的作者詹姆士·S. 珀皮顿是在管理咨询方面有着二十多年丰富经验的顾问，被认为是工作设计的先行者。本书认为企业的宝藏来源于知识型员工，并站在系统角度为企业进行高绩效的工作设计提供参考。

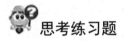 ## 思考练习题

 ## 学以致用

以某企业组织的运作架构为例，与其他同学讨论，找出体系现存的问题，提出对工作设计的修改意见和建议。

 ## 案例分析

移动通信有限责任公司岗位设计

 **参考文献**

[1] 蒋剑勇. 知识型员工工作设计的思路探讨[J]. 价值工程，2003（3）：15-17.

[2] 刘婉琳. 关于企业工作设计方法选择的思考[J]. 知识经济，2009（15）：71.

[3] 陈永忠，陈婷玮，戴雅萍. 浅议人力资源管理中的工作分析和设计[J]. 经济研究导刊，2012（29）：206-208.

[4] 赵阳. 企业人力资源管理的数字化转型[J]. 中国电力企业管理，2020（13）：84-85.

[5] 葛玉辉. 工作分析与工作设计实务[M]. 北京：清华大学出版社，2011.

[6] 许小东. 现代工作设计理论评述[J]. 经济师，2001（10）：22-23.

[7] TRIST E L, BAMFORTH K W. Some social and psychological consequences of the longwall method of coal-getting: an examination of the psychological situation and defences of a work group in relation to the social structure and technological content of the work system[J]. Human relations, 1951, 4(1): 3-38.

[8] 石雪梅，陈东旭. 基于内在激励的工作设计方法探讨[J]. 全国商情（理论研究），2012（7）：24-26.

[9] HACKAMN J R, OLDHAM G R. Development of the job diagnostic survey[J]. Journal of applied psychology, 1975, 60(2): 159.

[10] 陈兵. 智能制造企业工作设计与工作研究运营策略研究[J]. 山西科技，2018，33（6）：87-94.

[11] 朱勇国. 职位分析与职位管理体系设计[M]. 北京：对外经济贸易大学出版社，2010.

[12] 周文，刘立明，黄江瑛. 工作分析与工作设计[M]. 长沙：湖南科学技术出版社，2005.

[13] 全国高级经济师考试研究组. 高级经济师经济理论：下册[M]. 郑州：黄河水利出版社，2018.

[14] 金剑峰. 功力：世界500强企业的人力资源实践[M]. 广州：广东经济出版社，2009.

[15] 张颖昆. 招聘管理入门[M]. 广州：广东经济出版社，2006.

[16] 张华初，黄燕. 做好岗位设计 提升组织效率[J]. 中国人力资源开发，2004（5）：77-79.

[17] 刘凤霞，房宏君. 现代组织与岗位设计[M]. 天津：天津大学出版社，2017.

[18] 赵永乐，朱燕，邓冬梅，等. 工作分析与设计[M]. 上海：上海交通大学出版社，2006.

[19] 赵秀丽. 时间管理与弹性工作制[J]. 经济研究参考，2014（64）：85-88.

[20] 张瑞玲. 弹性工作制及其在中国的应用现状[J]. 东方企业文化，2013（4）：59-60.

[21] 邵琼. 远程工作对组织设计的影响[J]. 武汉科技大学学报（社会科学版），2006，8（3）：56-59.

[22] 张广科，包宇睿，刘雅琪. 突发公共卫生事件中"共享员工"应急模式及其完善策略[J]. 决策咨询，2020（3）：36-39，46.

第七章
岗位评价

在避免一定偏见的前提下，岗位评价是实现薪酬平等的最佳途径。

——美国社会学家 保拉·英格兰

 **本章框架**

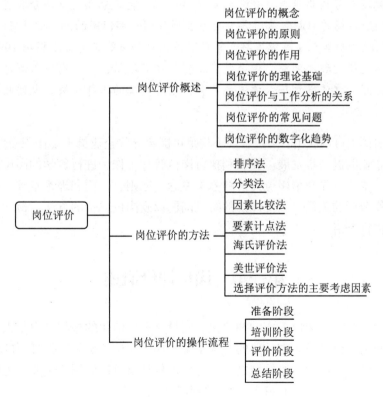

岗位评价
- 岗位评价概述
  - 岗位评价的概念
  - 岗位评价的原则
  - 岗位评价的作用
  - 岗位评价的理论基础
  - 岗位评价与工作分析的关系
  - 岗位评价的常见问题
  - 岗位评价的数字化趋势
- 岗位评价的方法
  - 排序法
  - 分类法
  - 因素比较法
  - 要素计点法
  - 海氏评价法
  - 美世评价法
  - 选择评价方法的主要考虑因素
- 岗位评价的操作流程
  - 准备阶段
  - 培训阶段
  - 评价阶段
  - 总结阶段

学习目标

➤ 掌握岗位评价的定义、原则与作用

> ➢ 了解岗位评价的理论基础
> ➢ 了解岗位评价与工作分析的关系
> ➢ 熟悉岗位评价的常见问题
> ➢ 掌握岗位评价的常用方法
> ➢ 了解岗位评价的操作流程

引例

北京电力设备总厂的岗位管理问题

北京电力设备总厂是一家拥有 3000 多名员工的大型国有制造企业，在实施"划小核算单位"管理以来，企业人力资源配置日趋合理，但是在岗位管理中仍存在不少问题。

（1）现行岗位等级序列相对落伍。北京电力设备总厂曾于 1993 年进行三项制度改革，自此之后，岗位等级序列便未进行过大规模调整，仅仅针对一小部分岗位等级进行过微调。由于企业内部环境和外部竞争市场环境剧烈变化，现行岗位等级序列已无法满足现有企业需求。

（2）岗位间工作衔接不流畅。实施"划小核算单位"管理后，有些同类产品的技术职能、生产职能、营销职能等被分配到不同单位，职能的分散使得部分职能在进行工作衔接时存在沟通不畅的问题，有时甚至会导致岗位间、部门间的恶性竞争。

（3）薪酬激励功能无法有效发挥。总厂岗位工资和技能工资标准根据 1993 年相关标准制定，虽然也经过数次调整，但是总厂工资仍相对较低，部分岗位薪酬水平与外部市场存在较大差距，这使得总厂人才流失严重，在职员工的工作积极性也因此大受打击。
（陈威，2012）

从上述引例中可以看出，岗位管理不规范可能会导致企业员工工作积极性直线下降，甚至会制约企业的进一步发展。要顺利执行岗位管理工作，进行科学的岗位评价是工作的基础工程。本章首先介绍岗位评价的基本概念、原则、作用和理论基础，接着阐述岗位评价与工作分析的关系、岗位评价的常见问题以及岗位评价的方法，最后对岗位评价的操作流程进行介绍。

第一节　岗位评价概述

岗位评价是组织对岗位工作的抽象化、定量化和价值化的过程，它是人力资源管理中操作难度较大，但又是非常重要的一项基础工作。岗位评价是工作分析的重要目的，也是工作分析结果运用的主要领域之一，岗位评价结果可以应用于企业人力资源管理中的岗位定级、薪酬设计、员工职业发展和晋升等多个环节。

一、岗位评价的概念

岗位评价也称为职位评价和工作评价，是在工作分析或岗位分析的基础上，采取某种特定的科学方法，对组织内部各岗位所承担的责任大小、工作难度、工作环境、任职要求等条件进行评估，并利用评估结果确定各岗位在组织中的相对价值，而后以此为基础建立岗位价值序列，将此作为薪酬管理的重要依据。早在 20 世纪中后期，岗位评价就已经在欧美国家盛行。岗位评价是现代企业建立薪酬制度的重要环节之一，是一项对企业的长远发展有着不可替代作用的重要性基础工作（殷焕武等，2009）。

岗位评价在本质上是评价岗位的贡献度，即一个岗位能够为组织创造多大的价值。不同的工作岗位为企业创造的价值不同，是能够进行量化比较的。岗位评价所需要的信息通常来自两个渠道：① 直接的信息来源，即直接在组织现场进行岗位调查，收集数据；② 间接的信息来源，即通过现有的人力资源管理文件（如工作说明书）获得信息。

岗位评价主要有如下 4 个方面的特点。

（1）岗位评价以岗位为评价对象。岗位评价主要围绕"事"，而不是"人"。以岗位所承担的责任、负责的任务等为对象进行客观公正的评价和估计。在实践中反映为，做同样工作的职员领取统一的报酬。同时，岗位评价与员工的业绩无关。

（2）岗位评价是对企业各类具体劳动的抽象化、定量化的过程。这个过程主要是对员工各个岗位的数值进行对比，以明确企业各类具体劳动的内涵和价值。一般而言，随着组织的发展变化，岗位的价值也会发生变化。

（3）岗位评价的过程需要用到多种多样的技术和方法，如调查法、访谈法、分类法等，因为岗位评价技术涵盖多方面的因素，涉及劳动心理、组织行为学、信息学等多方面的知识。

（4）岗位评价应对组织的战略业务目标进行评估。在进行岗位评价的过程中，企业必须时刻将评估过程与组织的业务目标联系起来，避免与企业战略目标不一致的评估因素（亨曼，2003）。

二、岗位评价的原则

组织可以借助岗位评价为员工制定相对公平和合理的薪酬，在进行岗位评价的过程中，需要遵循一些基本原则，以确保岗位评价的公正性和合理性。岗位评价的原则是整个岗位评价过程中必须要遵循的一些指导思想和行为规范，评价岗位时遵守原则有助于建立一个透明、公正且无明显偏见的岗位评估体系（阿瑟斯，2001）。常见的岗位评价原则包括系统性原则、实用性原则、标准化原则、代表性原则和能级对应原则。

（一）系统性原则

系统是由相互作用的要素组成的具有特定功能的有机整体，其构成要素可以形成子系统，而这个子系统从属于更大的系统。从这个角度来看，岗位评价可以被视为一个独立的子系统，它与工作分析和薪酬设计共同构成了一个较大的系统，而岗位评价又是工作分析和薪酬设计间的桥梁。岗位评价并非孤立进行，在进行岗位评价时，各个环节的子系统和大系统同时运转。总之，岗位评价是一项系统性的工程，主要由评价标准、评价指标、数据处理和评价技术方法等多方面要素组成。这要求在进行岗位评价时综合考虑多方面的要素。

（二）实用性原则

在设计岗位评价体系时，科学性、合理性、系统性等固然重要，但是岗位评价必然不能脱离组织具体情况来探讨。因此，需要综合考虑组织的文化传统、资金成本和实际工作环节，以便设计最实用、高效的方法体系来满足企业的现实需求。

只有从组织实际情况出发，岗位评价才能选出最能促进组织输出率、管理工作和组织发展的评级因素，特别是福利、劳动组织、工资等基础因素，它们使评价输出能够直接应用于组织实践中，进而提高岗位评价的实用价值。

（三）标准化原则

岗位评价的标准化就是对衡量员工消耗劳动量大小的标准及岗位评价的技术方法、评价过程和评价体系做出统一的规定，作为这项工作中要共同遵守的依据（乔杜里，2016）。岗位评价的标准化具体体现在评价标准的统一性、岗位评价方法的统一性和评价结果的统一性等方面，企业岗位评价的标准化原则是岗位评价的基础（王荣煜，2015）。为了确保结果的客观，岗位评价应当在人员和时间上保持一致，保证结果的信效度，不受额外因素的干扰。

此外，在实际进行操作打分之前，必须对参与评价的专家小组成员进行事前培训，以确保每位成员都能达到对各项因素设置的一致理解，避免因对操作定义的理解不当在实际打分中产生偏差。

（四）代表性原则

在岗位评价过程中，必须确保岗位评价专家小组的代表性、评价要素选取的代表性和评价结果对工作贡献的代表性。对此，在岗位评价的各个环节中，专家小组成员一定要包括岗位上现任的员工，让他们适当地参与，拥有一定的发言权。一方面，这样做可以利用其岗位经验为评价过程提供信息；另一方面，这样做可以提高现任职员的接纳性。员工在评价过程中有任何意见可以随时向上反馈，而这一切都是为了评价结果能在最大程度上得到员工的理解与支持。

（五）能级对应原则

根据管理功能的不同，管理系统可以分成不同的级别。能级对应原则就是将对应的管理内容和管理人员匹配到相应的级别中，使其各得其所、各显神通。岗位能级的高低由岗位在组织中的工作性质、责任大小、任务轻重缓急等重要因素决定，职责大的岗位，自然能级就高。不同的岗位有不同的能级，不同的人也有不同的才能。在员工各尽所能的基础上，企业能够根据能级给予员工不同的薪酬待遇。

三、岗位评价的作用

岗位评价能够让大家对不同岗位在组织中的相对贡献量有一个明确的认识，解决组织内各部门各岗位的利益权衡问题。做好价值分配，必须要依靠岗位评价，岗位评价是现代企业人力资源管理中必不可少的手段。

（一）岗位评价是明确岗位等级的手段

通过岗位评价可以对岗位的责任、工作难度与工作环境等方面进行综合考察评估，将不同岗位价值相互比对，从而确定每个岗位的相对价值。岗位等级的排序经常被当作划分福利待遇、工资级别和行政权限等的依据，而岗位评价是划分岗位等级的最佳工具。

假设某组织没有进行岗位评价，而是用职务头衔来划分岗位等级，那么这种划分就会忽视同一岗位等级的差异。同时，这对于一些等级不高且创造价值较大的岗位而言，是有失公平与准确的。例如，某互联网公司的程序员编写代码能力高超，具有自己独特的风格，创造并维护了公司游戏代表作，对企业而言，他的贡献并不亚于一个普通的部门经理。在这种情况下，如果用职务等级来替代岗位评价划分的等级，该名程序员就无法得到应有的薪资待遇。

现代组织经常以集团公司形式存在，当员工在集团内跨子公司调动或者跨部门流动时，因为组织规模、组织职能的不同，即使职务头衔未变，负责岗位的职责和要求也可能不尽相同，这是现代组织中的常见问题。这类问题常常通过岗位评价来解决。岗位评价将工作中所需条件相当的岗位划分为同一等级，进行科学规范的管理，使用统一的标准对员工进行考核、奖惩等。

（二）岗位评价是建立公平薪酬体系的基础

人力资源的竞争在现代企业中日渐激烈，如何吸引并留住人才是企业必修的功课。企业想要在人才资源方面有竞争力，一定要关注员工对企业的感受。公平性是员工对企业保有好感的基础保障，而在组织内体现最明显的就是薪资待遇。

为什么部门经理与部门一般成员的工资相差如此之大？为什么程序员比会计师的工资高？就连组织内统一部门之间的员工薪酬也存在差别，依据是什么？如果依据不能服众，那么高离职率只会成为常态。事实上，如果员工在比较薪酬时普遍感觉不满，那么就是薪酬的内部公平出了问题，薪酬设计的基准产生了偏差。

岗位评价可以解决这些矛盾，评估过程中建立了岗位价值级别的统一标准。在确定薪酬待遇时，企业已经充分调查了每个岗位中谁对组织创造的价值更大，谁值得企业支付更高的薪资。组织内部的职位需要建立一种联系，使得内部建立起一套连续性的薪酬等级，让同部门的员工对薪酬的看法不会有太大落差，趋于满意，每个员工负责的工作与其对应的报酬相适应。

当设置新岗位的时候，也能迅速有序地为新岗位找到恰当的薪酬水平，从而建立公平的薪酬体系，员工的工作绩效自然会有所上升（达维什莫特瓦利等，2020）。

（三）岗位评价有助于员工明确职业生涯发展路径

在运用岗位评价确定员工的职业生涯发展路径时，首先需要借助岗位评估确定员工的岗位等级，明确清晰的岗位等级划分可以让员工充分了解工作评价的标准，便于员工规划自己的职业生涯。此外，在岗位评价过程中，组织会将组织内所有职位体系的相关资料（如任职者条件、职位性质等信息）公布出来，在职员工可以根据这些信息，结合自身情况考虑跨部门的可能。岗位评估过程中需要各岗位在职员工的配合，将自身的工作以明了易懂的方式呈现出来（思布等，2014）。

联合利华——线上内部人才市场平台

（四）岗位评价有助于做好任职者和职位的匹配

当岗位等级确定以后，要对当前的员工和职位等级要求进行收集整理，对组织内任职者与职位的匹配情况有统一的认识，并据此进行一定的处理。任职者和职位要求之间可能存在如下 3 种情况。

（1）任职者和职位要求相匹配，此为理想情况，不需要进行处理。

（2）任职者所拥有的能力超过了职位要求。这种情况的处理办法有两个：① 让超出能力要求的员工得到晋升，将其放到更高级、更合适的岗位。② 将该岗位的职责丰富化，随即重新评估其贡献价值，使该员工能够获得与其能力相匹配的待遇，避免待遇不匹配、工作缺乏挑战性而导致人才流失。

（3）任职者的能力水平不能达到岗位要求。这同样分为两种情况处理：① 相差水平过大，短时间内找不到更合适任职人员的情况下，可以将该岗位的部分职责适当撤销，随即调整岗位等级；或者在该员工通过培训等手段提高自身能力之后，再恢复职责，调整职位等级。② 差距并不大时，要提供相关培训并且辅以绩效系统对员工进行引导，促进其能力快速提升，满足岗位要求。

由此，综合任职者和职位的分析，做好二者的匹配工作，提高组织生产效率。

四、岗位评价的理论基础

想要充分发挥岗位评价的作用，必须选取合适的岗位评价理论进行指导，进而保障企业激励机制，提高员工的积极性和工作效率。岗位评价的理论基础历史悠久，可以追溯到 19 世纪中叶马克思主义经济学中的工资理论。

（一）工资理论

在传统的马克思主义经济学的工资决定理论的启示下，按劳分配的原则指导着我国的工资分配和管理，同时亚当·斯密也进一步提出了工资理论。亚当·斯密认为，不同岗位、不同员工之间工资相差较大的原因主要分为两种：职业性质和工资政策。

1.职业性质

职业性质通过以下 5 种方式对工资差距施加影响。

（1）劳动者的心理感受。从事不同性质职业的劳动者的心理感受不同，直接体现为不同职业性质带给雇员的工作满意度完全不同，有的令人愉悦，有的则使人烦躁。

（2）技术的难易程度。不同性质的职业要求不同难易程度的技术掌握能力。部分职业由于技术的培养与掌握需要扎实的理论基础和长时间的上手练习，很难在短时间内达到职业要求，那么该类型职业的工资自然会比其他职业更高。

（3）职业的安全程度。有的职业设置本身就有风险，如为国家冲在前线的军人、疫情期间守在防线的医生和护士等。比起风险低或几乎没有风险的职业，这些职业值得提供更好的薪酬待遇。

（4）承担责任。不同职业所承担的责任也不尽相同。例如，医院中负责手术的外科医生比医院的清洁人员承担更大的责任。

（5）成功的可能性。许多职业作业过程中存在失败的风险，成功的可能性或多或少会影响薪资的分配。

一般而言，工作满意度低、学习成本高、危险、承担责任重大、失败率高的职业，对应更高的工资，反之则是较低的工资。职业性质是现代岗位管理工资制的基础。

2. 工资政策

政府若制定了不合适的工资政策（如加强垄断、阻碍劳动力的自由流动和限制竞争等），而阻碍了劳动力的自然流动、适当职业竞争，就会扭曲劳动力市场的供求关系，导致员工的工资差别不合理。反之，国家的最低工资标准、种种福利政策等其实是在试图"修补"这些不恰当的工资分配。

亚当·斯密对职业性质和工资政策的论述研究是进行岗位评价的理论基础。虽然他的工资理论存在一些缺陷，但是该理论引发了后续众多学者的工资理论研究（霍爱敏，2008）。

（二）公平理论

美国行为学家亚当斯于 20 世纪中期提出了公平理论，也称社会比较理论。公平理论围绕薪酬公平性对员工积极性、工作效率的影响，由纵向比较和横向比较得出员工内心的公平性判断。公平理论的基本观点是：当一个人通过工作获取薪酬时，薪酬的绝对量和相对量都是他所关心的，绝对量决定生存、生活的质量，而通过相对量，即比较得出自己工作所得是否合理。本质上就是"回报"（金钱、晋升机会、被赏识等）与"投入"（时间、努力、教育成本等）的比值，将这个比值与组织部门内外的成员进行比对，当这个比值相等时，个人才能感受到公平。

公平理论的公式为 $Q_p / I_p = Q_c / I_c$。其中，Q_p 指员工对自身薪酬的感受；Q_c 指员工对他人薪酬的感受；I_p 指员工对自身所投入的感受；I_c 指员工对他人投入的感受。

一旦员工比较中上述公式两边无法画等号时，就可能出现两种截然相反的情况。

1. $Q_p / I_p < Q_c / I_c$

这种情况下，员工有强烈的不公平感，为了减少这种强烈的认知冲突，员工可能采取如下 3 种措施。

（1）要求增加自己的薪酬或者自发地减少今后的努力程度，来增加左方（己方）的比值，让公式趋于相等。

（2）要求适当减少比较对象的薪酬或让对方更为努力以匹配他的工资水平，来减少右方（对方）的比值，让公式趋于相等。

（3）除了对该公式进行调整，员工还可能更换比较对象，减少认知冲突，以达到心理上的平衡。

2. $Q_p / I_p > Q_c / I_c$

此时，员工是具有优势的一方，起初他可能会要求适度减少薪酬或多承担一些责任与工作量。但是时间一长，他很有可能会重新估计自己的工作情况与薪酬，调整到他觉得自己的工作能够匹配目前的待遇，使产量回到过去的水平。

员工通常会对薪酬水平进行 3 种类型的公平比较：① 外部公平性比较，主要集中在不同企业组织之间，对同样岗位的员工所获薪酬进行考察比较；② 内部公平性比较，主要集中在同一组织内部，对不同工作之间的职员待遇进行对比；③ 个人公平性比较，是员工对个人的回报与投入所做的比较，最为影响员工的工作满意度、工作积极性、工作态度、工作效率等。

进行岗位评价时，亚当斯的公平理论对怎样建立起一套公平的、统一的、可量化比较的体系具有一定的理论指导意义。

（三）目标一致理论

目标一致理论的中心思想是：为了建立有效的评价指标体系，评价系统的目标、评价指标和评价目的在岗位评价系统中应当达成一致。评估系统存在总目标，即在决策和计划中所确定的人们所期望的内容及其数量值，系统输出的结果均体现为目标实现的程度。在人力资源系统中，它就是绩效水平（胡君辰等，2008）。评价目的是希望在实施绩效评价后能够实现的目标，评价指标是绩效评价系统中直接的评价要素，涉及具体的评价内容（潘康宇，2011）。目标一致性理论要求系统总目标、评价目的和评价指标彼此之间具有一致性，即评价指标要能够正确反映系统总目标和评价目的，否则可能出现评价结果与系统总目标背道而驰或局部最优化的状况；评价目的和系统总目标要一致，否则评价指标的设计可能无所适从。

（1）系统目标与评价指标的一致。系统是服务于目标的，系统输出的评价就是目标实现的程度。评价指标直接体现了评价的要求，评价的要求要与系统目标紧密结合、保持一致。二者的一致是内容的一致，评价指标的内容包含了系统目标的内涵，能够保持一致。评价指标与系统目标一致的内容不仅能评价系统的输出对既定目标的完成程度，而且能够引导系统往正确、一致的方向发展。

（2）评价指标与评价目的的一致。评价指标体系包含能够体现评价目的的评价因子，体现的是评价目的、评价的要求。各个组织所属行业不同、技术不同、岗位的要求不同，那么评价的指标就会有所区别。

（3）评价目的和系统目标的一致。评价指标既要与评价目的一致，又要与系统目标一致，这就要求评价目的与系统目标是一致的。若非如此，评价指标体系将难以协调完善，最终导致评价工作的失败。一定要明确系统目标是出发点，它决定了一切活动，而其余评价工作，包括评价目的和评价指标都是为系统目标服务的。

（四）岗位管理理论

组织这个庞大的机构是由一个个具体的职位组成的，组织的作用不同，组成组织的职位也不尽相同。工作任务是每个具体职位所承担的为达成组织目标而必须完成的事务，体现出岗位的具体功能与性质。岗位任职者具有自己的主观能动性，是组织内的能动要素，能够实现岗位行为的连续性，是组织内实现工作职能的关键要素。一般组织通过对在岗职员的约束和激励来保证工作目标的达成。

作为一种已被普遍认可的现代化管理模式，岗位管理坚持以岗位为核心，因事设岗是组织的首要职责，作为宏观主体，组织需要赋予岗位不同的职责、权利与义务；紧接着，需要根据岗位要求和竞争上岗原则，实现组织内部人岗匹配；在此之后，员工需要严格根据岗位要求规范和管理自己的行为，员工待遇也会因岗位不同而存在差别（魏杰，2001）。岗位评价围绕的中心就是岗位，岗位评价是岗位管理体系中的一个基础环节。因此，岗位管理理论是研究岗位评价的重要理论成果。

五、岗位评价与工作分析的关系

工作分析的结果可以为岗位评价提供所需的各岗位相关资料，使得进行岗位评价时无须额外收集岗位工作信息，而是直接提炼出评价指标，以完善岗位评价指标体系。工作分析也能促进岗位评价的标准化、科学化，企业应基于工作分析所提供的数据进行分析、总结，不能主观臆测，否则容易导致结果不够客观。总之，没有工作分析，岗位评价将成为无源之水。

岗位评价是评定岗位的价值，确定岗位等级序列，从而确定各岗位的薪酬水平。因此，岗位评价是工作分析的逻辑结果，是提供薪资结构调整的程序（萧鸣政，2011）。外部市场竞争、以往该岗位的薪酬和管理者分配薪酬的策略都会影响薪酬水平。虽然现在有不少人认为，应该用以绩效为基础的薪酬方式或以能力为基础的薪酬方式来替代以岗位为基础的薪酬方式。但是在实际运用中，最常见的薪酬方式仍旧是以岗位为基础的结构工资制度，包括基本工资、学历工资、岗位工资和绩效工资等。岗位评价是设置岗位工资的基础环节，岗位评价的过程贯彻着按劳分配、同工同酬的理念。总之，岗位评价是工作分析与薪酬制度设计之间的一座桥梁。它以工作分析提供的信息为基础，为客观科学的薪酬设计提供理论支撑。岗位评价与工作分析的关系如图7-1所示，工作分析为岗位评价奠定基础，通过对收集的资料信息、数据进行分析，制定合理的岗位安排，岗位职责确定后，依据岗位评价的结果，形成一个公平公正的统一标准，为绩效考核以及薪酬管理提供依据。上述各环节环环相扣，服务于整个人力资源系统，最终作用于企业的发展。

六、岗位评价的常见问题

在实际应用中，岗位评价体现为评价专家小组根据评价指标体系和岗位的实际情况打分，那么在这个过程中可能会出现哪些问题呢？

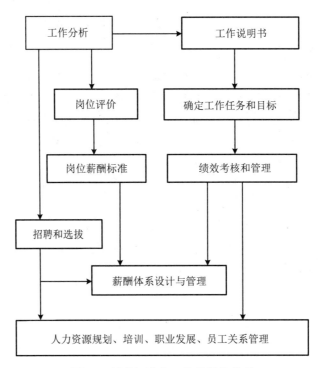

图 7-1　岗位评价与工作分析的关系

（一）评价因素定义不明确

在评价岗位时，往往要综合岗位要求条件、承担的责任和难易程度 3 个方面的考量对岗位进行打分。为了精确分析岗位的这 3 个特征，一般会将它们再进行分解，细化成若干个评价因素作为打分依据。那么，当这些细分因素没有明确的操作定义时，专家小组成员对该因素的打分结果往往不够客观，并且由于没有从低到高分数的具体描述，岗位的分值经常会出现趋中现象。

因此，在进行岗位评价时，每一项细化的评价标准都应有明确的高低分示例，确保专家小组成员对评价标准的尺度有所把握，同时强调打分的客观公正，减少趋中打分。岗位评价小组的决策作用是至关重要的，因而在评价因素的定义上不应以个人判断为标准，负责人员应该在国家标准、省部标准等基础上，根据组织具体情况做出客观、量化的指标标准。

（二）评价人员存在偏好

评价过程中打分时也有可能出现评价专家小组对评分判断偏移的情况，即打分过高或过低。打分的主体是人，那么就难免会存在主观偏好。例如，专家小组中工科类的专家如果倾向于给自己相关的部门打更高的分，那么直接导致工科类相关部门所得分显著高于其他部门，这是不科学的、主观的，对内部薪酬公平造成了极大的影响，应当避免。

为了减小这类系统误差，首先，专家小组的规模要足够大（18～25 人），由此在一定程度上弥补个体误差带来的影响。其次，专家小组应该由不同部门成员组成，且各部门成员人数相当。这样既能够收集不同部门的意见反馈，又能对不同部门专家的偏好进行牵制，尽可能避免专家小组评分偏移，让评价分数客观、科学。

（三）光轮效应

光轮效应又称晕轮效应，在心理学中是指人际知觉中所形成的以偏概全的主观现象，所谓"美即好"。而在岗位评价中，光轮效应体现为评价人员对某一个细化因素打分较高或较低时，或多或少会同向影响其他因素的打分，从而使该岗位得分不能体现出其真实的价值（殷焕武等，2009）。例如，评价人员根据各类指标对岗位进行打分时，对某岗位的责任大小的细化指标给分较高，有可能对岗位难易程度指标给出更高的分数，从而导致该岗位得分"极化"，评价得分就会有失公正。

其实，以上 3 类错误或多或少都有所交叉。因此，在进行岗位评价过程中，要从最基础的操作定义做好，并且慎重选拔评价专家小组的成员，以有效避免这些错误。

七、岗位评价的数字化趋势

如今中国正在全速向数字化的时代迈进，各种组织的人力资源管理也面临着全新的挑战与机遇。作为人力资源管理体系中至关重要的一环，岗位评价自然也深受影响。数字化对岗位评价的影响主要表现在如下两个方面。

一方面，一般而言，岗位评价多是"对内管理"的过程，但在数字化时代，岗位评价不仅是对内管理的评价，更是对外管理的评价。岗位评价必须涉及外部环境，如竞争对手以及是否需要引进新的技术和工具等。

另一方面，岗位评价在对岗位进行评估的时候可以剔除某些具有重复性的岗位。随着人工智能的日益兴盛，企业对员工的创造性提出了更高的要求。数字化时代不再是过去的"竞争逻辑"，组织边界也越来越开放，更多的是"共生逻辑"。岗位评价也需要逐渐考虑每个岗位中员工赋能的需求，一味管控并不能创造更多价值。

多氟多企业现代化管理

此外，基于现今环境的不确定性和模糊性，组织需要明确数字化时代的战略导向。数字化时代不仅有新的技术和管理方式，还有不同的面向未来的思维方式（陈春花等，2020）。而体现在岗位评估中，就是拥有了更多的灵活性。这是因为组织会有更多的方向，那么组织选取的一些评价因素也要因时制宜，不要囿于传统的几个因素。

第二节　岗位评价的方法

岗位评价的方法大致分为常用方法和经典方法。其中，常用方法包括排序法、分类法、因素比较法以及要素计点法 4 种；经典方法包括海氏评价法和美世评价法两种。在常用方法中，可以进一步将岗位评价方法分为定性的方法和定量的方法。其中，定性的方法主要针对岗位之间的比较，不考虑具体岗位的特征，如排序法和分类法；定量的方法更重视对具体的岗位特征进行分析，需要对岗位评价要素进行打分并对分数进行比较，如因素比较法和要素计点法。

一、排序法

排序法又名排列法，是对岗位整体而不是对个别层面进行评估比较的方法。首先列出待评价的所有岗位，然后采取顺序性的排序来逐一比较两个岗位的相对价值，从而列出一个相对位置。排序法是一种最简单、最易上手的岗位评价方法，属于非分析、定性的方法。该方法由评委主观评判，主要是通过比较岗位的相对价值来确定该岗位与其他岗位的关系。

（一）排序法的实施步骤

排序法的实施一般包括岗位分析、选择标杆岗位、岗位排列及岗位定级 4 个步骤。

（1）岗位分析。由相关人员组成评价小组（具有代表性），小组全面调查待评价的岗位情况，收集相关的数据，整理出调查报告。在这一环节中需要将基本的岗位要素调查清楚，包括工作的内容、责任、与其他岗位的联系和能力要求等。

（2）选择标杆岗位。评定人员在收集、整理完各岗位的资料后，一般需要选择若干个岗位作为参照标准，选择过程中建立一个用以安排其他岗位位置的结构框架。

（3）岗位排列。选择了标杆岗位之后，在与标杆岗位比较中对其余的岗位进行综合评估。将组织内同类岗位中剩余岗位的重要程度、岗位要求的技能知识等与标杆岗位进行比较，得出小于、等于或大于标杆岗位的结果并做出评判。这种方法要求岗位基本相同或者在同一部门，使用非分析方法对岗位进行比较相对简单，但是对于两个并不类似的工作，非分析方法就不适用了。

（4）岗位定级。根据事先确定的评价标准，对各岗位的重要性做出判断，将每个岗位的所有评判结果汇总，计算后得出每一个岗位的平均序数。最后，根据平均序数的大小进行排序，得到岗位相对价值序列。

（二）排序法的类型

排序法有 3 种最常见的类型，分别是简单排序法、交替排序法、配对比较排序法。

1. 简单排序法

简单排序法是一种根据组织成员在工作中积累的经验，在主观判断下对工作岗位的相对价值进行排序的方法。简单排序法的操作关键在于不断地对各个岗位进行两两比较，在每一次的比较中选出更有价值的岗位，如此循环操作，直到选出最优价值的岗位。由于在简单排序法的操作过程中，每一轮操作中的岗位都像气泡从水中冒出一样，所以这种方法也被称为冒泡排序法。具体操作是：① 将所有岗位的信息整理成卡片，每张卡片上写一个岗位，统一放到 A 盒之中。② 在 A 盒中随机抽取两张卡片，将其岗位价值进行对比，留下价值较高的卡片，将另一张卡片放到 B 盒中。③ 从 A 盒中抽取一张卡片，与上一轮留下的卡片比较，同样留下价值较高的卡片，价值较低的放入 B 盒中。重复该步骤，直到 A 盒中没有卡片，留下的最后的卡片就代表着最有价值的岗位，完成第一轮的筛选工作。④ 重复以上步骤，直到将所有的岗位价值排列清晰。

2. 交替排序法

交替排序法是在简单排序法的基础上发展而来的，又名轮流排序法。具体操作是：① 准备两张白纸，在第一张纸上罗列所有待评价的岗位，对这些岗位进行评价，选出其中职位价值最高的岗位，摘抄到第二张纸的第一行，同时将第一张纸上的岗位名字划掉。② 在第一张纸剩余岗位中选出价值最低的岗位，写到第二张纸的最后一行，并将第一张纸上的名称划掉。③ 对第一张纸上剩余的岗位重复进行前两步操作，选出价值最高和最低的岗位写到第二张纸的第二行和倒数第二行，选出后将第一张纸上对应名称划掉。以此类推，直到第一张纸上的名称全被划掉。

3. 配对比较排序法

比起简单排序法，配对比较排序法更为高效：与交替排序法相比，配对比较排序法能更为直接、清晰地判断岗位间的价值次序。配对比较排序法利用岗位在表格中的列示，将某个岗位与其他岗位进行一一比较，并根据岗位创造的相对价值进行打分。

配对比较排序法示例

（三）排序法的优缺点

应用排序法的一个重要前提条件是能够挑选并获得训练有素的评估人员。这些人员要十分熟悉要考察的岗位，知道每个岗位所要求的技术和体耗，并能够做出公正的判断。因此，该方法适用于规模较小、岗位数量较少、新设立岗位较多的情况。在适用的基础上，排序法的优点包括：① 简单易行，容易解释，采用整体方法整体比较，不必把工作分解成要素；② 耗费的时间、资源成本较少，从而提高企业的资源配置效率。此外，岗位评估法的趋势是采用更简单的方法（阿姆斯壮等，2017）。因此，在选择岗位评估方法的时候不能因为某种方法简单而将其排除在外，一定要从自身情况出发选择最适宜的方法。

与此同时，排序法也存在一些缺点。

（1）结果不够准确。根据排序法结果，我们只能得出岗位价值高低，却不能得出两个相邻岗位之间实际差距的大小，因此也无法进一步挖掘评估结果背后的信息，以及各岗位重要性的实际差异，而且评价的一致性也难以保证。

（2）岗位排序缺乏系统的理论基础，单纯依靠评委的主观判断，很难保证评估的客观性，不够权威，缺少说服力。

（3）如果组织新设立了岗位，无法将新岗位适当插入原有的岗位序列之中，只能重新评估所有岗位，费时费力。同时，当岗位数量太多时，该方法难以使用。

二、分类法

分类法在排序法的基础上进行了改进，又称为套级法、归级法、等级描述法。分类法通过科学的方法，根据岗位的性质、责任大小和任职资格等因素，制定了一套岗位级别标准，将各岗位与标准相比，根据比较结果归级到相应的各个级别中，最终确定岗位等级结构。简单来说，分类法是一种将各个岗位放入事先确定好的不同职位等级之中的岗位评价方法，目前在技术类岗位评价中较为常见。

（一）分类法的基本操作步骤

分类法的基本操作主要有以下 4 个步骤。

1. 岗位分析

与其他方法相同，岗位分析是较为基础的准备工作。由专门的评定小组来确定岗位的个数和不同岗位的工作任务，充分利用组织结构的资料，鉴别出现行岗位架构中不合理的情形，写出最终的调查报告。

2. 划分岗位类别

根据组织生产经营过程中岗位的不同工作性质，将所有岗位分为若干大类、中类和小类。中类是在大类的基础上进一步划分，而小类则是在中类岗位的性质上再划分出来的类别。大类如管理类和财务类，中类如辅助岗位和操作岗位，小类如维修工和清洁人员。

3. 建立等级结构和等级标准

等级数量、等级结构和组织结构之间都有密切的联系，因此该步骤十分复杂，但也是岗位评价方法中非常重要的环节。该环节具体包括 3 个部分：确定等级数量、确定基本因素和确定等级标准。

（1）确定等级数量。等级数量由岗位性质、岗位职责、组织规模和相关人事政策决定，因此，不同的组织可以根据自身情况来设定等级数量，并没有统一的规定与要求。

（2）确定基本因素。基本因素用来测评不同岗位的重要程度。同样，基本因素应根据组织、岗位的具体需求灵活制定。

（3）确定等级标准。等级标准有助于区分工作的重要性水平以及确定岗位评价的结果，因此这一步骤是该阶段的核心。在实际操作中，通常先确定最高和最低的等级标准。

4. 岗位测评和列等

确定了等级标准之后，对岗位的评价和等级排列就需要在工作说明书和等级标准的基础上将岗位进行比对，根据比对结果将岗位列入相应的等级中，从而评定出不同岗位之间的相对价值。

例证 7-4

腾讯的职级体系

（二）分类法的优缺点

分类法主要应用于大型的组织，通常对大量的岗位进行评估，其优点如下：① 简单易行，容易理解，且不需要太多的技术支持；② 灵活性强，新设立的岗位很容易被纳入设立好的岗位架构中；③ 确定岗位等级标准后，能够和员工解释每个岗位的定位，员工更易接受；④ 能够建立与薪酬结构一致的关联性。

当然，分类法的缺点也不能忽视：① 当某岗位跨越到其他岗位的功能时，难以进行恰当的评估，缺乏评价的弹性；② 当岗位等级的具体定义不明晰时，某个岗位可能会同时在两个相邻的岗位等级的范围之中；③ 当组织结构开始改变时，分类法将难以适应。

三、因素比较法

因素比较法将所有岗位的内容都抽象为若干个因素，无须考虑岗位任职人员的职责以及资格等，在评价岗位时根据对这些因素的不同要求来进行比较，从而得出岗位价值。因素比较法是对排序法的发展和延伸。二者的主要区别在于：排序法更多的是从整体的角度来比较岗位相对价值，而因素比较法则是从更为微观的角度切入，选择多种报酬因素，并根据这些因素的比较结果进行排序。

（一）因素比较法的操作步骤

在实际运用过程中，因素比较法的操作一般经历以下 6 个步骤。

（1）成立评价委员会。选择对待评价岗位熟悉、有广泛的商务知识、了解各工作之间的关系且工作经验较丰富的人组成岗位评价委员会。

（2）收集岗位信息，确定评价因素。收集待评价岗位的相关信息，如岗位制度、岗位说明书等，也可以利用观察法并在人力资源部门助理的帮助下，掌握岗位的实际情况。在此基础上，评价委员会能够提取所有岗位的评价因素。

（3）确定标杆岗位。该步骤要选出能够代表组织各类岗位的，同时也是现行薪酬比较合理的岗位，将其设立为标杆岗位（并不评定这些岗位的价值），以标杆岗位作为其他岗位评判价值的标杆。

（4）对标杆岗位进行排序。对标杆岗位在每一个确定的评价因素的维度上进行排序。例如，标杆岗位 A、B、C、D，在计算机要求这个因素上，B 对计算机水平要求最高，A 所要求计算机水平最低，最后按照计算机水平的排序是 B-D-C-A。

（5）对标杆岗位进行薪酬分解并排序。根据已经确定的评价要素，对每个待评价岗位的薪酬进行分解，从而确定每个岗位在每个评价要素上对应的薪酬水平。

（6）确定非标杆岗位的价值。将非标杆岗位与已经建立好的标杆岗位因素薪酬结构进行对比，依次对各个因素进行判定，找到最相近的对应标杆岗位，确定相应的薪酬水平。最后，将该岗位的各项因素薪酬水平相加，得到该岗位的价值。

（二）因素比较法的优缺点

因素比较法的优点在于：① 应用范围广。因素比较法可以广泛应用在一系列通用性的评价项目上，这些评价要素可以适用于不同的组织。当然，不同的组织也可以根据自身的条件和情况设定自己的评价要素。② 减少工作量。相较于其他评价方法，因素比较法能够做到将非标杆岗位放入标杆体系进行逐一比较时，直接将等级与薪酬水平数值挂钩，避免了重复性工作，大大减少了工作量。③ 评价结果较为公正。因素比较法把不同的标杆岗位的相同因素相比较，然后将各种因素的薪酬累计，减少了主观性，使得结果更为客观和公正。

因素比较法的缺点在于：① 评价过程的难度较大。在因素比较法的实践中，需要根据不同的评价要素对不同岗位进行整体对比，因某些岗位差别难以区分等因素提高了评价的难度。② 要素调整复杂。评价的要素确定后，由于重新评定需要再次耗费大量时间和精力，随组织的发展变化，要素调整的难度较大，导致组织结构容易僵化。③ 方法培训及应用困难。由于方法较为复杂，需要对评价人员进行专业知识的培训，因此也使得最终的评价结果让组织中的员工接受起来有稍许的困难。正是因为存在以上缺点，因素比较法在实际操作中存在较大的误差。因此，在选取岗位评价方法的实际操作中，因素比较法较少被选中。

四、要素计点法

要素计点法又称因素计点法或点值法。要素计点法的最大特点是：关注岗位中的关键要素，并且对这些关键要素进一步分类、打分，从而获取每一个要素的具体分值，即"点数"，进而通过总结每一个岗位的总点数进行岗位等级排列。要素计点法预先设定了点数区间，计算出某个岗位的总点值后，就能直接将该岗位纳入具体的等级区间，以此为根据决定岗位薪酬水平。

（一）要素计点法的具体操作

1. 选取报酬要素

报酬要素的选取是要素计点法的核心。该环节直接影响组织价值创造以及岗位本身的战略发展。报酬要素是指一个组织认为在多种不同的职位中都包括的一些对其有价值的特征，即在多种不同职位中都存在的组织愿意为之支付报酬的一些具有可衡量性质的质量、特征、要求或结构性因素。常见的报酬要素主要有知识、身体能力、体力耗费、沟通、责任、工作条件、自主性。

一般而言，在选取组织的报酬要素时，需要遵循如下 7 个标准：① 报酬要素必须与总体上的职位价值相联系。一般而言，报酬因素在某种职位上出现得越多，该职位的机制也就越高（工作条件除外）。② 报酬要素必须是可以清晰界定、衡量的，并且那些运用报酬要素对职位进行评价的人应当能够一致性地得到类似的结果。③ 报酬要素对准备在某一既定职位评价系统之中进行评价的所有职位来说必须具有共通性。④ 报酬要素必须能够涵盖组织愿意为之支付报酬的、与职位要求有关的所有主要内容。⑤ 报酬要素的选取必须与被评价职位相关。⑥ 各个报酬要素之间应该相互排斥，避免出现要素交叉和重叠。⑦ 报酬要素的数量应该适当，方便管理。

2. 界定报酬要素和分级

每种报酬要素的等级数量取决于组织内部所有被评价职位在该报酬要素上的差异。差异越大，报酬要素的等级数量划分也就越多。选择了报酬要素之后，应该对每一种报酬要素的各种不同等级进行界定。组织对于评选出的报酬要素一定要有清晰的界定以及等级的划分，以保证评价结果的客观性与权威性。如表 7-1 所示是对"自主性"要素进行的等级界定。

表 7-1 "自主性"要素的等级划分

报酬要素的等级	分 级 定 义
1 级	运用非常具体的公司政策和程序，在有限的监督下执行任务和职位安排。工作经常要接受上级管理人员的检查，管理人员会随时应其要求而为其提供帮助
2 级	根据公司的具体政策和程序执行任务。可能需要在出现例外情况时做出适应性调整。职位需要接受定期的检查，可随时向管理人员求助
3 级	在公司总体政策和程序范围内履行职责，协助制定公司政策和程序。在出现例外时，频繁地解释公司政策并就行为方案提出建议。职位需要阶段性地接受检查，所做出的大多数决策不需要接受审查
4 级	在公司战略导向范围内制定公司总体政策。就下属所提出的例外问题解决建议进行决策。所负责的公司总体目标达成情况每年接受审查
5 级	为公司确定战略定位，并为下属实现这一战略而制订范围广泛的目标。确定管理路线，并对职能单位的总体结果负责

3. 分配权重

报酬要素在总体报酬因素体系中所占的权重代表了不同的报酬要素对总体职位评价结果的贡献程度或所扮演角色的重要程度，实际上反映了一个组织对职位的重视程度。权重的划分不仅与企业所在行业、技术、市场等特点相关，还与一个组织的战略、文化和价值观相关。权重的分配可以采用层次分析法，兼顾权重分配的科学性和可接受程度。首先，建立确定要素权重的评价小组，小组内成员一定要熟悉组织的结构、工作特点，一般由企业中高层管理人员、人力资源相关专家和员工代表组成；其次，建立决策树和各要素的权重。

4. 运用报酬要素，进行岗位排序

确定被评价岗位在每一个选定报酬要素上的点数，根据每一个岗位的总点数，整理归纳后对岗位进行排序。点数越高的岗位，工资等级越高；反之，则越低。

（二）要素计点法的实施要点

作为岗位评价方法，要素计点法已经成为现代人力资源管理体系的重要工具，在评估岗位的过程中需要格外注意如下几个要点。

（1）报酬要素的选择要切合企业实际。报酬要素的选取是要素计点法的基础和关键环节，将直接影响组织的战略目标和评估结果的推广应用。通常组织选取的报酬要素包括工作影响、知识技能、工作责任和沟通要求等，但是具体操作中必须根据组织的情况进行选取与调整，绝对不能照搬照抄。选取的方式通常采用实证研究中的问卷调查法——在问卷中列出所有要素，让员工划分等级并赋予分值，选取得分较高的要素作为报酬要素，同时得分也可作为权重划分的参考信息。

（2）避免混淆岗位评价的对象概念。岗位评价的对象客观上是指对任职员工的各项资格要求与工作能力要求，即针对的是每个岗位的职责，而不是针对职工个人的评价。因此，为了避免评价委员对某岗位打分时出现参照任职人员进行评定，或者受到主观判断的影响而偏离岗位职责这一客观对象的情况，一定要在培训成员的时候强调要根据岗位职责等进行打分这一原则。

（3）纠正评分过程中的偏差。评价岗位的过程中，评价委员是否遵循了客观、公正的原则对岗位进行评价打分，会直接影响测评结果的走向。因此，对于打分过程中意见较为分散的报酬要素，需要再次进行测评。测评的方法通常有两种：统计纠偏法和现场纠偏法。

统计纠偏法是运用体现绝对差异和相对差异的标准差及差异系数两个指标进行再评。该方法确定需要重新测评的报酬要素得分的标准差和差异系数，对标准差过大的岗位或超过差异系数临界值的报酬要素进行再次测评。

现场纠偏法是指在打分现场，经过一定的统计分析后，直接宣布某结果偏差过大的要素作废，而后要求评价人员再次对该要素进行打分。经过几次反复纠偏，能够获得一个相对客观的测评分数（李毅，2014）。

（三）要素计点法的优缺点

要素计点法的优点在于：① 它是一个非常完善的量化的方法。评价结果比非量化的方法更为精确，也更容易被员工理解与接受。② 要素计点法明确指出了比较的基础，能够反映组织独特的需要和文化，传达不同组织认为有价值的职位要素。③ 在构建评价岗位指标的同时，保留了大量原始调查的数据。在这些原始数据的基础上，一旦组织需要根据变化做出任意调整，都能够及时做出动态分析。

要素计点法的缺点在于：① 具体方案的设计与应用需要较大的时间与经济成本。② 它通常缺乏对评价项目选择的明确原则，因此能否系统、科学地选择评价项目对企业而言是一个挑战（穆涛等，2006）。

例证 7-5

要素计点法在国药 A 公司岗位评价中的应用

五、海氏评价法

海氏评价法又名海氏系统法、海氏法，是目前十分流行的一种岗位评价方法。20 世纪中期，一家名为 Hay Group（合益集团）的管理咨询公司提出该方法，其实质是一种要素计点法。它的设计者认为，所有的岗位之间都存在着"输入—过程—输出"的内在逻辑关系，并将报酬要素进一步确定为知识技能水平、解决问题的能力和该岗位应负的责任，即输入一定的"知识技能"，通过"解决问题"这一生产过程，完成"应负的责任"，解决问题对应过程、应负的责任对应输出，并认为这 3 个要素在任一岗位都具有普遍适用性。三元素分别匹配 3 套标尺性评价量表：技能评价量表、解决问题能力百分比量表和岗位责任量表（丁雯等，2015）。首先，利用这 3 套量表，比照工作说明书及相关资料对指定岗位进行评分；其次，在 3 个量表中选出各个要素所对应的等级并汇总分值；最后，依据公式计算得出该岗位的相对价值，计算公式为：岗位评价分数=A%×（知识技能分+解决问题能力分）+B%×岗位责任分，其中 A%+B%=100%。

该公式中的 3 个分数，即知识技能分、解决问题能力分和岗位责任分都可以从参照表中获得。海氏评价法根据对技能、问题解决的能力和岗位职责的不同要求，将岗位分成下山型、上山型和平路型，且进一步分配相应权重：A%和 B%。下山型岗位是指某个岗位所要求的技能和解决问题的能力大于岗位责任，如 A=70，B=30 的技术人员等；上山型岗位则相反，其所要求的技能和解决问题的能力小于岗位责任，如 A=40，B=60 的销售总监等；若某个岗位所要求的技能和解决问题的能力等于岗位责任，则该岗位属于平路型岗位，如 A=B=50 的产品经理等。

（一）海氏评价法三大要素的定义

海氏评价法的三大要素是指知识技能水平、解决问题的能力以及所负的责任，相应的含义如表 7-2 所示。

（二）海氏评价法的实施步骤

为了实现企业的快速发展与发掘企业员工的潜能，组织通常会对薪酬制度进行一定的调整，许多企业选择海氏评价法作为岗位评价的方法，以此调整薪酬制度。海氏评估法是一种非常有效、实用的岗位测评方法，在企业的实际操作中，必须遵循一定的操作程序。很多企业在实施海氏评价法时，没有按正规的操作流程操作，导致测评结果的准确性大打折扣。海氏评价法正规的操作流程主要分为 6 个步骤。

表 7-2　海氏评价法三大要素的定义

因　素	因素定义	子因素	子因素定义	等　级
知识技能水平	使该岗位的绩效合格所需的相关专门技能的总和	专业知识的深度与广度	岗位通常需要多样化的知识，专业知识在深度、广度之间权衡；共有 8 个等级，从"初级的"到"绝对权威的"	8
		管理诀窍	为了得到更高的绩效水平而进行计划、执行、组织、控制和评价的能力；该子因素有 5 个等级，从"不需要"到"全局的"	5
		人际关系技能	岗位所需要的沟通交流、处理人际关系等方面的能力；分为"基本的""重要的"和"关键的" 3 个等级	3
解决问题的能力	工作中能够发现问题、分析问题并提出解决方式、做出决策的能力	思考的环境	环境对岗位任职人员思维的限制程度；分为 8 个等级，从"严格规定"到"抽象规定"	8
		思维挑战性	解决问题时对任职者创造性思维的要求；该子因素分为 5 个等级，从"重复性的"到"未指明的"	5
所负的责任	岗位任职者的行动对工作最终的产出可能造成的影响及承担责任的大小	行动的自由度	岗位能在多大程度上对其工作进行个人指导与控制；该子因素涵盖了 9 个等级，从"严格规定"到"总体无指导的"	9

1. 选取具有代表性的标杆岗位

规模稍大的企业，其岗位往往比较多，如果全方位地进行岗位评估，评估者往往会因为要评估的岗位过多而敷衍了事，或者因岗位较多而难以对不同岗位进行区分，这样会使评估工作出现较多的偏差。因此，选取标杆岗位在实践过程中非常重要。在进行标杆岗位的选取工作时，一定要兼顾同一个部门价值最高和最低的岗位（陈初昇，2020）。同时，还需遵循以下 3 个原则：① 够用。过多起不到精简的作用，过少则非标杆岗位很难安插，有些岗位价值不能得到厘定。② 好用。好用的标准在于岗位可以进行横向比较。③ 中用。标杆岗位一定要能够代表所有的岗位。

2. 准备好标杆岗位的工作说明书

没有详细的工作说明书做基础，测评者就只能凭主观印象对岗位进行打分，尤其是当测评者不是对所有标杆岗位都很清晰的时候，测评者的主观性就会增加。因此，完善的、科学的岗位说明书可以加深员工、专家及领导对待评价岗位职责的理解，减少评委的主观影响。

3. 成立专家评估小组

评估小组的人员由外部与内部两个部分组成。企业外部的专家顾问能站在中立、客观的角度进行测评，同时还能对内部测评人员进行测评方法和技巧的培训。企业内部的测评人员一般要求在企业任职时间较长、对企业的业务和岗位非常了解、在不同的部门任过职，且一定要有良好的品德，能够客观公正地进行评价。

4. 进行海氏评价法相关培训

因为利用海氏评价法进行价值评估是一项比较复杂的工作，涉及许多专业的技巧，所以所有参与评价的人员必须接受系统的专业培训，详细了解海氏评价法的设计原理、逻辑和评分标准等，只有这样才能良好地进行测评。

5. 对标杆岗位进行海氏打分

评价人员应当谨慎打分，因为打分结果直接决定了岗位的价值序列，并进一步影响岗位的报酬。在此环节，需要谨记"对岗不对人"的原则。

6. 汇总岗位得分并建立薪酬制度

求得各标杆岗位的平均分后，算出每位评价人员的评分与平均分的离差，可对离差超过临界值的评分结果做剔除处理。所有得分出来后，按由高至低将其排序，并按一定的分数差距（级差可根据划分等级的需要而定）对标杆岗位分级分层。然后，将非标杆岗位按其对应的标杆岗位安插到相应的层级中，建立"以岗定薪、按岗取薪、岗变薪变"的薪酬制度（孙松，2011）。

 例证 7-6

江苏省电力行业海氏评价法的运用

（三）海氏评价法的优缺点

海氏评价法的优点在于：① 成功解决了不同部门、不同岗位之间的价值难以量化及相互比较的问题，一度成为全球最流行的评价方法。② 提供了让不同部门、不同层级和不同职位的相对价值进行比较的可能性。③ 避免了评价人员的主观臆断，让评价结果更为科学、客观、合理。④ 能够进一步让组织的薪酬架构更加公正，最终的评价结果也更能让员工所接受。该方法比较适用于大规模组织中的管理岗位、专业岗位和技术岗位的评价，尤其是高级管理岗位。

当然，海氏评价法也存在一定的劣势：① 该方法的计算过程稍显复杂，不易掌握，需要请专家帮助公司进行岗位评估。② 报酬要素的等级划分过多，容易造成混乱，难以区分。③ 报酬要素的权重依据组织情况而不同，如果分配不得当，会影响系统的合理性。

六、美世评价法

美世评价法全称是美世国际职位评估法（Mercer international position evaluation system，简称 IPE），是一种通过因素提取并对应评分的职位价值测量工具。美世评价法是一个不断更新的岗位评价方法，其前后分别有 3 个版本，现在通用的是第 3 版，美世评价法与海氏评价法是目前国内外最通用的两种岗位评价法。美世评价法是以岗位评价原有的基本方法为基础，依托美国美世咨询公司和许多专家长期努力的研究，发展成为现如今简单、易于运用的评估系统。该方法所包含的评价要素提炼于各行各业的不同职位的共同需要，并且这个系统在实践中不断改进，以适应不同的组织需求。大到各行业的全球性企业，小到各种规模的民营企业，甚至集团公司下属的子公司，都可以使用美世评价法进行系统的岗位评价。

美世评价法实行四因素打分制。这 4 个因素分别是影响、沟通、创新和知识，它们是由职位评价领域的多位专家经过实际调查而提炼总结出来的，体现了不同职位要求的通用性的、有决定性作用的因素。每一因素划分为 2～3 个维度，每一个维度外分为不同程度，对应不同的权重。总而言之，这套职位评估系统共有 4 个因素，10 个维度，104 个级别，总计 1225 分。评估的结果可以分成 48 个级别（40～87）。评估过程十分简单，只需依据岗位的具体内容对应着在每一个因素中选择不同的维度，确定相应的程度对应的得分，最后将得分加总即可（咨春兰，2016）。

（一）美世评价法四大因素的定义

美世评价法所包含的四大因素分别为影响、沟通、创新和知识，相应的含义及其所含子因素如表 7-3 所示。

表 7-3　美世评价法四大要素的定义

因　素	因素定义	子因素	子因素定义
影响	职位在其职责范围内、操作中所具有的影响性质和范围，并以贡献作为修正	组织规模	指岗位所处的组织规模。此规模在准备阶段已经确定，组织的规模由组织的销售额和员工数来决定
		影响范围	影响范围主要分为 5 个层次：交付性、操作性、战术性、战略性以及远见性
		影响程度	指职位施加的影响的程度。分为 5 个维度：有限、部分、直接、显著以及首要
沟通	本因素着眼于职位所需要的沟通技巧。首先决定任职者所需的沟通类型，然后选定对职位最困难和具有挑战性的沟通的描述后决定	沟通性质	进行沟通所采取的形式。主要分为 5 种：传达、交互和交流、影响、谈判以及战略性谈判
		沟通架构	主要指沟通是在外部还是在内部进行，沟通意愿是一致还是分歧

续表

因　　素	因素定义	子　因　素	子因素定义
创新	本因素着眼于职位所需的创新水平，首先确定对职位期望的创新水平，然后决定该创新水平的复杂程度。明确职位的要求：识别并改进程序、服务和产品，或者发展新的思想、方法、技术、服务或产品	创新的复杂性	指岗位任职者在进行创新过程中，需要解决的问题的复杂程度
		创新能力	主要指岗位所需的创新举措有多大程度是由自己独立想出来的
知识	知识是指工作中为达到目标和创造价值所需要的知识水平，知识的获得可能是通过正规教育或者工作经验。首先指定应用，然后指出该职位是属于团队成员、团队领导还是多个团队经理，最后确定应用知识的区域。本因素是关于职位所要求的知识的性质，以完成目标和创造价值	知识水平	指岗位任职者履行岗位职责时，所需要具备的知识程度。共分为 5 个维度
		知识深度	指岗位要求任职者所需要运用的知识的范围宽度。主要分为 3 个层次：本地、洲际和全球
		团队角色	指岗位任职者在团队中所担任的角色，以何种方式应用知识。共分为 3 种类型：团队成员、团队领导和多团队经理

资料来源：美世国际职位评估法实操手册

（二）美世评价法的实施步骤

企业为完成不同的工作而设计出不同的岗位，不同类型的岗位对企业的价值是各不相同的，而不同岗位所提供的价值的不同决定了不同岗位的薪酬分配也应该有所差别。对岗位进行专业的评估，在这个时候就显得非常重要。美世评价法是国际上最通用的方法之一，其实施主要包括以下几个步骤。

1. 确定企业规模

在用美世评价法进行具体的评估之前，有一个重要的基础——确定企业规模。因为美世评估法是将同一行业的不同企业放在同一个平台进行比较的，在这个条件下，我们需要考虑企业的员工人数、营业额以及组织类型等因素，从而确定企业的组织规模或者放大或缩小组织规模。员工人数在其中尤为重要，因为管理 1000 人和管理 10 人的岗位需求是完全不一样的，所以确定企业规模，然后进行调整，就可以利用美世评估法把不同规模、不同类型的企业放在同一个平台上进行比较。

2. 梳理企业部门职责框架，明确各岗位职责

外部咨询机构专家以及企业领导核心层参与企业各个部门的职责框架研讨会，了解

各职能部门的核心价值，并且将各个部门的职责进行梳理以及职责模块划分，整理每个部门的岗位清单，明确部门职责、各个岗位的岗位需求、所需要履行的职责以及职位存在的合理性，对有工作和职责交叉的部分进行界定。

3. 撰写岗位说明书

在对岗位进行了主要的梳理和分析之后，接下来是把前面分析的任职要求以及各个岗位的职责整理出来，进行汇总。岗位评估的另一个基石就是清晰和完整的岗位说明书，它通常由两个部分构成，分别是工作描述和工作规范，其包括的要素主要有岗位主要责任、岗位标识、任职要求、工作环境等。

4. 成立评估委员会并进行培训

评估委员会的成员由内部成员与外部成员两个部分组成，组织的内部成员在企业任职时间长，对企业的各种职位和业务都比较了解，并且对企业员工有一定程度的了解，而组织外部的专业咨询顾问，由于他们并不直接与企业产生利益关联，能够更好地以一个局外人的身份，客观、公平地对岗位进行评估，同时还能对内部评估人员进行评估方法和技巧的培训。美世评价法虽然是相对简单、容易操作的一种评估工具，但还是需要许多的专业知识和技巧，因此，组织内部参与评估的人员必须要进行系统的培训，只有这样评估工作才会更好地进行，结果才会更加准确。

5. 进行职位评估

在前期对岗位说明书进行系统整理，并且对参与评估的相关成员进行系统地挑选和培训之后，就需要开始对各个岗位进行相对应的评估打分。在打分过程中，要时刻提醒评估成员应始终秉承公平、谨慎、客观的原则。

6. 汇总评估结果，给出建议

评估打分结束后，需要对评估结果进行整理分析，列出各个岗位的评估得分，从而得出各职能部门以及岗位的相应的薪酬水平，专家根据结果和企业实际情况，给企业提出相应的建议和计划。

 例证 7-7

JX 公司美世国际职位评估法的运用

（三）美世评价法的优缺点

美世评价法的优势在于：① 能够将不同企业中的相同岗位，在进行企业的调整后放在同一个平台进行岗位价值比较，从而让岗位价值的跨企业、跨行业甚至跨国家的比较成为可能性。② 采用美世评价法通常会聘请咨询公司参与评估，排除了评估人员全为企业内部人员的情况，让评估结果更加客观和公平。③ 由于第三方咨询机构有企业外部的市场岗位价值资料和数据作为对照进行调整，采用此方法进行岗位评估和未来薪酬体系设计时，会相对较为容易。

当然，没有哪个评价方法是十全十美的，美世评价法也存在一些缺点：① 对于规模非常大的企业来说，外部市场的数据对本企业的薪酬和岗位价值参照性不强，使用时有一定的局限性，因此该方法更适合于竞争型和非传统行业。② 此方法划分的评估维度较多，其计算过程存在一定的难度，容易造成差错，结果不一。③ 该方法更加注重岗位与外部市场价值的对照，而在一定程度上忽略了内部平衡，影响评价的合理性（王海亮，2013）。

七、选择评价方法的主要考虑因素

通过上文对几种评价方法的介绍，我们能够了解不同方法的内容、特征与操作流程，那么在企业实践过程中，如何选择合适的方法呢？林华丽（2009）认为，在选择评价方法的过程中应主要考虑如下 6 个方面的因素。

（1）岗位的稳定性。稳定性是指岗位随市场环境变化和人员调整而进行调整的可能性。一般来说，新设立岗位的稳定性较差，市场竞争激烈、市场环境变化剧烈、业务稳定性差的公司岗位的稳定性也较差。

（2）岗位职责的清晰程度。主要包括两个层面：① 岗位工作本身的清晰程度，如生产工人往往具有比较高的清晰程度；② 岗位分析工作是否充分和科学，是否能为岗位评价提供良好的基础。

（3）薪酬体系的特点。不同薪酬体系的特点不同，从而对岗位评价的要求也不太一样，如有些薪酬体系强调外部公平，这就要求岗位评价必须具备外部可比性。

（4）企业文化特征。岗位评价是需要员工接受的，对于国有企业，付出较大的代价进行因素评分法可能是值得的，但是对一家新兴 IT 企业而言，岗位排序就可满足需要。

（5）岗位数量的多少。岗位数量如果较多，就只能采用相对效率较高的评价方法。

（6）岗位评价资源的充分性。岗位评价的资源主要指评价委员会成员时间的充裕性。另外，还有经费的限制，如果经费充足，最好选择进行封闭式的评价活动。

第三节　岗位评价的操作流程

在前两节，我们对岗位评价的相关理论基础及常用方法进行了详细介绍。在实际操作中，岗位评价仍要遵循科学的操作流程，才能取得理想的评价效果。本节将系统地介绍岗位评价的操作流程，具体包括准备阶段、培训阶段、评价阶段和总结阶段。

一、准备阶段

在正式开始岗位评价之前，组织需要做好充足的准备工作，包括清理岗位、整理工作说明书、确定评价委员会成员以及准备相关材料等。

（一）清理岗位，确定待评岗位

准备工作的第一步是梳理组织结构和岗位状况，清理组织的各项岗位，最终确定哪些岗位需要进行评价。企业组织中岗位设置的数量各不相同，有的大型企业中职位成百上千，是不是所有的职位都要进行一次岗位评价呢？这就需要在组织自身条件的基础上，根据选取岗位评价方法的特点和适用范围，选取需要进行岗位评价的职位。例如，排序法作为一种简单易行的岗位评价方法，不能评价过多的岗位，因此选择排序法的企业不能选取过多的职位来进行评价。

一般而言，当组织内设岗不多时，可以对所有岗位进行评价；而当组织内设岗较多时，可以选择其中具有代表性的岗位进行评价。这里的代表性是指在职能、层级、业务上都具有一定的典型性。当确定了选取岗位的评价价值后，就能够建立一个参照标准，其他一般岗位通过与这些代表性岗位进行比较，就能便捷地衡量自身的相对价值和在组织体系中的位置。

（二）完善工作说明书

岗位评价是建立在工作分析和工作说明书的基础之上的。因此，在正式评价岗位之前，一定要完善待评价岗位的工作说明书，对岗位的工作内容、工作范围、工作职责、工作环境、协作关系以及任职要求等方面进行填写和完善。

（三）选择适当的岗位评价方法

岗位评价的常用方法有排序法、评分法、分类法以及要素比较法等。不同规模的企业可以采用不同的方法进行岗位评价。一般而言，中小型企业规模较小、设岗较少，因此不同岗位之间的价值比较问题解决起来并不困难，简单的排序法就可以解决问题。根据管理者的经验判断就能够建立一个较为公平的岗位价值体系，所需的成本较少。而大中型企业设岗较多，且工作性质、工作内容、工作职责和工作要求等差较大，因此要想满足建立公共性认知的需求，一般选取要素比较法或评分法。这两种方法一般都需要借助企业外部的专家，是比较复杂的方法。

（四）组建岗位评价委员会

评价小组构成情况和成员的专业素质直接关系到岗位评价的结果质量。因此，在组建岗位评价委员会时需要严格把握小组成员的质量。一般而言，组建岗位评价委员会包括如下 3 个具体步骤。

（1）综合考虑多个角度的资格要求，选取不同部门的成员组成评价小组。为了确保评价小组成员的质量和代表性，小组成员应包括多数的管理层员工（包括高层和中层）以及适当比例的基层员工。

（2）评价委员会的成员应该对被评价的岗位和组织具有较为全面的了解，且在组织中具有一定的群众基础、影响力和权威性，同时能够客观地进行评分，以保证评价结果的科学化和权威性。

（3）岗位评价委员会的人数需要依据所评价的岗位进行有效的控制，数量的选择要兼顾组织相关的部门、岗位和集体决策的效率。一般而言,岗位评价委员会的人数以 18 ～ 25 人为宜。这些人员覆盖高、中、基层,中层人员占比应该最大。同时,应该选取一个对岗位评价相当了解,并能够持有一种客观、公正的态度,且具有良好的现场控制能力的人作为评价主持人。

(五)确定评价因素和评价过程中的影响因素

不同的组织从事的业务不同,评价因素也会随之不同。相应地,组织应该根据自身的具体情况来进行评价因素的选取。例如,某些组织选择责任、知识技能、工作环境三大因素作为评价因素。

除了评价因素,岗位评价的时间、地点和费用也会受到多种因素的影响。

影响岗位评价时间的因素可分为 3 大类:① 组织本身的原因,包括组织待评价岗位的种类、性质和数量等。待评价岗位越多、性质越复杂,岗位评价方案设计的时间越长。② 岗位评估方案的选择。评估方案的选择有很多,针对不同类型的岗位评价,应选择适当的评估方案,否则可能花费很多时间成本,浪费企业资源。③ 方案实施过程的管理。岗位评价开始后,管理人员和员工要投入大量的时间,为了尽快完成评价过程,需要周密地计划每一个步骤。

岗位评价的地点也要根据实际情况决定。一般来说,选择一个较为安静、舒适、各种办公硬件设施齐备的大会议室最为适宜。

岗位评价的费用包括:① 岗位评价设计方案的费用。方案越复杂,需要聘请外部专家辅助设计,所需要的费用就越高。② 方案的实施和监督费用。

(六)确定标杆岗位

在规模较大的企业中,对所有的岗位进行全面评估是不现实的。此时,可以通过确定标杆岗位来解决。在确定好标杆岗位后,其他岗位以该岗位为标尺来评估自身的岗位价值等级。

(七)准备相关材料

岗位评价的过程中需要大量的材料和表单,包括待评价岗位的岗位说明书、评分使用的打分表、数据处理表和录入组数据表等。其中,打分表是所有表单材料的核心,打分表的设计应简洁、醒目,防止数据混乱,便于整理和录入,如表 7-4 所示。

表 7-4　岗位评价打分表

评委编号		第 x 批岗位评价表						
	评估因素	权重	岗位 1	岗位 2	岗位 3	岗位 4	岗位 5	岗位 6
1	责任因素							
1.1	经营损失的责任	20						
1.2	领导损失的责任	10						
1.3	工作结果的责任	30						
1.4	内部协调的责任	25						
1.5	外部协调的责任	15						

评委编号	第 x 批岗位评价表						
评估因素	权重	岗位 1	岗位 2	岗位 3	岗位 4	岗位 5	岗位 6
2 知识技能因素							
2.1 最低学历要求	20						
2.2 工作经验	15						
2.3 语言交流能力	20						
2.4 计算机知识	45						
3 工作环境							
3.1 职业病	20						
3.2 危险性	50						
3.3 工作时间特征	30						

二、培训阶段

评价委员会进行打分评价的过程普遍比较复杂，因此一般在正式评分之前要进行全面的培训，以提高岗位评价的客观性和权威性。培训的最终目的是确保每个成员熟悉和理解岗位评价的目的、自己的职责以及现行体系和岗位评价的过程，也就是确保岗位评价的效果。

（一）对评价委员会的培训

在正式打分之前，需要对委员会进行一定的培训，以使评价一致性程度更高，最终提高岗位评价的质量。对评价委员会的培训主要包括如下 4 个方面。

1. 组织委员会充分阅读岗位说明书

岗位说明书能够帮助评委了解每一个岗位的工作职责和工作内容，必要时也可以由人力资源部的相关负责人协助评委对所有岗位进行了解，从而在起点上保证打分的科学性。

2. 进行组织结构和岗位设置思想培训

对评委进行组织结构和岗位设置思想的培训，让评委对各岗位的工作性质等有进一步的了解。此外，针对岗位评价本身进行培训，包括岗位评价的技术方法、流程、目的、常见的错误及解决策略、评价结果与薪酬结构的关系等。培训时，一定要反复强调岗位评价针对的是岗位而不是任职人员，从岗位评价的结果到最后的薪酬结构还有很长一段路要走。强调这一观念是为了打破评委可能有的思维惯性，具有思维惯性主要体现在如下两个方面：① 在评估某个岗位时，对该岗位上的某个任职人员的印象可能会影响打分；② 评委可能会将岗位评价的结果和岗位的薪酬相对应，因此打分时会有所偏向。这两种思维误区都削弱了岗位评价的客观性。

3. 讲解打分表

向评委重点解释打分表的因素定义以及权重，使其清楚各评价因素的操作定义和分级标准。评委需要统一对评价指标的理解，避免对评价因素理解上的差异。

4．讲解所有流程及操作步骤

详细介绍岗位评价的所有流程和具体的操作步骤。在评委理解了接下来所做工作的流程后，为了保证评价的有序进行，要额外强调打分、打分会场或岗位评价的纪律。

（1）每一位评价委员必须独立打分。如果在打分过程中评委与其他成员讨论，影响了这些评委对该岗位评价打分的判断，就将直接导致整个评分过程中对不同岗位打分前后评价标准的偏差，从而削弱评分结果的公正性和有效性。因此，如果有任何疑问，需要征得主持人的同意，并在主持人的主持下集体讨论。

（2）评委应当准时参加相关培训及岗位评价的试打分、正式打分、重打分等工作，不得缺席或请他人代替，保证全过程的一致性。

（3）评委应当遵循保密原则。由于岗位评价结果的影响重大，在整个岗位评价过程中都要强调保密原则。评价中用到的任何材料不能带出评价会场，在会场不得离开现场或接打手机。正式评价结果公布之前，任何参与人员不得与其他人讨论岗位评价中的相关事宜。

（二）对标杆岗位进行试打分

在正式打分之前，主持人可以组织评价委员会对标杆岗位进行一次试打分。各评委对照岗位说明书，独立对标杆岗位的不同因素进行打分。所有因素得分乘以权重之后的总和，就是这个岗位的总分。

通过对标杆岗位的试打分，不仅可以让评委基本熟悉整个评价过程，还能够及时发现并尽可能避免评委对各项指标理解的差异。例如，评委对某一岗位的某一因素评分离差过大（一般超过20%），说明评委对这个岗位的理解存在一定的分歧，需要重新打分来统一评委对该因素的评判标准。当大多数专家一致认为试打分中标杆岗位的得分符合公司的价值取向时就能够进行正式打分。

三、评价阶段

试打分过后，评委就能进行正式打分的工作了。评价阶段作为岗位评价的主体部分，一般需耗费较长的时间。岗位评价以部门为单位有序进行，在对每个部门的每个岗位进行岗位评价时，具体步骤有岗位介绍、评价委员会打分、评分数据的处理和重打分。

（一）岗位介绍

主持人利用办公设备，通过投影仪和PPT等辅助工具将待评价岗位在组织结构中的位置以及岗位说明书投影到屏幕，为评委进行岗位说明书的展示和介绍。

（二）评委会打分

评委根据岗位说明书独立对各岗位进行评分，为了保证评估的有效性，评委不仅需要将手机关机或静音以保证会议不被打扰，更需要遵循如下5个原则。

（1）客观性原则：要求所有评委在理解了岗位说明书的基础上，以客观、公正的原则进行评估。

（2）记录性原则：所有的评价过程必须有书面的记录，且原始资料要交由人力资源部门进行妥善保管。

（3）量化原则：评估会议中所有的评价结果必须转化为数字的形式，即进行量化，便于后期的信息处理与比较。

（4）统计原则：会议主持人在量化的评估结果的基础上，运用相应的统计方法进行归纳、分析、整理，得出最终的岗位价值序列。

（5）可靠性原则：评估会议环境设置等要保证数据的真实、准确和可靠。

（三）评分数据的处理

在评委对岗位打分后，要同步进行数据录入、统计与分析工作。后勤工作组负责对评分数据的录入与处理，为了保证数据的准确性，后勤人员应该保证至少有两组数据同时录入，进行对比。

实际操作中，会出现数据错误的情况，导致错误发生的原因通常有两种：第一，录入不仔细，后勤人员的粗心导致录入错误；第二，书写不清楚或模糊造成的误解而导致数据的错误。有些失误在所难免，通过两次或两次以上的数据核对可以有效避免数据错误，从而保证数据录入的准确性。

（四）重打分

当某岗位某因素的评价结果的相对标准差较大时，应该由主持人组织委员会对该因素的评价标准达成共识，而后对该项因素重新打分。标准差体现了一组数据的离散程度：标准差较大，表示评委对该岗位某一项指标未能达成一致的看法；标准差较小，则表示评委在该岗位某一项指标上的认识基本达成共识。从经验和理论上来讲，标准差小于等于 10 为宜，一旦大于 10，就需要由主持人重新对这项指标进行介绍和讲解，并再次组织评委对该项因素进行打分（杨刚祥等，2015）。

为了保证项目顺利、快速和有序地推进，又能保证数据的有效性，可以采用统计上的一些技术在后期处理数据。一般可以设定公式，通过去掉 3 个最高分和 3 个最低分的方式来有效避免各部门打分人员的偏好影响，有助于巩固岗位评价指标的科学性、标准性和合理性。

四、总结阶段

在总结阶段，主要是对岗位评价的打分结果进行排序和整理，对于打分不合理的岗位或因素，在重新打分后对排序进行调整，最后得出岗位评价的最终相对价值序列。要将整理的结果反馈给评价委员会，得到评委一致通过后，整理成岗位评价报告递交高层审阅、讨论、审核，并最终公布与推进岗位评价结果的实际运用。

课程思政

1. 企业组织岗位的职级制等、双通道和多通道晋升途径与我国解放军的军衔等级和晋升通道、公务员的职级制等和晋升通道都具有极高的相似度，这也是增强红色管理的吸引力和实效性展示的重要体现。

2. 在组建岗位评价委员会时，为了确保评委的质量和代表性，评委应由多数的管理层（包括高层和中层）员工以及适当比例的基层员工组成。这一做法在中外企业管理中很普遍，这种做法为什么普遍，为什么没有国界呢？因为有效。而这种评价委员会组成办法其实和我国人民代表大会制度如出一辙，这也证明了制度的优越性，也间接证明了国外团体，特别是企业组织对我国人民代表大会制度的认可。

3. 两种经典的岗位评价法——海氏评价法和美世评价法均来自西方，在引入中国后，也进行了本土化改良和融合。所以，人力资源管理者在借用西方技术的时候，要融入东方的智慧，坚持中学为体、西学为用的原则。

 ## 读书推荐

《华为的管理模式（实战版）》

出版信息：王伟立著，海天出版社 2017 年出版。

内容概要：本书以华为最新的案例对华为的管理模式进行了剖析和解读，以原汁原味的一手资料，全方位披露华为的管理模式如何在实践中运用。其主要内容包括华为管理三阶段、制度化管理、对"华为特色"管理的自我否定、职位与薪酬体系（实现真正的同工同酬）、业务流程变革（集成产品开发）等。

推荐理由：本书全面解析了华为的管理模式，内容全面且体系化。在华为成功的实践中，有许多值得我们借鉴的地方。本书通过实例来展示华为的任职资格管理体系，让读者更生动地了解其中要领，无论是不是人力资源专业的读者，都能够从中学习到管理方式等知识，受益匪浅。

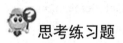 ## 思考练习题

 ## 学以致用

请和小组成员一同选取一个知名企业，收集其各项相关数据。尝试运用本章知识，分析该企业运用了岗位评价的哪些原理，采取了哪些岗位评价方法进行评估。

案例分析

CRG 助力联想岗位评估体系

 参考文献

[1] ARTHURS A J. Job design and evaluation: organizational aspects[J]. International encyclopedia of the social & behavioral sciences, 2015:816-818.

[2] WEBER C L, RYNES S L. Effects of compensation strategy on job pay decisions[J]. Academy of management journal, 1991, 34(1):86-109.

[3] DARVISHMOTEVALI M, ALI F. Job insecurity, subjective well-being and job performance: the moderating role of psychological capital[J]. International journal of hospitality management, 2020, 87: 102462.

[4] ARMSTRONG M, BROWN D. Job evaluation versus market pricing: competing or combining methods of pay determination?[J]. Compensation & benefits review, 2017, 49(3): 153-160.

[5] HENEMAN R, LEBLANC P. Work valuation addresses shortcomings of both job evaluation and market pricing[J]. Compensation & benefits review, 2003, 35(1):7-11.

[6] SÎRBU J, PINTEA F R. Analysis and evaluation of jobs: important elements in work organization[J]. Procedia- social and behavioral sciences, 2014, 124: 59-68.

[7] CHOUDHARY S. Job evaluation: a strategy for compensation consistency[J]. International journal of advanced research in management and social sciences, 2016, 5(5): 90-100.

[8] 陈初昇. 海氏评价法描述与计算方法的差异性思考和探索：以薪酬管理课程中海氏评价法的案例教学为例[J]. 河南教育（高教），2020（2）：48-52.

[9] 陈春花，刘超，尹俊. 数字化生存与管理价值重构（三）人力资源管理进化路径：基于赋能的共生模型[J]. 企业管理，2020（8）：102-104.

[10] 陈威. 企业人力资源架构及薪酬分配体系优化设计研究：以北京电力设备总厂为例[J]. 中国电力教育，2012（15）：39-40.

[11] 丁雯，童丽. 海氏评价法本土化应用策略探索[J]. 中国人力资源开发，2015（8）：32-39.

[12] 霍爱敏. 岗位评价的理论依据探析[J]. 中国电力教育，2008（0z1）：16-18.

[13] 李世江. 企业管理的数字化表达[J]. 企业管理，2020（9）：40-41.

[14] 李瑶虹，田洁. 基于海氏评估的电力行业岗位评估方法优化研究[J]. 企业管理，2016（S2）：76-77.

[15] 李毅. 要素计点法在岗位评价中的实施流程及要点[J]. 经济师，2014（9）：241-242.

[16] 孙松. 海氏法在企业薪酬制度改革中的应用[J]. 中国人力资源开发，2011（6）：42-45.

[17] 孙小羽. 用 CRG 量一量：记联想引入国际职位评估体系[J]. 每周电脑报，1999（44）：63.

[18] 魏杰. 企业前沿问题：现代企业管理方案[M]. 北京：中国发展出版社，2001.

[19] 萧鸣政. 工作分析与评价[M]. 北京：北京大学出版社，2011.

[20] 殷焕武，傅美花. 人力资源岗位评价方法的研究与实践[J]. 科学管理研究，2009，27（1）：87-90.

[21] 张继辰. 腾讯的人力资源管理[M]. 深圳：海天出版社，2015.

[22] 张露. 要素计点法的研究与应用[J]. 企业导报，2009（9）：159-160.

[23] 王荣煜. 企业岗位评价方法与应用[J]. 企业改革与管理，2015（7）：61.

[24] 胡君辰，宋源. 绩效管理[M]. 成都：四川人民出版社，2008.

[25] 潘康宇. 企业绩效评价理论与实证研究[M]. 北京：中国物资出版社，2011.

[26] 林华丽. 岗位评价方法研究[J]. 广西大学学报（哲学社会科学版），2009，31：169-170.

[27] 穆涛，赵慧敏. 职位分析评价体系：工作分析与职位评价过程[M]. 深圳：海天出版社，2006.

[28] 杨刚祥，胡光敏. 老 HRD 手把手教你做岗位管理[M]. 北京：中国法制出版社，2015.

[29] 齐春兰. 美世评估法在 JX 公司岗位价值评估中的应用研究[D]. 天津：河北工业大学，2016.

[30] 王伟立. 华为的管理模式：实战版[M]. 深圳：海天出版社，2017.

[31] 王海亮. 职位评估：美世法与海氏法孰优孰劣[J]. 人力资源，2013（7）：66-67.

第八章
任职资格体系的设计与应用

无法评估，就无法管理。

——美国管理学家　琼·玛格丽塔

 **本章框架**

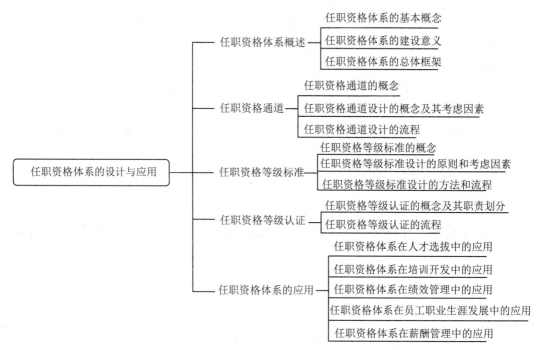

任职资格体系的设计与应用

- 任职资格体系概述
  - 任职资格体系的基本概念
  - 任职资格体系的建设意义
  - 任职资格体系的总体框架
- 任职资格通道
  - 任职资格通道的概念
  - 任职资格通道设计的概念及其考虑因素
  - 任职资格通道设计的流程
- 任职资格等级标准
  - 任职资格等级标准的概念
  - 任职资格等级标准设计的原则和考虑因素
  - 任职资格等级标准设计的方法和流程
- 任职资格等级认证
  - 任职资格等级认证的概念及其职责划分
  - 任职资格等级认证的流程
- 任职资格体系的应用
  - 任职资格体系在人才选拔中的应用
  - 任职资格体系在培训开发中的应用
  - 任职资格体系在绩效管理中的应用
  - 任职资格体系在员工职业生涯发展中的应用
  - 任职资格体系在薪酬管理中的应用

 学习目标

- ➢ 掌握任职资格体系的概念
- ➢ 了解任职资格通道设计的内涵与流程

> ➢ 掌握任职资格标准设计的内涵与流程
> ➢ 了解任职资格等级认证的内涵与流程
> ➢ 了解任职资格体系的应用

引例

腾讯的任职资格体系

任职资格体系对于刻画岗位特征、评价员工能力水平、建立职业发展通道、完善员工晋升评价体系等具有重要意义，尤其是对于专业技术性岗位来说，完善的任职资格体系是不可或缺的。腾讯等优秀企业在发展的过程中十分重视任职资格体系的建设工作，它们所建立的任职资格分级标准和员工晋升评价标准等极大地促进了企业的长远发展。

腾讯建立了每一个通道、每一个职位的任职资格体系，并以此作为员工发展和晋升的主要标准，其任职资格体系建设以绩效和专业经验为基础，以通用能力、专业技能及专业知识为核心，以组织影响力为高阶要求。腾讯的任职资格通道设置包括 T、P、M、S 四个通道。具体而言，T 通道是指技术通道，包括研发、视觉设计、交互、运维等子通道；P 通道是指产品/项目通道，包括策划、运营、项目管理等子通道；M 通道是指市场通道，包括市场、战略、网站编辑、商务拓展等子通道；S 通道是指专业/职能通道，包括公司的行政、秘书、采购、法务、财务、会计、人力资源、公关等子通道。其详细的职业发展通道为员工的长远发展提供了明确的方向和目标，增加了员工对组织的忠诚度和奉献度。

（资料来源：吕守升. 战略解码 跨越战略与执行的鸿沟[M]. 北京：机械工业出版社，2021.）

从引例可知，腾讯公司根据本公司的实际情况，搭建了较为完善的任职资格体系。这一体系的建立和不断完善也为腾讯公司在规范人才选拔、培养和激励员工等多方面提供了强有力的支撑和帮助。任职资格体系是支撑企业人才培养和保持企业活力的源头之一，对企业的长足发展具有重要意义。本章将介绍任职资格体系的基本内容、任职资格通道设计、任职资格等级标准设计、任职资格等级认证以及任职资格体系在企业人力资源管理活动中的应用等内容。

第一节 任职资格体系概述

工作说明书中的任职资格是员工能从事特定工作领域活动的任职能力的证明，是对能胜任工作的最低要求，但不是随着职位发展变化的任职要求。本节将从员工职位动态发展的角度认识任职资格，理解任职资格体系的基本概念、建设意义和总体框架。

一、任职资格体系的基本概念

许多企业认为，任职资格是工作说明书中任职要求模块的内容，是对某个特定岗位的任职要求，是员工招聘或调动的资格条件。但实际上，任职资格有着更为丰富的内涵

（高平，2011）。任职资格是指从事某一类工作所必须具备的知识、经验、技能、素质和行为的总和，反映的是从事各类工作的能力，是指在特定的工作领域内，根据任职资格标准，对员工工作活动能力的证明（蒋伟良等，2011）。任职资格体系是指在企业内部建立不同职类的任职资格通道，按任职资格标准的规定，对不同职类员工的工作能力和工作行为实施管理的系统。

任职资格体系的核心内容起源于英国国家职业资格证书制度，重点关注员工完成工作所需要的工作技能与行为模式（杰瑟普，1991）。构建任职资格体系要以组织的发展战略为导向，以价值创造为基础，明确组织模式与组织结构，划分各部门职能与工作目标，通过层层分解，确定组织需要设定的岗位，同时明晰岗位之间的工作关系与流程以及各工作岗位的职责权限，为职位能力发展与开发提供依据，从而提高任职者的职业化水平，推动组织的长期发展。

二、任职资格体系的建设意义

企业任职资格体系建设是人才队伍职业化的主要措施，对于提升企业员工个人工作业绩，实现组织的目标意义非凡，具体体现在以下4个方面。

1. 任职资格体系建设是支撑组织发展、培养和挖掘人才的重要保障

任职资格体系建设是组织战略体系的组成部分，在推进组织战略实现的过程中，需要能力、行为等条件合格或出众的人才，而任职资格体系建设可以通过搭建上述标准和规范为组织培养和挖掘人才。

2. 任职资格体系建设是面向市场、人力资源管理变革的重要标志

人力资源是第一资源，是组织在市场化竞争中的核心资源。任职资格体系的搭建可以进一步明晰组织人才发展的目标、人才培养的标准、人才达标的要求以及人才晋升的路径，进而促进组织人力资源管理理念、方法和工具的全方位转型。

3. 任职资格体系建设是提升企业员工能力、释放企业员工潜力的重要手段

任职资格体系本身是一种人岗匹配、人事匹配的体系，通过设置不同岗位等级，明确不同层级岗位需要的能力、行为以及学历等要求，可以使员工清晰地认识到自身的不足和努力的方向，为员工提升能力与挖掘潜力提供手段和方法。

4. 任职资格体系建设是开展组织企业人才队伍建设的重要措施

任职资格体系对于组织人才队伍的搭建和培养至关重要，辅助培养由职业化的管理者、项目的领军人物、各领域的知名专家、各专业工种的能工巧匠、各行业精英组成的，有凝聚力、战斗力和向心力的职业化、市场化队伍，实现组织健康、可持续发展（赵儒超等，2020）。

三、任职资格体系的总体框架

任职资格体系考察的是员工的任职能力，而由于不同职类和层级的员工所从事的工作不同，对其能力的要求存在一定的差异性。同样地，组织对同一类别、不同层级的人员的能力要求也是不同的。因此，任职资格体系总体的设计思路需要从企业的战略目标

出发，提炼企业的核心业务与核心能力，通过工作分析、梳理职位序列，设计职位族和员工的任职资格通道，对不同类别的员工进行划分，并通过关键岗位优秀员工的能力和行为分析，提炼、设计出不同类别人员的基本资格标准、能力标准和行为标准，并基于标准对员工的任职资格等级认证和职级晋升进行管理，通过定期地对资格等级和职业行为能力进行评价，促进员工提高其工作技能，促使其业务行为不断向职业化转变，从而实现提升员工个人工作业绩与企业绩效的目的。

　　根据上述建设过程，任职资格体系可以分为任职资格通道、任职资格等级标准、任职资格等级认证和任职资格体系应用等 4 个模块，如图 8-1 所示。

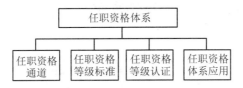

图 8-1　任职资格体系总体框架

　　从图 8-1 可知，规划任职资格通道是任职资格体系的重要基础之一，是企业建立动态的员工职业生涯发展机制的重要前提。为员工设计多重任职资格通道，一方面可以让员工明确自己的职业发展方向，另一方面可以为企业在许多不同的业务领域培养人才。建立任职资格通道的基础是企业开展整个组织结构的工作分析和梳理，明确职位职责划分的基本原则，推动职位业务流程分类。具体来说，是按照发展通道专业化、通道层次适当、能力发展逐步积累和提升的原则，先按照职位族、职类对职位进行划分，再通过职层、职级的划分对不同类别员工建立对应的任职资格通道。

　　建立了任职资格通道后，要衡量员工的任职资格等级和职业行为能力水平，需要建立相应的任职资格等级标准。建立任职资格等级标准是整个任职资格体系建设过程中最复杂、最核心的部分（亓世英等，2012）。通过对不同职类、不同层级、不同业务领域任职者所需要的基本任职资格条件、能力素质和行为特征的分析，明确任职资格通道中各层级对人员各方面能力的要求，为员工顺着任职资格通道向上或平级发展提供牵引力，同时在企业人才培养中起到决定作用。任职资格等级标准的设计由基本资格标准、能力标准和行为标准等 3 个部分组成，具体设计过程将在本章第三节进行详细叙述。

　　任职资格等级认证的作用则在于根据企业对员工的能力要求，按照公平公正、客观合理和任职资格等级能升能降的原则，评价员工已经达到了哪个级别的能力要求，再借助有针对性的培养措施持续提升员工的能力。其认证流程是在相关制度与规定的要求下，根据员工所在的职位族、职类，先对员工进行现状评价，确定其初始的任职资格等级，在此基础上，经过一系列的培训考核与业绩评价，定期进行能力与行为表现的动态评价，最终实现员工的任职资格管理调整。

　　任职资格通道帮助员工确定职业发展的方向，任职资格等级标准给予员工明确的能力提升抓手并规范其日常行为表现，任职资格等级认证则对员工的能力和表现及时反馈，而任职资格体系在人才选拔、培训开发、绩效管理、员工职业生涯发展规划、薪酬管理等方面的应用则能进一步加强员工对组织任职资格体系的重视，系统提升组织的人力资源管理水平。

英国国家职业资格证书制度

第二节　任职资格通道

任职资格通道是任职资格体系中重要的基础之一，是企业建立动态的员工职业生涯发展机制的重要前提。本节将详细介绍任职资格通道的概念以及任职资格通道设计的概念、考虑因素和流程。

一、任职资格通道的概念

任职资格通道是员工在企业中的职业发展轨迹，常见的任职资格通道有纵向任职资格通道、横向任职资格通道、双重任职资格通道和多重任职资格通道 4 类。其中，纵向任职资格通道是一种单一的纵向通道，员工可以依据传统职能型组织的晋升路线，发展成为组织中的管理者；横向任职资格通道指员工可以在不同的职能部门中实现横向的岗位变换，如从技术岗转向营销岗；双重任职资格通道是指企业同时存在管理类和专业类两种任职资格通道，具有不同能力的员工可以选择不同种类的职业发展道路；多重职业发展道路则是指企业将管理与专业类再衍生出管理类、专业类、技术类、营销类和研发类等多种职业发展道路，为员工成长提供更广阔的发展前景。

二、任职资格通道设计的概念及其考虑因素

（一）任职资格通道设计的概念

任职资格通道设计是从纵向上按职责大小、工作难易、所需知识技能高低，将职位序列分为若干职位、职层和职级的过程（朱勇国，2010）。为不同职类的业务工作开辟相应的任职资格通道是任职资格体系建设的目的之一。任职资格通道通过总结组织内部各类人员能力发展的内在规律，开辟各职类员工的发展方向，让员工看到自己的职业前景，从而避免出现优秀员工只能通过行政管理序列来实现自我价值的现象，进而缓和企业内部管理职位稀缺和员工晋升需求之间的矛盾。此外，企业建立任职资格通道也是对员工成长及时的认可，员工每提升一个层次，就可以通过评价鉴定而获得相应的待遇，并熟知下一步努力的方向，明确自己职业发展道路中所需的知识、技能与素质等要求。

（二）任职资格通道设计的考虑因素

任职资格通道的各个层级要有明确的区分度以及统一的分类标准。这就要求设计人员在设计时综合考虑工作职责范围、企业发展战略、企业规模等因素，而各个因素之间的重要程度也是不同的，可划分为主要因素和其他因素。

1. 主要因素

职责的重要性、范围和难度以及所需要的知识、技能、素质等是任职资格通道设计的主要考虑因素。职责越重要，职责范围和难度越大，相应地，职位的等级越高，需要任职者具备的知识、技能与素质也越高。根据职位职责重要性、范围和难度及所需知识、技能与素质的差异，一般可将某一序列的职位划分为 4～6 个层级。有时为了对员工能力做出更细致的区分，可在层级类别的范围内进一步分等，如从低到高依次划分为预备等、基础等、普通等和职业等。

2. 其他因素

企业人员规模和职责分工细致程度也是设计任职资格通道时需要考虑的因素。一般来说，基层员工或助理和高层管理人员人数在企业中所占比例较小、中高层专员和普通管理人员在企业中人数所占比例较大的组织构成属于比较合理的结构，也称为橄榄型结构。此外，员工完成整个职业生涯所需的时间也应是完成相邻职位等级过渡所需时间的总和。

三、任职资格通道设计的流程

在任职资格通道设计中，企业根据自身发展战略和发展理念，通过工作分析与职位梳理，按照一定的分类标准将组织内部现有职位划分为对应的职位族与职类，再根据同一职类任职者能力的差异性划分不同的等级，从而建立起各职类的任职资格通道。其流程如图 8-2 所示。

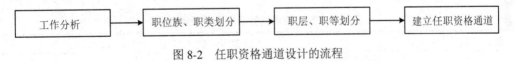

图 8-2　任职资格通道设计的流程

1. 工作分析

许多企业由于组织设计不到位，在设立职位时随意性强，职位名称与职责划分混乱，给任职资格体系的建立造成了困难。因此，企业的任职资格体系构建应该从企业职位管理现状分析入手。根据企业现有的组织架构，以部门为单位，对每个部门每一个职位的职位目的、组织关系、工作职责和任职资格要求进行系统的分析和梳理，收集、加工和处理与职位相关的信息，确保该职位的职位信息与任职者的实际工作情况相符合。这部分内容的具体操作在第三章中已经讲过，在此不再赘述。

2. 职位族、职类划分

工作分析完成后，把在同一业务系统内承担着相同业务板块功能与责任，且具有相似的业务活动性质与流程、产出绩效标准具有一致性的一组职位并入同一集合中，就可以基本确定企业现有的职类，进一步可将工作职责、工作范围、工作模块和工作关系相同或相似的职位归并在一起形成同一职位族。需要注意的是，职类是相似或相同职位的集合，而职位族是在职类划分基础上由相似性更高的职类归并形成的，二者的划分依据都是相似性原则。例如，从组织层面上通常可以将企业岗位划分成管理族、营销族、专业族、技术族等不同的职位族，而每个职位族又可以细分出不同的职类，如营销族通过再细化可分为市场职类和销售职类。此外，职位族的划分不能过于粗略，也不能过于细致。过于粗略的划分标准会导致任职标准所涉范围过广，对参与认证人员的要求也会很高；而过于细致的划分标准会导致任职标准有所局限，使等级认证工作变得繁杂而难以开展，不利于员工发展。

例证 8-2

华为的职位族与职类划分

3. 职层、职等划分

员工的任职能力是呈阶段性发展的，可以通过划分职层来区分员工任职能力所处的不同阶段。职层划分的依据是同一职类的从业人员承担职责大小、所需知识技能掌握的熟练程度、能力和行为标准的高低。它强调的是同一职类中从业人员任职能力的差异性。一般来说，企业会从学历与工作经验、知识与技能掌握程度、解决问题复杂程度、需要承担的责任、专业领域中的影响力、在业务变革和战略规划中的作用等几个方面来定义和划分职层。表 8-1 是专业技术类任职资格通道对不同职层定义的示例（范金等，2011）。

表 8-1　专业技术类的职层划分及其定义

职　　层	定　　义
初做者 （第一级）	（1）只掌握有限的知识、技能，往往未在工作中实践过； （2）在本专业领域有较少经验，只能在指导下从事单一、局部的工作； （3）在工作中遇到的很多问题是其从未接触和解决过，有待学习利用现有方法或程序来解决问题； （4）对体系的了解是局部的，不能清晰把握体系的各组成部分之间的关联
有经验者 （第二级）	（1）具有本专业中某个领域的必要知识，在工作中多次实践过； （2）能够运用现有的程序、方法解决不太需要分析的问题，其工作相对程序化； （3）在有适当的指导和给定工作进度安排的情况下能完成例行工作； （4）能理解本专业领域发生的改进与提高
骨干 （第三级）	（1）具有全面、良好的知识与技能，精通主要领域、了解相关领域的知识； （2）能发现本专业业务流程的重大问题并提出有效解决方案； （3）能预见工作中的问题并及时解决； （4）对本专业有全面的了解，能准确把握各组成部分之间的相关性； （5）能够对现有的方法、程序进行优化并解决复杂问题； （6）能独立、熟练地胜任专业工作任务，并有效指导他人工作

续表

职 层	定 义
专家 （第四级）	（1）精通本专业大多数领域的知识，对本专业其他领域有相当程度的了解； （2）深刻理解本专业业务流程，能洞察深层次问题并给出解决方案； （3）在专业领域能以缜密的分析给予他人有效影响，推动实施本专业领域内的重大变革； （4）改革现有方法、程序，以解决本专业领域内较为复杂、重大的问题； （5）能指导本专业一个子系统有效运行； （6）能把握本专业发展趋势并组织本专业发展规划与之吻合
资深专家 （第五级）	（1）建立业务流程或发起重大流程变革； （2）调查并解决需要大量复杂分析的全局性问题，所采用方法往往需要创造新的程序、技术或方法； （3）能指导某个体系的有效运作； （4）能洞悉和准确把握本专业的发展趋势，提出具有前瞻性的思想

职层的划分通常包括初做者、有经验者、骨干、专家与资深专家这 5 个层级，如图 8-3 所示。企业往往需要根据自身实际情况或所划分的具体业务有针对性地进行等级定义。

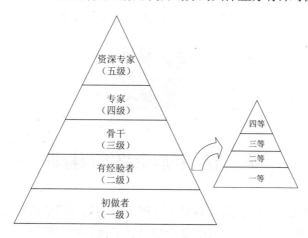

图 8-3　职层、职等划分

为了更细致地区分，每个级别还可以划分为一等、二等、三等及四等。不同的企业对职等划分可能采用不同的分级名称。比如，华为公司在划分 6 个层级的基础上，又将每一层级细分为预备等、基础等、普通等和职业等（吴春波，2010）。

腾讯的任职资格通道等级划分

4. 建立任职资格通道

员工任职资格通道是依据职位族、职类划分的结果来确定的。一般而言，一个职类可对应一条任职资格通道。但是在实践中，对于一些技术含量不高、专业要求不强、任职者可替代性强的职位，如事务行政类，其任职资格等级标准设计和任职资格等级认证的过程需要投入大量的时间、人力、物力，并不建议对其专门设计独立的任职资格通道。此外，职位族、职类的划分不应仅仅基于企业现状，还应该考虑到企业发展战略对人才发展的需要，进而按发展需求增加或减少某些职类。图 8-4 所示是华为的双重任职资格通道（王伟立，2018）。

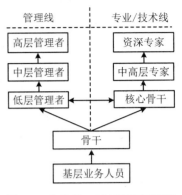

图 8-4　华为的双重任职资格通道

海尔集团的双通道职业发展体系

第三节　任职资格等级标准

建立任职资格通道以后，需要对员工发展道路上的关键点提出清晰的标准和要求，让员工明确自己当前处于职业发展的哪个阶段，发展目标在哪里，需要付出哪些努力。这些标准和要求表现为组织的任职资格等级标准。任职资格等级标准可以明确不同业务领域的基本资格要求、能力与行为特征，从而实现对员工评价的目的。

一、任职资格等级标准的概念和内涵

（一）任职资格等级标准的概念

任职资格等级标准描述了每个职位序列和职位族类的不同等级的员工应知道什么、能做什么、该如何做以及能做到什么程度的衡量标准。任职资格等级的高低与胜任该职位应具备的条件及能力水平相对应，也就是说，只有当员工具备比当前更高一级的任职资格时，才能赋予他相应的更高一级的工作。通过建立任职资格等级标准，可以明确不同工作业务领域内需要的知识、技能、能力与行为特征，从而实现对员工能力进行评价的目的。

（二）任职资格等级标准的内涵

任职资格等级标准是按照行业基本认可的尺度，从基本胜任或称职的角度出发，对员工履行工作职责所必须具备的任职能力进行横向分类和纵向分级，建立能够创造关键绩效的、以结果为导向的、符合 SMART 原则的可衡量的各项标准。任职资格等级标准的内容包括基本资格标准、能力标准、行为标准、贡献标准和参考项 5 个部分，其中能力标准、行为标准和贡献标准是核心内容。相应地，三者分别担任输入、过程和输出的角色（杨序国，2014）。

根据企业发展战略和行业规范，不同的组织所采用的任职资格等级标准的内容会有所区别。总的来说，任职资格等级标准一般可以概括为基本资格标准、能力标准和行为标准。其中，基本资格标准是任职资格的基础和硬性要求，设置该项目的目的在于明确员工胜任岗位、完成工作的基本前提和相应需经历的工作内容，一般包括学历、职称、所学专业、任职年限、工作经验、业绩标准等基本内容；能力标准则多指不同任职资格能力等级所表现出来的知识储备、必要技能以及动机、性格、态度、价值观等潜在的深层次特征要素，重点帮助员工发现短板，找准发展项，为员工未来的提升指明方向，可划分为必备知识、专业技能与潜在素质标准；行为标准是指在日常的业务开展中所表现出来的工作内容、操作技巧等具有实操性的行为准则，进一步可分解为不同的工作模块和工作要项，而每个工作要项也是由一系列的行为标准构成的，为员工日常行为表现提供具体、明确的要求与指导。综上所述，任职资格等级标准的基本结构如图 8-5 所示。

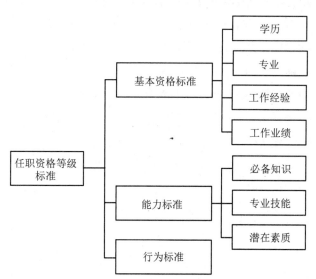

图 8-5　任职资格等级标准的基本结构

二、任职资格等级标准设计的原则和考虑因素

（一）任职资格等级标准设计的原则

任职资格等级标准与组织发展联系紧密，对员工和企业都有重要影响，在正式开始设计之前，要先明确任职资格等级标准设计的 4 个原则，即源于工作、结果导向、现实性与牵引性相结合、与时俱进。

1. 源于工作

任职资格等级标准的划分、不同级别的标准的内容都一定源自于实际工作，要满足企业业务实际运作的需要，而不能仅提炼任职者需要的素质等这种抽象的且与工作不直接相关的内容。

2. 结果导向

任职资格的评价是有依据的，其标准的素材要尽可能来自员工的日常工作结果，尽量减少为了获得任职资格而额外增加的工作。

3. 现实性与牵引性相结合

任职资格标准需要归纳提炼组织中优秀员工的成功工作行为，以反映组织员工能力的实际水平，而普通员工通过努力后也可以做到，因此需要具有一定的现实性。与此同时，任职资格标准不能仅限于员工目前的能力水平，借鉴业界优秀的做法和先进的经验，并纳入任职资格标准中也是必要的。

4. 与时俱进

与时俱进原则主要针对标准本身需不断完善、不断发展的要求，包括如下两层含义：① 任职资格标准与组织业务紧密联系，任职资格标准需要动态地适应组织业务发展的要求，这就要求任职资格标准需随着组织业务的发展不断地进行适当调整。② 标准需要随员工能力的提升而修订，意味着伴随员工职业化水平的不断提高，任职资格标准也要随之进行调整，以不断牵引员工不断向前发展。相应地，随着标准的提高，组织中员工能力的基准也在不断地提升。

（二）任职资格等级标准设计的考虑因素

任职资格等级标准的设计需要考虑企业战略需求、职位功能要求、成功经验积累以及行业优秀标准4个因素（樊宏等，2007），如图8-6所示。

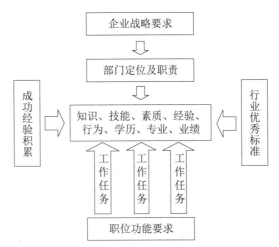

图8-6　任职资格等级标准设计的考虑因素

1. 企业战略要求

任职资格等级标准涉及企业业务系统的诸多环节，是建立企业管理制度与规模发展的基础，具有保持员工能力提升与企业要求动态平衡的作用，必须符合企业业务要求和发展方向，并考虑企业对员工队伍的期望。

2. 职位功能要求

仔细分析各职位的功能，分解各职位的工作任务要达到期望结果所需的能力层次，再划分出能代表职类能力区分的部分，明确职位需要任职者具备的基本条件、能力等要求，建立初步的任职资格基础。

3. 成功经验积累

任职资格标准中各级别的内容是从目前企业中业绩优秀人员的行为中提炼出来的，将这些员工的关键成功因素反映到标准中来固化以往的工作经验，为其他人员提供工作行为改进培训。

4. 行业优秀标准

在关注企业内部的同时，也要引进同行业中先进的工作方法、技术和工具，结合企业自身实际情况进行分析、借鉴、吸纳、创新，以形成全面的任职资格等级标准。

三、任职资格等级标准设计的方法和流程

任职资格等级标准的设计思路是以认知和能力提升牵引行为表现，以行为表现提升牵引绩效产出，实现能力、行为、业绩、效应相匹配（谭浩等，2019）。因此，任职资格等级标准的开发应精确而谨慎，设计人员必须采用科学有效的方法，多方位全面地考虑，以提高任职资格等级标准设计的科学性、战略性以及有效性。

（一）任职资格等级标准设计的方法

任职资格等级标准设计的方法主要有 3 种：标杆人物分析法、专家讨论法和外部数据调入法。在实际过程中，可以将这 3 种方法综合运用。

1. 标杆人物分析法

寻找该职位类别的标杆人物，通过访谈、观察等方式提炼出胜任该工作岗位所需的知识、技能、受教育情况、工作经验和能力素质等要求。

2. 专家讨论法

邀请资深的任职资格等级标准体系设计专家、各职位类别的优秀员工展开讨论，总结出胜任某职位必须具备的知识、技能、受教育情况、工作经验和能力素质等要求。

3. 外部数据调入法

设计任职资格等级标准时，参考同行业优秀企业的相关资料和数据。

如图 8-7 所示，企业在开展工作时可将上述方法综合起来灵活应用，以开发具有战略性、科学、全面的任职资格等级标准。

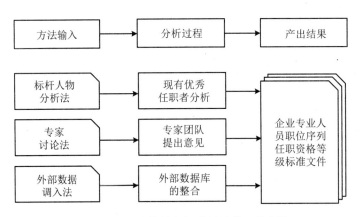

图 8-7　任职资格等级标准设计的 3 种方法

（二）任职资格等级标准设计的流程

任职资格等级标准的设计工作量大且较为复杂，需要根据不同的专业序列情况逐步开展。在标准设计工作正式开始之前，需要组织者先组建设计团队，承担评审和开发的责任，明确不同组员的职责；接着制订工作计划，设定好时间与工作成果的要求；然后开始收集相关的资料，包括最新的组织结构图及部门职责、本职类各职位最新的工作说明书、最新的工作流程文件、相关奖惩选拔机制。做好这些前期准备工作，设计团队就可以着手进行任职资格标准的设计与开发工作。任职资格等级标准的设计包括如下 6 个步骤（饶征等，2004）。

1. 主管访谈

主管访谈是任职资格等级标准设计的第一步，主要明确任职资格等级标准设计小组的工作方向与指导思想，具体可分为 4 个环节：制订访谈计划、编制访谈提纲、收集访谈数据和提炼指导思想。

（1）制订访谈计划：主要有明确访谈目的、确定访谈对象、约定访谈时间与地点等任务。

（2）编制访谈提纲：设置该环节是为了控制访谈过程，确保访谈不偏题，需要注意所编制的问题数量不应太多。

（3）收集访谈数据：该环节需要设计小组集体参加，可采用会议方式或者单独访谈形式。

（4）提炼指导思想：在这一环节中，设计小组需要明确企业对该职种任职者的要求以及当前任职队伍所存在的问题。从访谈中所提炼的指导思想最好控制在 4 条以内，设计人员可就总结的指导思想与中高层主管进行非正式沟通以收集意见和建议。如有必要，可再对指导思想进行调整。

2. 业务分析

基于对资料与访谈内容的分析，对各职类进行业务分析。业务分析是任职资格等级标准设计的基础性工作，对任职资格等级标准设计起到非常关键的作用。通过业务分析可以明确各职类的关键工作单元，为后续行为标准的设计奠定基础。业务分析可按以下 4

个步骤进行。

（1）罗列工作内容：首先要查阅本职种所有职位的工作说明书、相关部门职责文件和业务流程文件，将各个职位的工作职责分别汇总；接着将工作职责中不属于本职种工作范围的工作剔除，通过与任职者沟通、分析企业战略和规划、参考行业先进企业发展经验等方法来评估这些工作内容变化的可能性。在这一阶段设计小组要确保工作内容的完整性和真实性。

（2）提炼工作模块：分析罗列出的各职位工作内容，将相同或相似的工作活动归纳在一起并命名，命名要直观且具有概括性。根据工作开展的内在逻辑或流程的先后顺序，将上述若干工作项目进一步归纳为十个左右的工作模块，涵盖这一职种的主要活动。重要的是，设计小组要注意从企业的角度考虑问题，明确界定关键模块的外延和内涵。

（3）筛选工作模块：提炼出工作模块以后，就可以从中筛选出关键工作模块，可参考的筛选标准有是否为关键业绩指标、是否为能力短板以及是否会影响业务的持续发展这3项。工作模块提炼和关键模块筛选过程如图8-8所示。

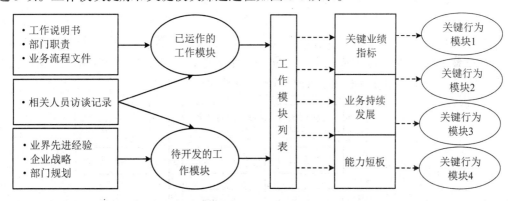

图 8-8　工作模块提炼和关键模块筛选过程

（4）总结业务模式：筛选出关键工作模块之后，设计小组要能够准确阐述这些模块之间的内在关系，以正确反映该职种的业务运作方式，保证关键业务模块的完整和准确。

3. 业务定位

业务定位的目的是确定本职种任职者的成长可分为哪些阶段以及各阶段的能力特征，可分为以下两个步骤。

（1）明确级别定义：明确该职种任职资格标准划分的等级和定义。首先确定级别数并描述级别定义；接着分析各级别的最低经验与成果要求，并以级别定义为指导从纵向和横向两个角度分析级别差异。

（2）概括行为要项：将每个级别任职者所担任的工作内容中需要进行总结规范的部分提炼出来，以便于下一步进行深度业务分析。首先要将横向差异部分行为过程相同、有操作指导书的部分、业务简单或不需要行为规范指导的部分剔除，然后给剩余的内容命名，作为行为要项。

4. 第一阶段成果评审

业务定位结束以后，任职资格等级标准设计的第一阶段工作就结束了。为了确保设计人员的工作方向正确，应就第一阶段成果以报告的形式向评审小组进行汇报。工作成果确认无误或经讨论修改后才能进行下一步。

5. 深度业务分析

深度业务分析的目的在于确定支撑每个行为要项的行为标准、能力标准以及基本资格标准。

（1）行为标准。行为标准是任职资格等级标准的关键所在，其设计工作量大、涉及面广、过程复杂，需要对每一专业序列的业务流程进行梳理，分解行为模块，再对每一业务单元的具体活动进行梳理，展开活动描述，提取行为要项，建立标准化的行为标准。

行为标准包括业务活动和行为描述两部分内容。其中，业务活动来自岗位的工作内容，可按照行为模块、行为要项和行为标准项分为 3 个层次，如图 8-9 所示。其中，行为模块是影响某职类或职位族业绩最关键的若干业务模块。在一套行为标准中，一般可以设计 4 ~ 6 个行为模块。如果行为标准按照"行为标准＋素质模型"的模式设计，那么能力要项也可以设计为 1~2 个单独的行为模块。而行为要项是有效完成该行为模块的关键行为。一个行为模块可以细分为 3~5 个行为要项。至于行为标准项，则是有效完成行为要项的关键行为。标准项用行为语言按行为要项逐项进行描述，一般一个行为要项的标准项可设计为 2~3 个。行为描述则是对同一工作活动、不同任职等级资格员工在角色、工具、方法、成果、工作改进等方面不同的表现要求。

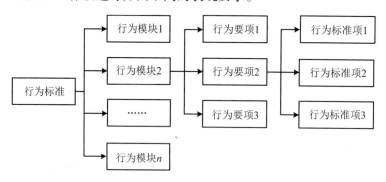

图 8-9　行为标准的 3 个层次

编写每一个行为要项的行为标准之前，首先要进行业务流程分析，列出该行为要项的工作步骤，接着对每个工作的步骤进行比较，确定工作的关键环节、易错环节以及解决办法，然后组织文字，将行为要项的工作步骤整理出来，编写行为标准。值得注意的是，行为标准不是工作职责，它描述的是业务人员的行为工作，并且不拘泥于现状，可以从让工作更高效的角度考虑。除此之外，突出重点并恰当运用形容词和副词也是很有必要的。

（2）能力标准。能力标准是任职资格不同等级所表现出的动机、个性、态度及价值观等要素的总和，可以概括为必备知识、专业技能与潜在素质 3 个维度。设计能力标准可根据对各职类业务分析的结果，采用 BEI（行为事件访谈法）、标杆法、演绎法、专家讨论法等能力开发的方法与工具，形成能力素质模型合集，提取出各职类的能力标准项目。提炼出来的能力标准要有可操作性，可用于评价判断，比如"能够准确理解用户反映的需求并完整地记录下来"的表述比"较强的用户需求理解力"要好。

在能力标准的 3 个维度中，必备知识是指员工完成业务工作必须掌握的知识，包括员工从事本职种工作需要的专业技术知识和其他专业知识，以及行业知识和组织内部制度与政策、组织结构等知识。专业技能则是指以一贯方式运用知识完成工作要项的能力，不同等级岗位要求任职者具备的技能也是不同的。潜在素质，顾名思义，是指员工完成工作应具备的动机、态度、价值观等深层次的素质，体现的是特定工作内容对员工的思维、行为、社交等方式的要求，可根据职位等级划分不同的权重。如表 8-2 所示是人力资源职类从职位行为描述中提取的潜在素质项（高平，2011）。

表 8-2 人力资源职类的潜在素质项

素 质 项	行 为 描 述
人际理解力	能正确理解客户、同事和上下级的情绪、情感，并采取合适的行为和措施来完成工作任务
服务精神	有帮助或服务的愿望来满足他人的要求，能专注于如何发现并满足客户的需求
沟通能力	能根据目标对象选择合适的沟通方式，通过口头或书面形式传递相关信息
协调能力	有效处理人员、时间、技术、设备、资金和信息等资源之间的关系并采取及时、有效的行动

近年来，国内外管理咨询相关行业经过蓬勃发展，各行业能力素质模型已经比较成熟，建立了素质词典库，不同的企业可根据实际情况从中抽取关键的能力素质项进行组合，也可以根据组织情况建立具有组织特色的、独立的能力素质模型。

编写能力标准时，要尽可能细化知识点，根据行为标准提炼知识并分类，定义每一职级对知识和技能的要求等级，并从素质模型集合中提取该项行为标准的核心素质，最终形成与行为标准相对应的能力标准，从而实现影响员工工作行为的目的（桑切斯等，2009）。

（3）基本资格标准。基本资格标准是任职资格不同能力等级表现出来的特征，是任职资格等级标准体系中最基本的部分，规定了某个职类对员工学历、专业、经验和业绩等方面的门槛要求。基本资格标准设计过程应根据当前工作标准来设定学历与专业要求，提炼专业经验及业绩要求。

由于不同的组织和职业类别对员工的要求不同，相应的任职资格等级标准的设置也会有所区别，但同一职种的基本要求总是一致的。我国劳动和社会保障部组织相关领域的专家制定了大部分行业职种的从业规范，形成了国家职业标准，可以在国家职业资格工作网和中国就业网查询到相关标准的具体内容。

6. 标准定稿

在任职资格等级标准初稿编写完成之后，设计人员应按照职类的区分分别进行交流沟通，由各职类相关人员提出意见。如果发现在设计过程中存在某些问题，设计小组要根据反馈意见及时对标准进行修改、调整。在意见达成一致后，任职资格等级标准可予以定稿，并进入等级认证的实施阶段。

例证 8-5

五级民航乘务员的国家职业标准（部分）

第四节　任职资格等级认证

任职资格等级标准建立之后，首要的任务就是进行任职资格等级的认证，由任职资格等级认证委员会对员工进行任职资格定级并做周期性的调整，从而形成动态的任职资格管理体系，在组织人才培养体系中充分发挥作用。

一、任职资格等级认证的概念及其职责划分

（一）任职资格等级认证的概念

建立任职资格通道和任职资格标准之后，需要紧接着把员工的实际工作能力与通道等级定义和任职资格标准进行比较，以评价员工所达到的任职资格等级，即为任职资格等级认证。任职资格等级认证要根据每个员工的实际情况，将员工的实际工作表现和能力水平与任职资格等级标准进行对标，确定员工的能力等级，并根据认证等级的结果来确定员工的调动、培训及薪酬安排等情况，对员工的发展具有强烈的牵引和推动作用。

任职资格等级认证包括任职资格定级和任职资格等级调整两种。任职资格定级也称任职资格等级初次认证，是指员工第一次参加任职资格等级认证，在此之前，该员工属于哪个通道，在通道中达到了哪个能力级别还没有初始值。一般存在两种情况：① 企业刚刚建立任职资格体系，所有员工均未参加任职资格等级认证；② 企业的任职资格体系已经建立，但是新入职员工第一次参加认证。员工参加初次认证之后，将获得其所属任职资格通道和任职资格级别、级等的认定，由此实现任职资格等级的"初始化"（范金等，2011）。任职资格等级调整也称任职资格等级周期性认证，在初次认证后每隔 1～2 年，员工可参加组织的任职资格周期性认证，其具体是指在员工原有任职资格通道相应等级的基础上，根据其阶段性的表现和能力的提升或下降，所进行的周期性的职业通道或职位等级的调整。

（二）任职资格等级认证的职责划分

组织在进行任职资格体系建设时，一般需要建立专门的任职资格等级认证委员会，并根据各职位族、职类建立对应的认证指导和评估小组。任职资格等级认证委员会是一个跨部门团队，以下为其组织架构及职能划分。

1. 任职资格认证委员会

任职资格认证委员会是任职资格认证的最高管理机构，通常由企业的领导、各职位

族和职类的领导以及人力资源部和外部的专家组成，其主要职责包括：① 明确企业任职资格管理制度的指导思想与工作原则；② 审定企业任职资格管理制度、任职资格标准与评价方法；③ 对任职资格管理过程中的特殊问题进行决策。

2. 各职能部门

任职资格认证是一个非常复杂的过程，必须得到各职能部门的大力支持。因此，任职资格认证机构必须包括各职能部门，通常由各职能部门领导和业务岗位管理人员组成。其主要职责包括：① 深入理解并积极宣传任职资格管理制度；② 指导团队根据任职资格标准开展工作；③ 负责对团队成员进行定级建议；④ 帮助部门员工制定和实施职业发展规划；⑤ 定期组织实施部门员工任职资格评价；⑥ 参与所属部门员工的任职资格等级认证；⑦ 审核部门员工晋级或降级的认证申报；⑧ 与人力资源部共同设计并优化本专业任职资格标准与评价方法。

3. 认证组织部门

认证组织部门是执行和指导任职资格认证的部门，通常为人力资源部，其主要职责包括：① 制订认证整体工作计划；② 组织并指导各部门人员学习开发并不断优化任职资格标准及其评价方法；③ 接受任职资格申请并根据等级标准进行举证材料审核；④ 组织企业各部门实施员工职业发展规划；⑤ 安排拟认证人员的辅导、培训、考评人员及认证时间等工作，及时解答认证人员提出的问题；⑥ 审核任职资格评价结果并及时受理认证过程中的申诉。

4. 参与认证人员

任职资格等级认证的主要参与者指参与认证的各等级员工。其主要职责包括：① 深刻理解任职资格管理制度和任职资格等级标准的内涵；② 按照任职资格等级标准的要求开展日常工作，鞭策自己不断提升职业化水平；③ 在直接主管的指导下申报任职资格等级认证；④ 根据任职资格等级标准的要求进行行为举证；⑤ 根据自身发展特点主动规划职业方向；⑥ 根据等级认证的结果，找出自身差距与不足，有针对性地制订职业发展计划；⑦ 为完善任职资格管理制度提出中肯的改进建议。

二、任职资格等级认证的流程

任职资格等级认证的流程通常可分为确定通道、划分级别、确定级等 3 个阶段。

1. 确定通道

每个参加认证的员工都必须先选择要认证的通道以及初始的任职资格等级，并通过自主申请或领导推荐的方式申请认证。员工所属任职资格通道的确定主要依据员工的职位，但有两种情况要特别注意：① 对于承担多类工作内容的员工，可以参加两个或两个以上通道的资格等级认证，如研发部门的管理者，在大部分企业中，这一职位员工既是部门的管理人员，也是研发领域的资深人士。② 对于职位发生变化导致职业通道发生转换的员工，应保留其原来任职资格一个认证周期，在新职位上工作满一年后，再次认证时可按重新认证的结果确定其任职资格通道、职级和职等。对于员工来说，在选择认证通道和认证等级时，要结合自己的个性、特长，将自己的职业生涯规划与企业任职资格等级认证相结合，实现个人与企业共同发展。

2. 划分级别

确定员工所属任职资格通道相对容易，划分任职资格级别则比较困难。在这一阶段，员工需要提交认证申请表，由人力资源部或专门的认证管理部门进行审查，只有通过审查，员工才有资格进入下一阶段的认证。在划分员工任职资格级别的过程中，原则上采取由被认证员工的直接主管推荐的方式，员工个人只负责准备相关材料，并不能确定自己应该参加认证的任职资格的级别。任职资格级别划分主要利用通道等级定义。不同的企业会根据自身实际情况对审查内容有所侧重，一般来说，学历、工作经验、资格证书以及上年度绩效考核成绩是划分级别的必要条件。划分级别的核心依据是员工能够承担的工作职责的难度与复杂度。根据企业对不同能力级别员工的需求，应对任职资格各级别人数加以控制，特别是对四级和五级的人数更应该严格控制。表 8-3 是任职资格等级认证申请表示例，该表格主要用于确定申请者是否具备任职资格等级认证的申请条件，明确其任职资格通道、职级和职等基本信息。

表 8-3　任职资格等级认证申请表

员工个人信息（员工自填）							
姓名		现职部门		岗位		任现职时间	
最高学历		所学专业		毕业时间		入公司时间	
现任岗位主要职责描述							
本专业领域经历（入职前和入职后）	起止时间		单位名称	部门名称	经历描述及专业成果		

说明："经历描述及专业成果"主要填写与申请资格类别相关的工作经历，承担过哪些重要的工作，取得了哪些成绩。

上年度绩效考核成绩		□优　　　□良　　　□中　　　□需改进				
现职情况（第一次认证不填）	资格类别（通道）					
	现属等级	□一级	□二级	□三级	□四级	□五级
		□预备等	□基础等	□普通等	□职业等	
申请情况	申请认证类别（通道）					
	申请认证级别、级等	□一级	□二级	□三级	□四级	□五级
		□预备等	□基础等	□普通等	□职业等	

资格审查意见
资格类别（通道）： 认证级别：□一级　　□二级　　□三级　　□四级　　□五级 认证级等：□预备等　　□基础等　　□普通等　　□职业等 　　　　　　　　　　　　　　　　　签字：　　　年　　月　　日

3. 确定级等

确定员工级别后，对于员工工作中必须掌握的知识和基本技能，可以先组织员工参加相应的学习和培训，然后进行测试或考试。测试或考试的目的在于督促员工认真学习并掌握其内容。试题一般由选择题与判断题组成，不推荐采用填空题、问答题或论述题，因为对于多数已经毕业多年的高水平员工来说，这 3 种题型对记忆的时效性要求较高，但对员工技能考察的准确性难以保证。必备知识与基本技能考试一般采用机考，不会计入认证结果的总分，仅是给参与认证的员工设定一个分数准入门槛，未能通过者将重新参加培训和学习，直到通过考试。

通过考试以后，员工就可以根据任职资格等级标准收集并准备个人材料，参加标准认证。标准认证的方法有很多，常见的有认证小组答辩、360° 问卷调查、360° 访谈、行为面谈和情景模拟。各种方法没有绝对的优劣之分，在信度与效率上有所区别，具体比较情况如表 8-4 所示。

表 8-4　不同认证方法的比较

认 证 方 法	适用认证标准	信　度	效　率	备　　注
认证小组答辩	行为标准	较高	一般	认证小组需要具备较高的管理素养，投入较多的精力。认证小组由被认证员工的主管和管理或专业水平较高的人员组成
360° 问卷调查	行为标准 能力标准	一般	高	
360° 访谈	行为标准 能力标准	较高	一般	对访谈者的访谈技巧有较高要求
行为面谈	行为标准 能力标准	较高	较高	对访谈者的访谈技巧和管理水平有很高的要求
情景模拟	行为标准 能力标准	高	低	多种评价方法的组合，其核心是情景模拟，成本很高，一般只适用于少数关键、核心的岗位

虽然可选用的方法较多，但从实践来看，任职资格行为认证主要采取两种基本的操作方法：认证小组答辩和 360° 问卷调查。

（1）认证小组答辩。认证小组由 3～5 人组成，其成员构成包括 2～4 名认证领域的专家、1 名员工的直接主管、1 名参与认证员工的下属或被指导人员。其中，认证领域的专家可以是认证业务领域内的专家和参与认证员工所在部门内部较其能力高的专业人员。而员工下属或被指导人员只负责提供证据，不直接评分。这种认证评价模式较为科学、准确，强调寻找问题能力及改进方案，在操作上相对复杂，对专家的专业水平和职业能力要求较高。

（2）360° 问卷调查。发放调查问卷的对象一般在 10 人以上，至少包括 2 名参与认证员工的直接主管、2 名同事、3 名工作相关业务流程上下游人员和 2 名下属。在统计调查问卷得分时，为不同调查对象分配的权重不同，原则上是主管的权重最大，其次是工作相关业务流程的上下游人员，最后是同事和下属。这种认证模式重评估而轻改进，操作上简单高效，可以通过提高调查抽样比例和设计针对性试题库的方式减少评估误差，但总体来说其认证评价的准确性低一些。

任职资格标准是任职资格体系的基础，其认证方式要根据认证的目的进行选择。如果任职资格等级认证侧重于寻找具体能力差距和改进方案、促进职业化水平的逐步提升，认证小组答辩的方法更可取；如果侧重于评价胜任能力并决定岗位的任免与调整，则360°问卷调查的方法更有优势。当然也可以综合采用两种方法，进行交叉验证。

华为的任职资格体系实践

第五节　任职资格体系的应用

建立任职资格体系是人力资源管理体系的核心基础，其最终目的是实现人岗匹配，促进员工能力的提升，提高管理人员工作灵活性（杨，2011），进而推动企业长足发展。一套科学合理的任职资格体系能实现对企业的人才盘点和职位梳理，有力地支撑人力资源管理人才选拔、培训开发、绩效管理、员工职业生涯发展和薪酬管理各个模块的建设和发展，对企业人才的选、育、用、留起到重要的作用。

一、任职资格体系在人才选拔中的应用

任职资格确定了不同专业类别和等级的知识、技能、经验、素质等要求，应用于企业的人才选拔可以避免人员招聘与人事任免的盲目性，提高人岗匹配的效率。任职资格体系是人才选拔的输入源泉，企业可根据任职资格等级标准和任职资格等级认证思想开展人才甄选和引进。一方面，明确的职位族、职类和任职资格通道划分及组织人力资源的供需分析，可以预见组织人才需求的数量与质量要求，确定组织人才选拔的策略与方针。另一方面，任职资格体系为企业内部与外部人才选拔提供精准信息，使招聘流程更加清晰、高效，尤其是任职资格等级标准在招聘岗位甄选评价中的应用，使得企业招聘人员时能快速锁定应聘者所需的关键技能与核心素质，从而提高选聘人才的效率和质量。此外，通过对现有人员工作能力和工作行为进行分析，可以了解组织人力资源现状，进而以能力为导向开展组织职务任免，准确定位组织内部的人才，提高干部选拔的科学性。

简单来说，组织的人才梯队是从任职资格通道建立起来的，人才的选用来自任职资格通道内的各个层级和任职资格通道外。任职资格等级标准明确地描述了对不同通道、不同层级员工的任职要求。因此，各职位之间存在类别和层级的区分，为人才在任职资

格通道内各层级的变更与转换奠定了基础。当然，任职资格等级认证可能会给员工职级、职等带来升级与降级的调整，由此也能对员工产生激励的作用，提高员工工作的积极性。

二、任职资格体系在培训开发中的应用

任职资格等级标准明确了每一任职资格通道中职位层级的知识、技能和素质要求，企业在组织培训开发中可以针对不同等级任职资格的人员分别进行培训和辅导，使培训更具针对性，与实际工作联系更紧密，在节约成本的同时使培训效果更好。具体来讲，任职资格体系在企业培训开发中的作用主要有如下 4 个方面：① 可以帮助企业设计课程类别化、层级化的矩阵架构培训方案。② 可以帮助企业设计"短板"培训计划，根据任职资格体系清晰划分欠胜任、胜任、过胜任员工，梳理每个行为模块中的关键项，快速地提高员工自身能力和企业实力。③ 可以帮助企业更好地规划通用型培训课程，在不同的发展通道、不同职位类别所需的主要培训课程之外，关注企业各类别、层级通用性、公共性的培训需求，最大限度地节约培训资源，提高培训效率。例如，可以为初级职位设计"商务礼仪""公文写作""沟通技巧"等课程，为中级职位设计"宣讲技巧""教练技术"等课程，为高级职位设计"战略规划""变革管理""领导魅力"等课程。④ 能够对个体员工的能力和任职资格之间的差距进行分析，从而确定每个员工的培训需求（孙晋怡，2019）。

三、任职资格体系在绩效管理中的应用

职位族的每一级别职位设置都是以支持并实现企业的战略目标为核心的，以任职资格等级标准为基础的绩效管理规避了绩效考核指标的制定与企业战略发展目标相脱节的问题（蒋镇国等，2006）。绩效水平不仅受个人行为的影响，还会受组织结构、内部资源和领导风格等因素的影响。员工行为也不仅受自身能力素质影响，还受到工作环境的限制。所以任职资格体系与员工行为、员工行为与绩效结果之间有很大的相关性。任职资格等级标准中的必备知识、专业技能、潜在素质和工作经验是对绩效的投入，对行为模块的标准化行为要求则是绩效产生的过程。在绩效管理中应用任职资格体系的内容，最终使工作绩效的全过程落实到工作结果是绩效管理的目的所在；而提升员工能力，进而提升绩效则是任职资格体系建立的目的，二者之间是相互促进和补充的关系。

绩效考核分层级的管理以任职资格体系中职位族的层级划分为依据，对同类职位不同职级员工分别设置考核指标，有利于分层考核，规避中高级员工业绩比较突出而导致的考核结果倾斜和不均衡的问题。任职资格等级标准中的行为标准为绩效考核指标的设置提供了清晰的指示与标准，绩效考评的结果一般会作为任职资格等级认证的基本门槛之一，两相结合可促进组织的人才管理，有的放矢地推进人才发展计划，评估员工现有绩效表现和未来发展潜力，将个人发展需求和组织目标有效结合，最终对企业直接效益产生积极影响。

四、任职资格体系在员工职业生涯发展中的应用

任职资格体系最核心和最重要的应用是为员工提供对标的职业提升阶梯，牵引并激

励员工不断提升自身能力，无论对企业、管理人员还是员工都有重要意义。在过去，员工只能依据管理职位的晋升来实现职业生涯的发展，不仅影响员工职业的长期发展，还导致一些优秀的专业人员升职到管理职位后难以发挥自己的特长。企业通过建立多元任职资格通道，明确任职资格等级标准和职位层级，可使员工根据自己的兴趣、特长设计适合自己的职业生涯发展路径。员工即使不能晋升管理职位，也可在专业岗位通道上继续发展，同样能得到职业生涯的发展和组织地位的提高。

员工的职业发展规划与组织的任职资格体系是可以对应的，建立任职资格通道，可使员工清晰准确地自我定位，找到自我发展的最佳途径。任职资格等级标准中的基本资格标准、行为标准和能力标准的规定，为员工职业发展不同阶段设置了确切的成长目标，为员工晋升到下一等级所需要的知识、技能与素质提供了明确的标尺。此外，周期性的任职资格等级调整，也让员工看到了职位晋升和角色转换的可能性，是员工制订个人发展计划的基础。通过任职资格体系可帮助员工建立对职业发展的主人翁意识，逐步澄清职业发展的重点、目标、方法和具体的行动计划，最终实现员工职业化能力的持续提升。

五、任职资格体系在薪酬管理中的应用

薪酬直接关系着员工的切身利益。为及时激励员工提升任职能力，组织要建立与其任职资格等级相对应的工资水平。任职资格等级的确定为组织实行宽带薪酬体系，推行"以岗定级、以级定薪、人岗匹配、易岗易薪"的薪酬管理制度，划定各薪酬等级提供了基础。在这种情况下，为员工定薪的依据不仅是职位价值，更包括员工实际能力因素。

通过设置公平合理的"薪酬跑道"，采取"先弱化后强化"的薪酬策略，先减弱任职资格等级标准在薪酬管理中的应用，可使员工等关注标准本身和自我能力的提升，待任职资格标准实现对员工任职能力和工作表现常态化的积极促进之后，再强化任职资格等级标准在薪酬管理中的应用。在此阶段，员工的任职资格等级越高，其对应的薪酬水平也就越高。职位的变动也会带来薪酬的调整，既确保了薪酬分配的内部公平性，又激励了员工提高能力和任职等级的积极性，进而拉动绩效水平的提升。相应地，工资结构的布局也应体现职位要求及任职资格等级标准的作用。一般来说，基层岗位对一般知识标准要求较高，对管理能力则没有硬性要求，其固定工资所占的薪资比重会比较大，而高层岗位对专业知识、操作技能的要求降低，但是对组织管理素质的要求较高，需要对整个企业的业绩水平负责，其变动工资比重也就比较大。

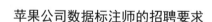

苹果公司数据标注师的招聘要求

课程思政

1. 结合任职资格体系中任职资格通道的知识,解读 2019 年 3 月中共中央办公厅印发的《公务员职务与职级并行规定》,分析公务员职务与职级并行规定的积极意义,增强红色管理的自信。

2. 结合任职资格体系知识,解读以"五章一簿"("五章"指"共和国勋章""七一勋章""八一勋章""友谊勋章"和国家荣誉称号,"一簿"指国家功勋簿)为主干的中国特色功勋荣誉表彰制度体系,树立社会主义荣誉观、核心价值观。

读书推荐

《培养接班人》

出版信息:威廉·白翰姆(William C. Byham),奥德丽·史密斯(Audrey B. Smith),马修·皮尔斯(Matthew J. Paese)著,费书东、柯恩、柯亚译,中国人民大学出版社 2006 年出版。

内容概要:本书是国际领先的人力资源咨询公司——美国智睿咨询公司,根据自己挖掘、培养和留任企业精英人才的珍贵经验集结而成的。本书所关注的并非仅仅为企业的某一特定职位寻找某一合适的人选,而是为企业某职类某一层级寻找一批后备人才,并对其加以培养,委以重任,为企业确认各职位候选人建立人才库。

推荐理由:美国智睿咨询公司创建于 1970 年,是一家全球领先的人力资源咨询企业,首创了"评鉴中心"方法和工作行为分析方法,其专长是设计和实施基于能力的人才招聘与遴选系统,发觉具有合适技能和动机的人才。该书的逻辑框架清晰,内容翔实全面,从理论、方法到实例,层层推进,对于学习过本书内容的读者来说,具有很强的实践意义。

思考练习题

学以致用

选择一个你熟悉的公司和感兴趣的职类,收集相关资料,并结合本章所学内容,尝试为该职类开发一套任职资格等级标准。

 案例分析

用友软件的职级管理

 参考文献

[1] JESSUP G. Outcomes: NVQs and the emerging model of education and training[M]. London: Falmer Press, 1991.

[2] SANCHEZ J I, LEVINE E L. What is (or should be) the difference between competency modeling and traditional job analysis?[J]. Human resource management review, 2009, 19(2):53-63.

[3] YOUNG M. National vocational qualifications in the United Kingdom: their origins and legacy[J]. Journal of education and work, 2011, 24(3-4):259-282.

[4] 王丁. 研发人员培养研究[D]. 厦门：厦门大学，2009.

[5] 高平. 企业任职资格体系的构建[J]. 中国劳动，2011（5）：44-46.

[6] 蒋伟良，谢兵，郑君君. 任职资格管理与宽带薪酬设计[M]. 北京：企业管理出版社，2011.

[7] 朱勇国. 职位分析与职位管理体系设计[M]. 北京：对外经济贸易大学出版社，2010.

[8] 亓世英，邢雷，王林. 论企业任职资格管理体系的构建[J]. 人力资源管理，2012（6）：43-45.

[9] 赵儒超，牛付振，刘丽，等. 组织与个人双赢驱动下的任职资格体系构建研究[J]. 经营管理者，2020（7）：64-65.

[10] 庞明. 英国国家职业资格证书制度刍议[J]. 前沿，2013（24）：76-77.

[11] 梅博. 华为人才发展之道[M]. 深圳：海天出版社，2016.

[12] 吴春波. 华为的素质模型和任职资格管理体系[J]. 中国人力资源开发，2010(8)：60-64.

[13] 董晨阳. 全球四大名企的职业生涯规划[J]. 职业，2014（34）：25-27.

[14] 杨序国. 任职资格管理3.0[J]. 企业管理，2014（2）：76-80.

[15] 樊宏，韩卫兵. "五步法"开发任职资格标准[J]. 人力资源，2006（19）：14-15.

[16] 谭浩，白金泽，郑晓刚. 科研院所任职资格体系的探索：以某系统工程研究所为例[J]. 中国人事科学，2019（4）：32-42.

[17] 饶征，彭青峰，彭剑茹. 任职资格与职业化[M]. 北京：中国人民大学出版社，

2004.

[18] 中华人民共和国劳动和社会保障部. 国家职业标准: 民航乘务员（试行）[M]. 北京: 中国劳动社会保障出版社，2007.

[19] 范金，景成芳，钱晓光. 任职资格与员工能力管理[M]. 2 版. 北京: 人民邮电出版社，2011.

[20] 刘媛媛，刘丽，刘顺仁. 航天企业任职资格认证工作的实践[J]. 航天工业管理，2015（11）: 21-24.

[21] 孙晋怡. 任职资格体系的构建与应用[J]. 管理观察，2019（15）: 46-48.

[22] 辛占华. 老 HRD 手把手教你做任职资格管理[M]. 北京: 中国法制出版社，2016.

[23] 王伟立. 华为之管理模式[M]. 深圳: 海天出版社，2018.

第九章
组织设计概述

组织就是通过有意识的协调而形成的两个或两个以上的人的活动或力量的协作系统。

——美国管理学家 切斯特·巴纳德

 **本章框架**

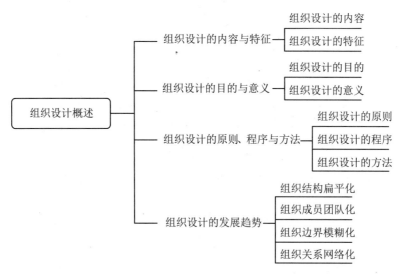

学习目标

➢ 掌握组织设计的内容与特征
➢ 了解组织设计的目的与意义
➢ 掌握组织设计的原则、程序和方法
➢ 了解组织设计的发展趋势

引例

海尔集团的成功

海尔集团的主营业务是家电经营，是一家集生产、科研、贸易以及金融各个领域为一体的国际化企业。从海尔集团的发展来看，它从一个亏损了147万元的集体小厂快速地成长为中国家电的第一名牌，是中国企业发展史上的一个较为罕见的成功案例。一路走来，海尔经历了5个重要的战略转变期：① 名牌战略阶段；② 多元化战略阶段；③ 国际化战略阶段；④ 全球化品牌战略阶段；⑤ 网络化战略阶段。而它的每一次战略调整都需要有效合理的组织设计和组织结构调整作为基础和支撑。

第1个阶段：名牌战略阶段（1984—1991年）

在这个阶段，海尔始终只做冰箱一种产品。海尔的名牌之路始于质量管理，"要么不干，要干就干第一。"海尔采用日清管理法，对每个人、每一天所做的工作进行控制和清理，确保整个工作质量是最优的。在保证产品质量的同时，海尔还时刻关注员工的素质以及消费者的需求和偏好。在这个阶段，海尔采用直线—职能制的组织模式，组织结构更侧重划分各个职能，体现的是集权的思想。

第2个阶段：多元化战略阶段（1992—1998年）

在这个阶段，海尔集团的经营开始多元化。受到邓小平1992年南方谈话的鼓舞，海尔转向了多元化的发展战略。海尔集团借助"吃休克鱼"、海尔管理模式、低成本扩张方式等管理方法，迅速扩大了公司的规模，构建了国际化的大公司。此外，海尔集团还在武汉、重庆等地建立了工业园，构建了以产品为基础的事业部制的结构。总部与分部之间的责权较为明确，由总部负责集中筹划集团的发展目标，由各个分部负责相对应区域的产品的生产与销售等业务，实行独立的经营与核算。

第3个阶段：国际化战略阶段（1999—2005年）

在这个阶段，海尔的企业组织更加趋向于网络化、扁平化和多样化。海尔采用当地设计、当地制造、当地销售以及当地融资和融智等做法，实现企业的国际化。在这个阶段，海尔集团的企业组织结构中增加了事业分部的数量。

第4个阶段：全球化品牌战略阶段（2006—2012年）

在这个阶段，海尔致力于实现全球化的品牌战略。海尔集团在2006年将"全球化品牌战略"作为自己新的战略方向：一方面致力于保障品牌的质量，另一方面致力于满足消费者的差异化需求以及个性服务的需求。为实现全球化品牌的战略目标，海尔选择面向顾客需求、以市场为基础，进行生产流程再造，并通过相关的报酬激励制度提高企业的活力。

第5个阶段：网络化战略阶段（2012年至今）

在这个阶段，海尔追求创新和网络化的经营，进入网络化战略阶段。海尔加快了网络平台的相关建设，并在"人人创客"的理念之下进行个性定制，按需设计、制造和配送，促进了企业的快速发展和进步。(谭小芳等，2020)

从以上引例可以看出，海尔集团的成功得益于它与时俱进的组织设计与创新。这说明组织设计对一个企业的长远发展有不可替代的重要作用。本章将介绍组织设计的内容与特征、组织设计的意义和目的、如何进行组织设计以及组织设计的发展趋势。

第一节　组织设计的内容与特征

受经济全球化的影响，企业的发展在高度扰动的环境中不断动荡和变化。如果想要保持较高的绩效和较为长远的竞争力，企业就必须对其组织战略和组织设计进行动态的调整（夏若江，2009）。组织是企业的躯体，是企业生命力的依附。组织需要设计和变化，需要创新。许多企业之所以会失败，主要的原因之一就是没有好的组织设计。那么到底什么才是组织设计？组织设计对于一个企业有着怎样重要的作用呢？

一、组织设计的内容

组织是指人们为了实现一定的战略目标，相互协作结合，并与外界相连的集团或者团体，包括营利性的机构和非营利性的机构。组织设计可以帮助组织设计科学合理的组织结构，把组织的人力、物力、财力等资源和组织的目标联系在一起。组织设计主要是指设计清晰的组织结构、规划和组织中各个部门的职权与职能，确定组织中的职能职权、直线职权以及参谋职权的活动范围，并编制职务说明书（拜曼等，1995）。一般而言，可以从狭义和广义两个角度理解组织设计的含义：从狭义的角度来看，组织设计主要是指规划和安排组织架构；从广义的角度来看，组织设计不仅包括对组织架构的设计，而且包括对组织架构的运行方式的设计。

从发展的历史来看，组织设计可以分为传统的组织设计和现代的组织设计两种类型。其中，传统的组织设计是指科学管理时代的组织设计，即静态的组织设计。一般而言，较为正式的传统的企业组织结构理论建立于19世纪末20世纪初，传统的企业组织结构理论以科学管理理论为基础（周桂瑾等，2006）。20世纪80年代以来，随着组织生存基础和内外部环境的巨大变化，传统的组织不可避免地面临着异化和分解的命运，很多新的理念、制度和方法不断涌现，形成了现代的组织设计。现代组织设计属于动态的组织设计，主要包括组织结构的设计及组织各项管理制度和方法的设计两个方面，图9-1展示了现代组织设计的主要内容。

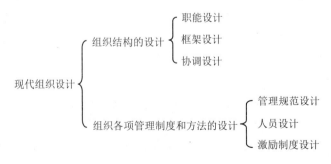

图 9-1　现代组织设计的内容

（一）组织结构的设计

对于新成立的企业而言，组织结构设计是指基于企业的战略和目标，对组织结构进行的全新设计。对于现有的企业而言，组织结构设计则是依据企业的变化和企业的发展目标，对企业原有的组织结构进行再设计，即组织结构的变革。组织结构设计一般包含 3 部分内容：职能设计、框架设计和协调设计。

1. 职能设计

职能设计是针对正确规定企业应该具备的经营职能以及保证企业经营顺利进行的管理职能的设计。

2. 框架设计

框架设计是组织设计的主要内容。框架的常用模式是金字塔形，可分为纵向结构和横向结构。纵向结构的框架主要包括 3 个层级，即高层（决策层）、中层（管理层）、基层（作业层）。每一个层级确定以后，一个层级里面又可以分为多少个部门，这种关于部门的设计就是横向结构设计。

3. 协调设计

协调设计即协调方式的设计。组织进行协调设计的目的在于凝聚和整合组织内部不同层级、不同部门的员工，以最大限度地发挥组织的整体功能，提升组织管理和协作的效率。在一个组织中，协调设计的主要内容包括团队协作方式的设计、信息交流方式的设计以及各项制度的设计等方面。一般认为，组织协调设计的方式包括横向联系的设计和纵向联系的设计两种。组织的横向联系设计主要是指通过信息系统、专职协调员、直接接触、团队等形式来实现组织中跨部门间的横向沟通和协调。而组织的纵向联系设计则主要是指通过采用纵向信息系统以及指挥链等形式，协调组织内部基层与高层之间的相关活动，以实现组织的纵向控制和管理的目的（王春生等，2015）。

（二）组织各项管理制度和方法的设计

组织各项管理制度和方法的设计主要包括 3 个方面的内容：管理规范设计、人员设计和激励制度设计。

1. 管理规范设计

管理规范设计又称为规章制度设计。"没有规矩，不成方圆。"规章制度设计对于一个组织有着不可替代的作用。一方面，它可以确保组织管理的有序化、规范化，从而最大限度地降低组织的运营成本。另一方面，规章制度可以防止上司管理行为的任意性，从而充分保护员工的合法权益。此外，规章制度还可以帮助员工规范工作行为和职业道德，建立评判对错的价值标准，从而实现企业和员工的双赢。

2. 人员设计

人员设计的主要目的是确定组织结构正常运行所必需的人员数量和质量。组织之间的竞争是经济实力的竞争，经济实力的竞争是科学技术的竞争，而科学技术的竞争归根到底是人才的竞争。高素质、高质量的人员是一个组织长期发展和兴旺的基础，一个好的人员设计可以确保一个组织人才库的质量和数量，从而为组织的长期兴旺奠定基础。

3. 激励制度设计

激励制度设计主要包括正向激励制度设计和负向激励制度设计，俗称为奖惩制度设计。激励制度既可以通过一套理性化的制度来反映员工与企业之间的相互作用，又可以实现员工和企业的双赢。一方面，对于员工而言，首先，激励制度可以在一定程度上培养和增加员工对工作的热情和积极性。其次，激励制度可以增强员工对于企业的归属感和认同感，并进一步实现员工个人的自尊和自我实现的需求，从而激发员工在工作中的积极性和创造性。另一方面，对于企业而言，员工是企业运转和盈利的核心，如果员工的积极性、创造性和归属感得到了激发和提升，则企业的发展也会越来越好。

二、组织设计的特征

组织设计是在工作分析的内容的基础上对企业组织结构进行设计的一种工作，主要具备以下 3 个方面的特征。

（一）组织设计是一个动态的管理过程

组织设计是一种管理活动，其目的是帮助组织设计和规划合理的结构和体系。从企业能力理论的角度来看，企业是能力的独特集合体，企业的长期竞争优势来自于企业的动态能力或者核心能力（哈梅尔等，1990）。在传统的组织设计理论中，组织设计仅仅是对于组织结构的静态设计，但是在现代的组织理论中，组织设计不仅局限于对组织结构的静态设计，更包括组织运行过程中的方方面面，如绩效管理、人员招聘及培训、信息控制、激励制度、协调工作等的动态设计。可见，组织的发展是一个动态变化的过程，而非静态的概念，而组织设计也是一个动态的管理活动。

（二）组织设计是一种随机制宜的管理活动

组织设计作为一种管理组织的活动，没有普遍适用的方法和原则，需要因时、因地、因人而异。尤其是 20 世纪 80 年代以来，随着信息技术的快速发展，企业的内外部环境都发生了很大的变化，企业经营管理的信息化不断强化，如 1995 年，美国的信息设备投资占企业设备总投资的 40%，信息联网高达 90%（饶佳宁，2005a），信息时代的发展要求企业的组织设计随机而变，以适应快速发展的时代要求。此外，当前组织经营的外部环境也发生了很大的变化，概括起来为"三 C"，即顾客（customer）占据上风、竞争（competition）在加剧、变化（change）是常态。这意味着在一种环境中运行和发展很好的企业在其他的环境中未必运行和发展得很好，外界环境的变化要求企业具备灵活多变的能力，同时要求企业的组织设计与时俱进，因地、因时、因人而变动。

（三）组织设计是一种连续的管理过程

组织设计所建立的组织结构不是一成不变的，而是随着组织所面临的外部环境和内部条件的变化而变化的，即组织设计要考虑环境、战略、技术、人员素质、发展阶段等因素。组织设计可以为组织创造出一种推动与支持组织所选择的战略的"内环境"，促使组织在发展的过程中不断地进行提升和革新，继而实现长远的发展。因此，组织设计是一种连续的管理活动。

例证 9-1

夏普转型：2017 年上半年扭亏为盈

第二节　组织设计的目的与意义

进行科学合理的组织设计对于一个组织的长远发展有着不可替代的作用。组织设计作为设计和安排组织结构的管理活动，在一定程度上决定着组织结构的效能。一个组织只有具备优良的组织结构，才能实现组织整体效益的最大化。因此，对组织进行组织设计是十分必要的。

一、组织设计的目的

目前世界范围内组织的经营环境发生了巨大的变化，如经济全球化发展日益加快、信息技术广泛应用、市场环境发生根本性变革、市场竞争日益激烈、环境和生态保护压力剧增等，外部环境的巨大变化给组织的经营与发展带来巨大的挑战。

如果一个组织想实现较为长久的发展，那么其竞争优势不仅是人、才、物等资源的数量和质量，更重要的是需要以适合的方法来调动这些资源，让这些资源可以发挥最大的作用和价值。而对组织资源进行配置和利用的最合适的方法是进行组织设计，包括组织的结构设计、职能分解、岗位设置等。科学高效的组织设计可以保障组织的顺利高效运转，发挥整体大于部分之和的优势，实现整体利益的最大化。

首先，组织设计是组织立足的第一步。组织是为了达到特定目标，按照分工与合作的原则，由拥有不同层次的权力与承担不同层次的责任的人构成的集合（祝士苓，2007）。一个刚建立的组织，首先需要对管理层、执行层等不同层级的部门和员工进行设置和匹配，需要对组织的长远发展目标和短期目标进行详细的规划，同时也需要对组织的物力资源和财力资源进行合理且高效的分配和利用，而处理这些工作最合适的方法是进行组织设计。这说明，在一个组织成立之初，首先应该考虑组织设计。

其次，组织是历史的产物。历史表明，人的生活是沿着组织复杂性程度不断提升的次序展开的。根据记载，人类在发展的过程中不断地丰富并发展着组织的功能，任何组织设计都是某个历史阶段的产物，都具有某种历史意义的合理性（陈锐，2012）。组织设计是一个组织长久发展和延续的保证，是一个企业进行创新和升级的根本源泉。组织的正常运行和持久发展需要不断地进行创新。可以说，创新活动是贯穿于整个企业经营活动的一项系统性工程，它要求企业必须具有高质量的物资流通网络以及信息传递网络，而组织设计工作是做好企业创新活动的主要支撑之一，即组织设计的主要目的之一是促进企业的创新和持续发展，并进一步通过创新提升组织的运行效率和效益（任浩，2005）。

最后，组织设计是一个企业与时俱进、不断革新和进步的基础。组织设计是企业变革的重要手段，是有效实现组织目标，规划并确定员工工作职能及其相互影响、联系、协作以及沟通模式的过程（冉斌，2002）。无论是新建的企业组织还是原有的企业组织，都需要进行组织设计。新建立的企业组织需要根据企业的预算、战略目标等情况进行全新的组织设计。已经成立的企业组织则需要根据原有的组织结构和当前组织内外部环境和情况的变化等，对组织结构进行局部的调整和完善，进行组织再设计。

二、组织设计的意义

每个企业都要选择特定的组织结构，组织结构是企业的基本框架，是企业生产和发展的基础，也是企业管理的重要组成部分（李东红，2000）。美国钢铁大王卡耐基说："将我所有的工厂、设备、市场、资金夺去，但只要公司的人还在，组织还在，那么，四年之后我仍会是个钢铁大王。"由此可以看出组织设计工作的重要性，科学合理的组织设计对组织的发展有着不可替代的作用。具体而言，组织设计的意义和作用主要表现在如下3个方面。

（一）实现各类资源的合理配置和有效利用

管理现代化包括管理思想的现代化、组织体制和结构的现代化、管理方法的现代化、管理手段的现代化以及管理人才的现代化5个方面的要素。其中，组织体制和结构的现代化是管理现代化最重要的内容。组织体制和结构的现代化是管理现代化的保证。一个组织的制度和结构是企业竞争力背后潜在的因素，是参与企业永续经营的关键（邓善修，2004）。企业主要是通过制度结构整合和规范不同利益群体之间的关系，管理各个层级的部门和人员，从而实现企业目标和绩效的最大化。然而，构建科学高效的组织体制和组织结构，需要首先进行科学的组织设计。管理本身就是一种很重要的资源，如果可以充分地开发和利用这种资源，则可以用较小的代价获得较大的效益，因此需要运用科学有效的组织设计，帮助组织实现成功的管理和各类资源的高效配置与利用。此外，科学高效的组织设计能够设计出合理有效的组织结构，也就是一个合理有效的分工协作体系，从而可以实现组织内外部资源的充分和高效率的配置和使用。总而言之，一个好的组织设计可以实现各类资源的合理配置和利用。

（二）提高组织经济效益，支撑组织实现战略目标

一方面，合理、科学、高效的组织结构是组织高效运行的基础，现代企业必须积极构建现代化管理的组织结构体系和管理体制（肖芸，2019）。好的组织设计可以实现组织结构的现代化和组织人员的精简，这是提高组织经济效益的根本途径。同时，成功的组织设计还可以帮助组织形成整体力量的汇聚和放大效应，而失败的组织设计则容易导致组织出现一盘散沙、凝聚力下降等负面的情况，从而最终限制和威胁组织经济效益的提升。

另一方面，实现组织目标是组织设计的出发点和归属点。组织结构是实现组织战略目标的重要载体和支撑。一个科学、高效的组织结构是实现组织战略目标的根本保证。通过进行组织设计，可以创建与组织环境、战略、技术等多方面要素相互匹配的柔性灵活的组织结构。高效、合理的组织设计可以帮助组织在演化发展的过程中有效地积聚新的组织资源要素，同时协调好组织中各级人员与任务之间、部门与部门之间的关系，可以确保员工明确自己在组织中应该有的权利和应该担负的责任，从而有利于保证组织活动的高效开展，最终有利于组织战略目标的实现。

（三）满足客户的需求，培育组织的核心竞争力

一个组织能否实现长久兴旺的发展，主要在于它是否存在自己的核心竞争力。组织的核心竞争力主要是指蕴含在企业内部的，支撑企业过去、现代和未来竞争优势的，并且能够使得企业在长期竞争的环境下取得主动权的核心能力。如果一个组织需要保持持续的核心竞争力，它的组织体制和组织结构就必须是独特的、科学的、有效的，管理模式就必须是不断创新和发展的。客户是组织盈利和发展的源泉，高效、快速地满足客户的需求，可以更好地培育组织的核心竞争力。科学、高效的组织结构可以确保顾客的需求得到高效快速的满足和实现。例如，现在的团队组织、扁平化组织等能够使企业更好、更快地了解顾客需求并对顾客的需求做出快速和高效的反应。

例证 9-2

格力的双元性创新

第三节　组织设计的原则、程序与方法

组织设计不仅要求做好企业的框架结构设计等前期的工作，而且要求做好组织结构如何运作等后期的工作。组织设计的原则、程序和方法可以清晰地告诉我们如何合乎逻辑地进行科学的组织设计，如何帮助一个企业实现更高效、更科学的发展和运营。

一、组织设计的原则

组织设计是企业运行过程中必须执行的工作，组织设计过程中应该遵循以下 3 个原则。

（一）目标第一的原则

组织目标和组织职能主要是指组织在一定时期内所想要实现的战略目标和开展的关

键职能，对组织结构的形成和构成起着重要的决定作用。因此，对组织特定目标和组织职能的关注应贯穿于组织设计和变革工作的全过程。具体而言，无论是组织整体框架的设计，还是组织局部的具体设计，都必须紧紧地依靠组织的特定任务和目标来进行。组织设计的最终目的是凝聚组织各个层级、各个岗位和各个员工的力量，促使组织目标的实现和最大化。在组织设计的过程中，应该始终秉持组织目标第一的原则。

（二）管理幅度和管理层级的原则

管理幅度指的是领导者直接指挥下属的人数，也叫管理跨度。一般而言，底层管理幅度为 8～15 人，中层管理幅度为 5～9 人，高层管理幅度为 4～8 人。如果一个组织的管理幅度过小，则会造成主管人员配备增多，管理效率降低的情况；如果一个组织的管理幅度较大，则会出现指导和监督不力，容易使组织陷入失控状态。

管理层级主要是指从最基层的员工到最高层的管理者之间存在多少个层级的结构。一般的企业管理层级是 3 个层级。不同层级的人员需要负责不同性质和类别的事情，只有通过有效的分工与协作，才能推动人才的合理应用。

管理幅度和管理层级之间存在相互对应的关系。一般而言，管理幅度越大，管理层级就会越少；管理幅度越小，管理层级就会越多。

（三）统一指挥的原则

一个组织必须实现统一的领导与指挥，才能确保长远发展和兴旺。组织内各个级别的机构和个人都必须服从同一个上级的命令和指挥，这样才可以避免多头领导和多头指挥，使组织的决策得到高效的执行和贯彻落实。

二、组织设计的程序

组织设计是一个动态的工作过程，包括众多的工作程序和内容。根据组织设计的内在规律，有步骤地进行组织设计，才能帮助组织科学、高效地运行。具体而言，组织设计可分为以下 8 个程序。

（一）确定组织设计的基本方针和原则

组织设计的第一个程序就是明确组织的任务、目标、内部环境以及外部环境，依据这些背景和条件确定组织进行组织设计的基本方针、主要原则以及主要维度。

（二）进行职能分析和职能设计

职能分析和职能设计包括 3 个步骤：① 确定为完成组织的任务和目标而需要设置的各项经营职能和管理职能，并确定其中的关键性职能；② 确定组织内部的总管理职能和管理结构，并将其分解为各项具体的管理业务和工作；③ 进一步设计初步的管理流程总体，以优化管理流程，节约管理时间，提高管理工作的质量和效率。

（三）设计组织结构的框架

设计组织结构的框架是指设计承担管理职能和业务的各个管理部门、岗位、层次及其权责，这是组织设计的主体工作。常用的设计组织结构框架的方法有两种：自下而上的设计方法和自上而下的设计方法。

1. 自下而上的设计方法

自下而上的设计方法遵循"职务（岗位）—部门—管理层次"的设计顺序，一般包括 3 个步骤：① 确定企业运行所需要的各个岗位和职务；② 按照一定的规则和要求将一些岗位和职务组合成多个相对独立的管理部门；③ 根据部门的数量、设计的幅度等要求，划分出各个级别的管理层次。

2. 自上而下的设计方法

自上而下的设计方法遵循"管理层次—部门—职务（岗位）"的设计顺序，一般包括 3 个步骤：① 根据组织的各个基本职能以及集权程度的设计原则，确定企业的管理层次；② 确定各个管理层次对应的部门；③ 将各个部门所承担的工作分解为各个管理职务和岗位。

（四）设计联系方式

设计联系方式主要是指设计上下管理层次之间、左右管理部门之间的协调方式和控制手段。组织联系方式的设计工作非常重要。一般而言，框架设计的重点在于将整个组织的经营管理活动分解为各个组成部分，而组织联系方式设计工作的重点在于把各个部分组合为一个整体，从而使得整个组织结构可以步调一致地、高效地实现和发挥企业管理的整体功能和作用。

（五）设计管理规范

设计管理规范主要是指确定各个管理业务的管理工作程序、管理工作应该达到的要求和标准以及管理人员应该采用的管理方法等，促使设计出来的组织结构合法化和规范化，起到巩固和稳定组织结构的作用。以上提及的管理工作程序、管理标准以及管理方法等需要通过管理规范的形式展示出来，构成各个管理层级、各个部门和组织人员的行为规范。

（六）进行人员配备和训练管理

组织结构最终需要通过人员来实施和运行，一个成功的组织必定具有高素质、高质量的人员配备和科学有效的训练管理方法。一般而言，在设计组织结构时往往先不考虑组织现有人员的具体情况，但是在实施设计的环节中需要进一步按照设计要求的数量和质量配备各类人员。

（七）设计各类运行制度

良好的运行制度可以确保组织正常和高效地运行。运行制度的设计工作包括管理部门和管理人员的绩效评价、考核制度以及激励制度。例如，管理人员的奖惩制度设计、工资和奖励制度设计以及人员补充和培训制度设计等。

（八）进行反馈和修正

经过上述 7 个步骤，组织设计的工作基本完成。但是，组织设计不是一成不变的，它是一个动态的过程，在运行组织结构的过程中，会不断发现前述步骤中存在不完善的地方，也会不断出现新的情况，这就要求对原设计做出修改。因此，在进行组织设计的过程中，需要组织不断地将组织结构运行中遇到的各种信息反馈到前述的 7 个环节中，不断地修正和提升，以完善组织设计，使之符合时代的发展。

三、组织设计的方法

建立健全、有效而持久的组织结构，需要在设计组织结构的时候，同时把握以下两大方向：① 需要考虑确定组织结构的方法。不同的组织结构适合于不同的组织，在帮助组织确定组织结构的类型时，需要借助科学、合理的组织设计方法进行分析。② 需要考虑构建组织结构的方法，即考虑如何帮助组织构建特定的组织结构。一般而言，组织设计的方法如图 9-2 所示。

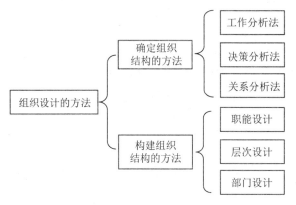

图 9-2　组织设计的方法

（一）确定组织结构的方法

进行组织设计前，首先需要对组织进行分析，确定组织需要采用哪一种组织结构。在确定组织结构时通常采用以下 3 种方法。

1. 工作分析法

工作分析法需要根据组织的基本目标，采用科学的方法分析组织工作。只有通过科学、合理的分析才会清楚组织的工作任务，才能明确哪些工作是应该做的，哪些工作是必须加强的，哪些工作是可以取消的。明确了组织的工作任务之后，还可进一步根据实际需要拟定一个工作机构系统，找出影响组织产出和绩效的因素，为组织内部的部门协调、删减、合并等提供参考的依据。因此，可以在确定组织结构时，考虑组织的工作任务，通过工作分析法帮助组织确定最适合的组织结构。

2. 决策分析法

决策分析法的核心在于将不同层级的决策匹配给适当的部门和人员来执行，以提高组织工作的效率和产出。一个组织的运作涉及方方面面、多个层级的决策，组织需要把不同层级和类型的决策权委托给适当的部门和人员。例如，政策性的决策需要交给管理层的人员来决定，业务性的决策可以交给技术层的人员来决定等。因此，在设计组织结构时，可以将组织的层级和组织的决策结合起来综合考虑，以确定最适合组织长远发展和有利于提高组织绩效与产出的组织结构。

3. 关系分析法

确定组织结构时，需要考虑组织人员之间的各类关系。一般而言，组织的关系包括两种类型：纵向关系和横向关系。从纵向关系来看，确定组织结构需要考虑不同层级职位之间的上下关系，即领导与下属的关系。从横向关系来看，确定组织结构需要考虑各个员工之间的横向关系，即同事与同事的关系。因此，在确定组织结构时，可以结合组织内部的部门层级和员工关系来确定，这有利于组织高效管理和分派人员。

（二）构建组织结构的方法

构建组织结构适用于两种类型的企业：一类是刚刚成立的新企业，另一类是原有的企业。新企业构建组织结构的过程称之为企业组织的设计，原有企业构建组织结构的过程称之为企业组织的再设计。具体而言，在构建组织结构时，可采用职能设计、层次设计和部门设计3种方法。

1. 职能设计

职能设计主要是指组织根据自身的目标明确具备哪些基本的职能。一个组织的正常运作，一项业务的顺利进行需要多个职能同时发挥作用。职能设计的方法更注重组织的运行需要哪些职能，这些职能之间的相互关系，这些职能在企业分布的比例等因素。因此，在构建组织结构时，可以运用职能设计的方法。

2. 层次设计

一个组织必然需要各个层级的部门和人员的共同合作。一般而言，组织的层级可以分为3层：高层（决策层）、中层（管理层）以及基层（作业层）。企业层次的设计更注重组织内部上下级之间存在多少个管理层级。通常而言，层次设计在一定程度上可以决定组织内部上下级之间的工作方式和工作效率。因此，在构建组织结构时，可以运用层次设计的方法。

3. 部门设计

一个组织的成功发展和兴盛，离不开组织内部各个层级的部门和人员的纵向支持，也离不开同一层级的部门和人员之间的通力合作。层次设计是从组织纵向角度入手进行组织设计的方法，对应地，部门设计是从横向角度入手进行组织设计的方法。部门设计更注重组织横向上需要设置多少个部门。通过部门分析，可以把握和明确各部门的工作需求和工作职责，从而建立有效的工作协调机制，以帮助组织提高运行的效率。

例证 9-3

基于战略转型的业务流程再造和组织变革

第四节　组织设计的发展趋势

近年来，随着知识经济和全球化的发展，消费者对产品的需求层次不断提高，追求个性化和多样化，对产品价值的诉求也更倾向于一体化的体验价值和整体价值。在企业内部，知识型员工成为创造企业价值的主体，个体力量崛起，个人价值被放大，人才对自主、个性的尊重以及机会的提供等有更多的需求。再加上互联网与共享经济的快速发展，促使组织能够因需求而聚集连接，组织边界日益模糊，让组织平台化、组织微化成为可能，重构了组织与人的关系。由此，为了快速适应外部环境的变化，组织设计出现了更加多元和灵活的形式和特征。这些新的发展趋势主要表现为组织结构扁平化、组织成员团队化、组织边界模糊化以及组织关系网络化。

一、组织结构扁平化

组织结构扁平化是指通过缩减管理的层级和相关的职能部门，以横向的团队结构取代传统的层级结构，并形成工作小组和工作团队等基本单元的扁平式组织结构，这种扁平化的组织结构打破了有着明确专业分工和严格等级制度的传统组织结构（哈里斯等，2002）。

（一）组织结构扁平化产生的背景

组织结构扁平化的发展最早可以追溯到西方企业的演变过程。西方企业受科学管理运动的深刻影响，形成了一套等级较为严格的层级制组织体系，组织的层级和层次越来越多。在等级森严的层级制度的管理下，信息的处理和传递需要经过若干个环节，造成组织对外部环境变化的反应较为迟钝，不利于提升企业的竞争力。在这样的背景下，20世纪80年代，美国不少企业开始对企业进行减少管理层次、扩大管理幅度的改革，于是企业结构出现了扁平化趋势。

20世纪90年代初，西方兴起了声势浩大的管理运动，即"企业再造运动（business process reengineering，BPR）"。其核心思想是把原来的金字塔形的组织结构变为扁平化的组织结构。所谓扁平化，是通过破除组织自上而下的垂直结构的形式，减少管理层次，同时增大管理幅度，裁减冗余的员工，通过精简组织的管理层级与人员，促使组织保持紧凑、灵活、高效。

在组织结构扁平化的发展过程中，美国较为领先。例如，美国的企业管理大师彼得斯在20世纪90年代倡导和呼吁摧毁公司的层级组织结构。他认为一个公司有15个或者20个管理层次已经很落后了。1993年，美国的SEL公司全面取消秘书建制，削减中层管理人员的数量，重新调整高层管理人员的控制幅度，促进公司组织结构的扁平化发展。20世纪90年代，联邦运通公司从最高的管理层到最低的公司员工，中间总共只有5个管理层级，这大大缩减了公司的组织层级，降低了管理难度。

（二）组织结构扁平化的优缺点

目前市场竞争不断加剧，顾客需求日益多元化，组织的内外部环境变化较大，传统的组织管理模式已经不能适应组织的发展。为了提高组织的应变能力，敏捷、精良、创新的扁平化组织结构必然会取代传统的金字塔形的组织结构（饶佳宁，2005b）。组织结构的扁平化改革主要是针对传统的层级制组织体系的弊端而进行的，其主要的目的是适应和应对更多元、更复杂、更动荡的外部环境和挑战（李红勋，2013）。

组织结构的扁平化已经成为现代企业发展的必然趋势（荣鹏飞等，2015），与传统的等级森严的层级制组织体系相比，扁平化的组织结构具有运行效率高和信息传递快的优点。

1. 组织的运行效率较高

传统的层级制组织存在多个管理层级，普通的员工与管理者之间、下级管理者与上级管理者之间的关系是被动的执行者和决策者之间的关系。因此，一项工作任务的实行需要经过多层管理者的审批和授权，这在一定程度上降低了组织的运行效率。相比于传统的层级制组织，扁平化的组织结构中，员工独立工作的能力较强，上下级之间的关系是一种新型的团队成员的关系。企业的普通员工可以通过网络系统查找到与自己业务相关的任何信息。此外，基层的员工还可以直接与高层的管理者进行沟通，这可以在一定程度上减少企业内部的数据处理和报表填写等相关工作，可以帮助组织整合资源、降低成本、提高管理的效率（王娜娜，2018）。因此，扁平化的组织结构可以提高组织的运行效率。

2. 组织的信息传递较快

传统组织结构中，信息传递的方式是"一对多"式的逐级纵向授权的信息传递，即一个上级管理多个下级员工，这种信息传递方式是层层传达组织的指令以及顾客的要求，下级员工需要向上级请示报告。随着组织规模的扩大，管理层级会不断增多，组织的信息传递就会变得迟钝。相比于传统的组织结构，扁平化的组织结构中，信息不再需要通过多个层次自上而下地传递下来，而是在同一层次上传递和共享，员工既是信息的发出者，同时也是信息的接受者，各个员工可以实现信息的实时共享与工作互动。因此，扁平化的组织结构的信息传递会比较快。

然而，组织结构扁平化也存在一定的问题，主要体现在如下两个方面。

1. 可能会增加组织的管理和控制难度

组织的管理和控制需要一定的标准，这些标准需要具备具体、可操作、稳定等特点。但是，随着扁平化组织的管理幅度大大地增加，组织制定具体且稳定的管理与控制标准的难度也在逐步增加。管理如果没有标准，就很难界定责任，很容易出现管理低效甚至管理失效的问题。因此，组织结构扁平化在一定程度上会增加组织管理和控制的难度。

2. 可能会弱化组织的核心竞争力

组织的核心竞争力建立在组织核心资源和关键要素的基础之上。它是组织的智力、管理、文化、技术和产品等的综合优势的体现。当组织结构扁平化之后，尽管团队协调与合作变得更加重要，但是扁平化组织存在领导关系不明确、分工粗糙、权责和任务的关系常常需要调整等缺点，这会导致自由主义、个人主义滋生。在一个组织中，个人主义和自由主义太浓厚，很明显不利于团队的协调与合作，也不利于组织综合优势的形成。这意味着组织结构扁平化会在一定程度上弱化组织的核心竞争力。

（三）组织结构扁平化对组织管理的影响

扁平化的组织结构具有 3 个特征：① 扁平化的组织结构由非严格的等级排列且又互相依赖的多个部门组合而成，工作业务的完成依赖各个部门之间的相互协调与合作。② 由于企业经营活动的发展和项目进展处于不断的变化之中，而且部门也处于变化之中，因此各个部门在扁平化的组织结构中所扮演的角色是不同的。③ 在扁平化的组织结构中，不再是传统的职位决定权力，而是通过各个部门所拥有的信息和知识来确立其在组织结构中的权力和地位。扁平化的组织结构对组织管理有极为重要的影响，主要表现为如下 3 个方面。

1. 组织管理更强调系统和整体的理念

系统观念和协作观念是贯穿扁平化组织运行和管理的核心概念。扁平化的组织结构可以促使员工打破部门的界限，减少过多的管理层级，更加突出群体协作的优势。组织内部成功的群体协作可以帮助一个组织实现更大的效益，促使组织实现战略目标的最大化。因此，在扁平化的组织结构中，相比于各个部门的目标与收益，其更注重整个组织的绩效和收益，更强调系统和整体的理念。长期来看，良好的合作可以形成稳定的资源共享联盟，增强组织发展的可持续性，改善客户的满意度和优化设备资源的利用效率（安锡焕等，2014）。

2. 可以促进组织的高效和良性运行

扁平化的组织结构是一种分权型的组织结构，其构建的基础主要以核心业务为目标，以顾客满意为组织结构设计和绩效考核的出发点。扁平化组织结构的一个特点是缩减了组织的管理层级以及上下级之间的距离，减少了中间层，而管理层级的减少可以帮助组织提高运行的效率。诚如美国管理学家德鲁克所言："组织不良最常见的病症，也是最严重的病症，便是管理的层次太多。组织结构上的一个基本原则是，尽量减少管理层次，形成一条最短的指挥链。"

3. 知识对组织的影响日益增强

在扁平化的组织结构中，组织受到的影响不仅来源于领导的人格魅力、职权、信息等，更常常会受到知识的影响。这是因为现代信息技术的飞速发展，尤其是网络技术的日益完善，推动了扁平化组织结构信息传递方式的革新，各个部门以及各个岗位可以借由一个四通八达的信息网络直接对接和联系。因此，知识对扁平化结构组织的影响程度更大，直接决定了其信息传递的效率和员工协作的成效。

例证 9-4

云商模式下的苏宁组织结构变革

二、组织成员团队化

（一）组织成员团队化的背景

组织成员团队化本质上是指组织内部的自主性和合作性更高，组织的团队成员可以通过共同参与、并行工作、实时沟通与交流等方式完成不同部门、不同时间的工作。组织成员团队化既可以提高参与工作团队的每个员工个体的重要性和价值，也促进了团队成员之间的协作与沟通，提高了组织整体的运行效率与工作业绩。

组织成员团队化最早可以追溯到 20 世纪 60 年代，当时一些大公司为了克服金字塔组织结构的缺陷，创建了团队工作小组。随后在 20 世纪 90 年代，由于先进的信息技术和网络技术的发展，兴起了企业流程再造运动，在一定程度上促进了工作团队的进步和发展。

企业流程再造运动按照作业的流程和目标任务把企业的经营和管理业务以工作团队的形式组合起来。这种新的组织结构形式破除了以前按照职能分工的企业组织结构。随着信息技术的飞速发展，企业组织内部团队成员之间的协调合作与互动沟通也变得更为容易和稳定，从而促进了工作团队的完善与进步。

（二）组织成员团队化的运作方式和条件

组织成员团队化打破了传统组织结构的部门界限，跳过了中间的管理层级，为组织成员直接接触顾客、直接面对组织的总体目标、互相合作与交流沟通等提供了条件和支持。这在一定程度上可以帮助组织赢得高效率。组织成员团队化创造了一种新型的工作氛围——创新、自主而且灵活，在这样的工作氛围下，工作团队更注重满足顾客的需求和实现企业价值的增值。它适应了企业目前创造性劳动日益增加的需求，已经成为很多企业首先考虑选择的内部组织形式。

组织成员团队化是组织发展的一种新趋势，其运行需要得到如下 3 个方面的条件支持。

1. 完全公平和自由的资源环境

组织成员团队化的最大特色在于组织成员之间的管理层级减少，纵向的上下级之间的工作关系缩减，而横向的员工协作的联系增加。因此，需要组织具备完全公平和自由的资源环境，这样便于资源在横向水平上的高效流动，也有助于成员获得平等的收益。

2. 强劲的组织文化

组织成员团队化属于小团队式的管理，其最大的问题在于中心控制力不够强大，这在一定程度上会对组织产生负面的影响。例如，在使用公司内部的资源时可能会出现冗余和浪费的问题，在团队合作与协调上可能会出现分歧和矛盾。因此，需要组织拥有强劲的组织文化，这样可以提升员工的核心竞争力，使员工的职业素养、工作投入与组织的核心战略目标保持一致，促使组织实现最大化的工作绩效。

3. 复合型人才

团队化的组织更需要复合型人才，这样可以覆盖职能死角，克服和排除团队化运作过程中的一些困难和障碍，提高团队协作与沟通的效率。

三、组织边界模糊化

（一）组织边界模糊化产生的背景

关于组织边界的变化，最早可以追溯到跨国公司的管理之中。20 世纪 90 年代兴起了"无疆界世界"的概念，其提出跨国公司的总部不一定要设立在母国，生产、科研、营销等可以战略性地分布在世界各个地方，在全球化战略方面，跨国公司不应该受到国界的约束和限制，"无疆界世界"概念的提出拓展了跨国公司组织的边界。传统的组织结构中，各个岗位的员工、各个部门、各个组织都很明确地知道自己的工作范围和职责范围，各个组织之间、各个部门之间、各个员工之间的界限是分明的，但是这样的安排和规划过于刻板，限制了员工的创造力，在一定程度上浪费了时间、降低了工作效率，也限制了组织发展的速度。

随着现代信息技术的发展，各个组织、部门、员工之间的界限逐渐趋于模糊，各种信息资源的交流与共享成为可能。企业的经营活动受到的时间与空间的限制也逐渐变少。组织可以不再用很多的界限把人员、工作任务、工艺和地点分开，而是把主要的精力集中在如何影响这些界限上，这样可以促使组织尽快地将信息、人才、奖励和行动落实到最合适、最需要的地方，实现组织资源的高效配置和利用。所谓组织边界模糊化，不是说组织之间、部门之间不再需要界限，而是侧重于打破限制各个组织和部门的僵硬的界限，促使组织建立更具有可渗透性和灵活性的界限，这样可以用柔性化的组织结构取代刚性的组织结构，用灵活的、可调适和变化的结构代替原来相对固定的结构。组织边界模糊化也给组织带来了新的定义，组织不再是一个存在于某一特定的地理位置，由人员、厂房、各种设备、资金等构建的实体，而是一个由多方面要素和机能组合而成的有机系统。

（二）组织边界模糊化的具体表现

组织边界模糊化需要打破组织内外部的界限。一方面，组织可以通过在内部构建多功能团队，代替传统上分裂的职能块或部门，打破组织的内部边界；另一方面，组织可以通过与外部的客户、供应商、竞争对手等进行战略合作、建立战略联盟等措施，打破组织的外部界限，实现组织内外部的双赢。组织边界模糊化具体表现在如下两个方面。

1. 组织内外部交易市场化

21世纪，很多组织的内外部环境发生了很大的变化。一方面，组织的内部环境发生了变化。例如，组织内部的结构更加趋向于扁平化，上下级的管理层级减少；组织内部的人员合作和信息交流与沟通更趋向于横向的流动与往来。另一方面，组织的外部环境也发生了变化。例如，经济全球化飞速发展，信息网络技术快速发展，知识化不断进步与更新等。组织内外部环境的变化，加剧了各个组织之间的竞争，促使组织内部交易市场化和外部交易市场化。从组织内部来看，组织更倾向于将自己的精力和资源投入集中在具有绝对优势的核心业务领域，其他的非核心业务则交给市场上的其他公司来处理和完成，这导致了组织内部交易的市场化。从组织的外部来看，信息网络技术的飞速发展使市场主体之间的相互合作变得更简单、更容易进行。同时，市场化以及专业分工的发展与进步促使组织在产、供、销的某一个领域具备绝对的竞争优势，从而促使多个组织之间的外部合作与供应，促使组织外部交易市场化。

2. 组织和市场边界模糊化

信息网络技术的发展降低了企业内外部的交易成本，促使企业内外部交易市场化，从而在潜移默化中促进了组织和市场之间边界的模糊化。此外，当前在企业发展的过程中存在两种发展趋势：市场交易的企业化和企业内部业务的市场化。一方面，当企业内部的交易成本低于市场成本时，会出现市场交易的企业化。另一方面，当企业内部的交易成本高于市场成本时，会出现企业内部业务的市场化。但是，如果能使企业内部的交易成本等价于市场的交易成本，则可以确保企业和市场的边界趋于稳定。随着企业生产技术和交易技术的发展和进步，企业和市场的边界日益模糊，如过去由大企业做的事情，现在交给小企业做可能会更有效率。组织和市场边界的模糊化在一定程度上会促进企业技术的革新和发展，帮助企业不断采取措施提升自己的核心竞争力。

四、组织关系网络化

信息技术对组织结构和设计具有重要的影响（阿特维尔，1984）。组织关系的网络化发展是企业为了适应新时代的网络环境、价值创造和知识竞争等的需要，而对传统的、以登记制度为基础的组织形式和管理模式的革命性变革（阿胡贾，2003）。当代信息技术的飞速发展与广泛应用、经济全球化和一体化的快速进步，促使组织职能和组织关系发生了重要的变化，组织关系的网络化趋势越来越明显。

从组织的内部来看，组织可以视为由一个若干独立的、彼此相互密切联系的单元组合而成的网络结构。这些单元具备较好的自我管理能力、自我组织能力以及自我约束能力，网络成员之间的关系较为松散。这些看似松散的经营单元其实是一个有机联系的整体，它们掌握着组织的各种资源，可以帮助组织的内部正常运行和盈利。它们有着共同的战略目标，决定了一个组织的活力与发展前景。

从组织的外部来看，组织关系网络化可以在组织之间建立多种形式的合作关系，促使组织自身成为组织外部网络的重要组成部分。建立网络型的组织结构，可以通过网络之间的互相协调与合作，提升组织的工作效率。以前由单个组织来完成的工作，现在可以更好、更快、更高效、更经济地通过互相合作与协调的方式来进行和完成。组织关系网络化可以帮助组织更快速地适应经济全球化的发展，促使企业不断地提升自身实力。

一个组织的成功需要依靠团队的协调与合作，而一个高效的团队的运行与管理离不开组织关系的网络化。具体而言，工作团队需要依靠稳固的内外部网络帮助团队成员进行信息的交流与共享、分析和解决问题、进行创新并做出决策等。

 例证 9-5

华为铁三角——聚焦客户需求的一线共同作战单元

 课程思政

1. 结合组织设计的知识，解读中国新冠肺炎联防联控的组织设计和制度设计，对比中外新冠肺炎防控结果，以及结果与组织设计的关系，从而增加学习组织设计和制度设计动力，增强国家荣誉感和自豪感。

2. 结合组织设计的知识，分析中国新冠肺炎防控工作中基层大规模核酸检测背后的逻辑与智慧，增强中国公共卫生事件处置的自信心和凝聚力。

 读书推荐

《NTL 组织发展与变革手册：原则、实践与展望》

出版信息：[美]布伦达·B. 琼斯（Brenda B. Jones）、迈克尔·布拉泽（Michael Brazzel）编，王小红、吴娟、魏芳译，电子工业出版社 2018 年出版。

内容概要：如今全球化不断革新发展，科技更新换代速度很快，组织的内外部环境也处于动态的变化中，在这样的时代背景下，组织有效性表现得越好的组织，越有可能脱颖而出，占据竞争的有利地位。本书是由组织发展领域的泰斗人物库尔特·勒温创立的 NTL 在过往数十年的实践和理论的精髓，可以为组织发展提供整体框架引导和具体的干预指导，被称为组织发展领域不可多得的"圣经"。内容上，本书融合了理论、概念和方法，提供了丰富的话题，尤其是书中关于培训、群体和实践的议题及观点紧跟时代，可以给人一定的启发。它既可以为学者提供一定的借鉴和参考，也可以为实践者提供一定的启发和帮助。形式上，本书案例丰富，语言通俗易懂，且图文并茂，可让读者在享受中学到关于组织发展和变革的理论和实践知识。

推荐理由：布伦达拥有超过 25 年的企业顾问工作经验，曾经在多个国家担任顾问，而迈克尔一直从事企业高管领导力、多样性的教练工作，是组织发展和多样性的著名实践者，两位作者都具备较为丰富的组织发展经验。本书语言生动有趣、通俗易懂，内容新颖，增加了技术、员工发展、团队管理、教育等方面的内容，对实践者具有较大的参考价值。洛克伍德领导学院联合创始人罗伯特·盖斯这样评价本书："再没有其他资源可以像这本书一般提供了丰富多彩的议题，它们出自组织发展领域的众多领袖，都是当下流行的议题，激励大家面向未来积极地思考。"

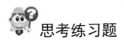

思考练习题

学以致用

选一个典型的、你熟悉的，或者你的家人和朋友所在的公司，尝试运用在本章学习的知识，分析这个公司当前的组织结构、存在的问题并提出改进建议。

案例分析

韩都衣舍的战略与组织结构

参考文献

[1] ATTEWELL P, RULE J. Computing and organizations: what we know and what we don't know[J]. Communications of the ACM, 1984, 27(12): 1184-1192.

[2] AHUJA M K, GALLETTA D F, CARLEY K M. Individual centrality and performance in virtual R&D groups: an empirical study[J]. Management science, 2003, 49(1): 21-38.

[3] BAIMAN S, LARCKER D F, RAJAN M V. Organizational design for business unites[J]. Journal of accounting research, 1995, 33(2): 205-209.

[4] HAMEL G, PRAHALAD C K. The core competence of the corporation[J]. Harvard business review, 1990, 68(3): 79-91.

[5] HARRIS M, RAVIV A. Organization design[J]. Management science,2002, 48(7): 852-865.

[6] SEOK H, NOF S Y. Dynamic coalition reformation for adaptive demand and capacity sharing[J]. International journal of production economics, 2014, 147: 136-146.

[7] 布伦达·琼斯, 迈克尔·布拉泽. NTL 组织发展与变革手册：原则、实践与展望[M]. 王小红, 吴娟, 魏芳, 译. 北京：电子工业出版社, 2018.

[8] 陈锐. 组织设计的前提预设与组织发展[J]. 企业经济, 2012（10）：57-60.

[9] 邓善修. 企业制度结构变革：中国企业现代化的关键[J]. 探索与争鸣, 2004（5）：34-35.

[10] 简兆权, 刘晓彦. 互联网环境下服务战略与组织结构的匹配：基于制造业的多案例研究[J]. 管理案例研究与评论, 2017（5）：449-466.

[11] 李东红. 企业组织结构变革的历史、现实与未来[J]. 清华大学学报（哲学社会科学版）, 2000（3）：27-33.

[12] 任峥, 王富, 宋合义. 基于组织前因视角的双元性创新路径研究：以格力为例[J]. 中国人力资源开发, 2017（6）：116-122.

[13] 任浩, 李信民, 陶向京, 等. 企业组织设计[M]. 上海：学林出版社, 2005.

[14] 李红勋. 企业组织扁平化的作用探析[J]. 理论与改革, 2013（1）：114-116.

[15] 梁宇, 李朋波. 云商模式下的企业组织结构变革：以苏宁云商为例[J]. 中国人力资源开发, 2015（22）：67-73.

[16] 饶佳宁. 论网络经济下企业组织设计的发展趋势[J]. 企业活力, 2005a(8)：68-69.

[17] 冉斌. 工作分析与组织设计[M]. 深圳：海天出版社, 2002.

[18] 饶佳宁. 论企业的组织设计与提高企业竞争力[J]. 商场现代化, 2005b(8)：42-44.

[19] 荣鹏飞, 苏勇. 组织结构扁平化下高层管理者的机遇、挑战及对策[J]. 现代管理科学, 2015（11）：12-14.

[20] 谭小芳, 张伶俐. 海尔集团战略演变与价值链管理研究[J]. 财会通讯, 2020(8)：107-112.

[21] 王娜娜. 组织扁平化趋势下员工关系重构的实践路径[J]. 领导科学, 2018（17）：42-44.

[22] 王春生, 曾熙媛, 顾美仪, 等. 中华当代护理大全：第二卷. 下册：护理实践与管理[M]. 南昌：江西科学技术出版社, 2015.

[23] 夏若江. 组织设计的主动性与合作性对企业知识共享行为的影响分析[J]. 管理学报, 2009, 6（2）：234-240.

[24] 肖芸. 企业管理现代化对企业经济效益的促进意义分析[J]. 商场现代化, 2019（7）：96-97.

[25] 周桂瑾, 于云波. 现代组织设计原则及变革趋势[J]. 商业时代, 2006(26)：42-43.

[26] 祝士苓. 工作分析与组织设计[M]. 北京：中国劳动社会保障出版社, 2007.

[27] 胡左浩. 华为铁三角：聚焦客户需求的一线共同作战单元[J]. 清华管理评论, 2015(11)：84-91.

第十章
组织结构设计

人们塑造组织，而组织成型后就换为组织塑造我们了。

——英国前首相　丘吉尔

 **本章框架**

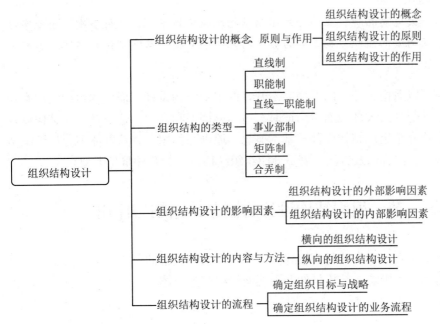

学习目标

➤ 掌握组织结构设计的概念、原则与作用

➤ 掌握常见的组织结构类型

➤ 了解组织结构设计的影响因素

> ➢ 掌握组织结构设计的内容与方法
> ➢ 了解组织结构设计的流程

引例

美国四大科技公司的组织结构设计

脸书、谷歌、苹果、亚马逊是世界著名的科技公司，它们的组织结构比较典型。

1. 脸书的组织结构

脸书是著名的社交平台，其组织结构是一个网状结构，典型的特征在于领导者和员工的界限比较模糊，难以界定，人员的发展呈现开放式延展的趋势，没有固定的中心。

2. 谷歌的组织结构

谷歌的组织结构比较复杂，是比较典型的扁平化组织结构，也被称为鸟巢结构，其最大的特点是纵向的组织层级较少，但横向的组织管理跨度较大。

3. 苹果的组织结构

苹果公司的组织结构比较独特，其被形象地称为"帮主结构"，即一人独大，决策权高度集中，领导中心较为明显。

4. 亚马逊的组织结构

作为世界第一大电商品牌，亚马逊的组织结构比较中规中矩，是许多中国企业学习和借鉴的榜样。亚马逊的组织结构是较为典型的金字塔结构，与官本位的传统观念相一致。（李明敏，2020）

从上述引例可以看出，公司的发展离不开好的组织结构设计，而好的组织结构必须根据公司经营情况与社会大环境而做出适时、适当的调整和完善，这正是组织结构设计的工作。本章主要介绍组织结构设计的基本概念、原则与作用，并从整体上分析组织结构设计的影响因素、内容以及方法，着重介绍组织结构设计的几种常见类型。

第一节　组织结构设计的概念、原则与作用

组织结构决定了人们惯常的行为模式。相应地，人们惯常的行为模式也会反过来形成组织结构或对其产生影响。结构虽然并不能使组织产生整体一致性，但它有利于防止行为的随意性。

一、组织结构设计的概念

要了解组织结构设计，首先需要知道组织结构是什么，因此接下来将从组织结构的概念与特征开始介绍，然后介绍组织结构设计的概念。

（一）组织结构的概念

组织结构是指组织的基本架构，是对完成组织目标的人员、工作、技术和信息所做的

制度性安排，描述了组织的框架体系，即组织各部分排列顺序、空间位置、结合方式、隶属关系。组织结构的目的主要是实现组织的目标和愿景，其本质是员工之间的分工与协作的关系，这一关系可以通过组织结构图来展示。组织结构的内涵则是指人们在职、责、权方面的结构体系，简言之，组织结构即为权责结构（夏春刚，2003）。

组织结构体系包括4个方面的内容：① 职能结构，即完成企业目标所需的各项业务工作关系。② 层次结构，即组织内部各级管理层次的构成，又称组织的纵向结构。③ 部门结构，即组织内部各个管理部门的构成，又称组织的横向结构。④ 职权结构，即各层次、各部门在权力和责任方面的分工及其相互关系。

（二）组织结构的特征

组织结构具有3个主要特征，分别是复杂性、规范性和集权性。这3个主要特征决定着组织的设计、调整和变革（李华，2009）。

1. 复杂性

复杂性是指一个组织内部的专业化分工程度、组织层级、管理幅度，以及各人员之间、各部门之间协作关系中存在的差别性。对应的关键问题包括：① 工作应当细化到什么程度；② 员工应该向谁汇报；③ 管理者直接管理的人员数量是多少等。

2. 规范性

规范性是指组织需要制定规章制度及设计程序化、标准化的工作，来规范地引导员工的行为。所对应的关键问题是正规化相关的问题，如规章制度在多大程度上能够使用等。

3. 集权性

集权性是指组织在决策的时候，正式权力在管理层级里集中与分散的程度。所涉及的关键问题是集权与分权的问题，如决策权应该在哪一级等。

（三）组织结构设计的概念

组织结构设计是指规划或构建组织的各个要素和部门，并设计这些要素和部门的结构方式。这是一个根据组织战略目标和组织业务流程的特点，划分管理层次，确定组织系统，选择合理的组织结构形式的过程。

组织结构设计是一个动态的工作过程。它包含众多的工作内容，归纳起来，主要有以下4点。

（1）确定组织内各部门和人员之间的正式关系和各自的职责，勾画出组织结构图。

（2）确定组织最高部门向各个下属部门、人员分派任务以及从事各种活动的方式。

（3）确定组织对各部门、人员活动的协调方式。

（4）确立组织中权力、地位与等级的正式关系，即确立组织的职权系统。

那么，企业在什么样的情况下会进行组织结构设计呢？归纳起来，大致可以分为3种情况：① 企业建立初期，需要进行最基本的组织结构设计；② 当原有的组织结构出现较大问题或者企业目标发生变化时，需要对组织结构重新设计；③ 当一个组织的结构需要进行局部调整和完善时，也需要进行组织结构设计（张海燕，2013）。

二、组织结构设计的原则

组织结构设计既是为了保证组织的核心价值活动顺利开展，也是为了保证这些活动组成的价值链使企业的价值增值。因此，企业想要有效地履行组织职能、进行组织工作，就需要懂得和遵守现代组织结构设计的基本原则。有效的组织结构设计应当遵循以下 10 个基本原则。

1. 目标一致性原则

组织结构设计必须要有利于组织目标的实现。任何组织都有其特定的目标，而组织设计就是力求能有助于实现这个目标，否则就失去了其存在的意义。同样地，每一个组织又有自己的分目标来支撑总目标的实现，这些分目标又成为组织进一步细分的依据。因此，将目标进行层层分解，直到每个组织成员都了解自己在总目标实现中所需要完成的任务。

2. 分工协调原则

在组织结构设计中，必须要明确组织内每个部门以及成员之间的分工。在组织分工过程中，需要合理分配，既要尽可能地给每个成员不同的工作，也要把工作相同或相似的人编在一起组成一个部门，这样才能使工作更为有效；同时，分工应明确具体，把工作落实到个人，必要的工作不能遗漏。分工是为了让员工发挥自己的专长、提高熟练度，也是为了明确责任，使员工能够主动积极地开展工作。因此，组织结构设计越是能够反映出目标所需的各项任务与工作的分工以及彼此间的协调，职务的委派越是能够给予能力和动机都适合的员工，组织结构和形式就越是有效。

3. 管理幅度与管理层次相结合的原则

组织中每一个主管人员都要根据具体情况来慎重地确定自己理想的管理幅度。在满足由组织目标所决定的业务活动需要的前提下，尽力做到减少管理层次，精简管理机构和人员，充分发挥组织成员的积极性，提高管理效率，以更好地实现组织目标。要注意管理幅度与管理层次的合理搭配。

4. 因事设职与因人设职相结合的原则

因事设职、人岗匹配是企业组织结构设计的基本原则之一。企业组织结构设计要求先由"事"入手，确定要做的"事"，这就构成了职务和职位，然后考虑寻找称职的"人"来填充各个职位。这样才能正确地选用人才，从而有效地实现企业组织的目标。一般情况下，需要避免因人设职，除非在某些特殊情况下，为发挥特殊人才的作用，才因人设职。

5. 统一指挥原则

企业从高层到一般员工必须要有一个统一的指挥系统，组织中各层次的每个员工都要有直接上级，员工应向直接上级汇报工作，而不是越级汇报；否则，会引起被越级人员的不满，给组织造成混乱。同样地，每一个上级也只对自己的直接下级发布命令、进行指挥，不能越级指挥；否则，下级容易受到多头指挥而无所适从，最终影响命令的执行效果。

6. 责、权、利相统一原则

在进行组织结构设计时，需要确保职责与权限的对应性和一致性。一方面，应该明确规定每个管理层次与各个部门的职责范围；另一方面，要赋予其完成职责所必需的管理权限，确保职责和职权协调一致。因此，企业组织各部门及各成员都需要明确规定员工的责任、权力以及利益，三者需要形成协调、统一、明确的责任和权利系统。这是确定部门之间和成员之间相互关系的基本准则，也是保证整个企业组织有序运转的先决条件。

7. 集权与分权相结合的原则

为了保证有效的管理，组织必须实行集权与分权相结合的体制，这样才能够提高组织的灵活性与适应性。过分集权会让管理效率低下，而过分分权又总是会造成管理失控。因此，必须做到集权与分权相结合。

8. 精干高效原则

组织的部门设置及人员配备应当合理、精干，员工之间分工明确、协调有序、沟通便捷，从而实现组织的高效运转。组织精干是保证组织高效的必要前提。一个庞大臃肿的组织势必在处理工作时反应迟钝，也会增加额外的管理成本，降低组织效率。此外，加强组织内部的沟通，建立良好的信息传递渠道以及各种协调方式，也有利于实现组织精干和高效运转。

9. 动态性与稳定性相结合的原则

组织结构及其形式既要有相对的稳定性，即不要轻易变动，又必须随着组织内外部环境的变化，根据长远目标做出相应的调整。一般来说，组织必须维持一种相对平衡的状态才能进行实现目标的有效活动，组织越稳定，效率也将越高。但是，组织自身赖以生存的环境是不断变化的，当一个组织无法适应变化的环境时，就会发生危机。这时，组织的调整与变革将不可避免（宜勇，2004）。

10. 有利于人才成长和合理使用的原则

人才是组织的灵魂，是组织目标实现的基本条件。在进行组织结构设计时，需要充分考虑人才的重要性，建立有助于组织成员成长和进步的组织结构体系。这在一定程度上可以让员工在工作中得到培养、提高和成长，充分发挥员工的积极性和创造性，最终促进组织目标的最大化。

以上原则是一般的准则，企业在进行组织结构设计的过程中应遵照以上准则，同时结合实际情况具体分析，以确定适合企业本身的组织结构体系。

三、组织结构设计的作用

组织结构设计的主要任务是在分析和确立企业的基本目标和宗旨的基础上，明确企业的基本战略和核心能力，设计企业的组织结构，确定部门的使命与职责、岗位设置和职责及人员编制，建立清晰的权力体系，明确组织决策与冲突解决的规则或制度，建立各个部门、各个关键责任人的考核与激励机制，梳理企业基本业务流程和管理流程，并建立企业的内部协调和控制体系（欧阳侠，2008）。

做好组织结构设计与组织再造的工作，意义非同一般。"三个和尚没水吃"与"三个臭皮匠，赛过诸葛亮"的结果截然不同，其实就是组织结构设计的效果。

（一）组织结构设计的系统功能

一个企业是否优秀、能否长久取决于企业的组织结构是否能够让平凡的员工通过不平凡的努力，创造出伟大的成绩。而组织整体业绩的优劣则主要依赖于该组织是否存在良好的组织结构。一个优良的组织结构可以帮助组织将各个松散的部门、岗位以及人员团结起来，实现整体大于各个部分总和的效果。而一个较差的组织结构则会成为组织发展和进步的障碍，不仅无法实现多个部门与人员的团结协调合作，还在一定程度上增加了组织的成本。

（二）组织结构设计是形成竞争优势的关键因素

近几年来，对企业竞争优势的关注开始集中到组织内部结构和组织行为上。拥有特定的组织资源或能力不是企业竞争力与竞争优势的核心，这些通常可能被其他企业模仿或购买（王清太，2011）。更准确的表述是，组织内部运行机制是企业竞争的优势，它确保企业经营的不同方面，如市场范围、技能、资源和程序等方面得以协调。企业可以被视为其构成要素相互依赖的系统，所有的要素都必须在市场中保持协调一致，正是这些要素复杂而模糊的互补关系及组织协调战略目标的能力和执行的程度，给了企业一些特殊的、难以被完全模仿的能力，形成了企业竞争优势的来源。而组织结构设计可以帮助企业形成合作协调的内部关系，并增强竞争优势。

（三）组织结构设计可增加组织内部的凝聚力

一个差的组织结构设计容易使组织出现"一盘散沙"或者"窝里斗"的不良局面，而一个良好的组织结构设计，可以形成组织整体力量的汇聚和放大效应，从而增加组织内部的凝聚力。一个有效的组织结构设计可以为组织提供清晰明确的指令，加强组织成员之间的团结与协作关系，促使组织活动更加具有秩序性和可预见性。此外，有效的组织结构设计有助于正确界定组织的活动范围和工作任务的分工与协作，因此它有助于增加组织活动的连贯性。正因为良好的组织结构设计具备此效果，人们常常将组织称为与人、财、物同等重要的"第四大要素"（廖建桥，2010）。

例证 10-1

宜家集团：进军线上市场的组织变革

第二节 组织结构的类型

组织结构是组织内部各层次、各部分关系的模式化表现。它反映了组织各部分的排列顺序、空间位置、聚散状态、联系方式以及各要素之间的相互关系，与组织的复杂程度、规范程度以及集权与分权程度有着密切关系。组织结构是组织的"框架"，而"框架"是否合理和完善，很大程度上决定了组织的目标能否实现。由于组织的内外部环境不同，组织结构的类型也不尽相同。

一、直线制

（一）直线制的概念

直线制是最古老也是最简单的一种组织结构类型。这种结构也称线性组织结构，最初在军事系统中得到广泛应用，随后被推广到企业管理中，是以统一指挥和直接管理原则为中心而建立的（见图 10-1）。其特征是由上级主管直接指挥下属，每个下属只接受一个上级的指令，并且只能向一个直接上级报告，由此而形成了自上而下的、唯一的一条权责线。这种组织结构形式一般只适用于管理任务简单、生产水平相对比较低的小型企事业单位。

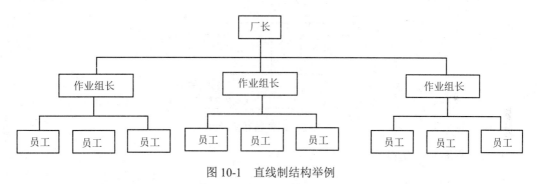

图 10-1　直线制结构举例

（二）直线制的优缺点

1. 直线制的优点

直线制的优点包括：结构简单，决策迅速，统一指挥，责任明确，权责分明，便于监督，反应灵活，工作效率比较高，管理费用低等。

2. 直线制的缺点

直线制的主要缺点是：① 没有对管理工作进行专业化分工；② 要求管理者精明且能干，具有多种管理专业知识和生产技能，这常常很难做到；③ 组织内部缺乏横向协调关系。

二、职能制

（一）职能制的概念

职能制组织结构是在"科学管理之父"泰勒所提出的"职能工长"的基础上演化而来的（见图10-2）。职能制组织结构是各级部门单位除主管负责人以外，还存在着一些职能机构的组织结构。其特点是使用专业分工的职能管理者代替直线制的全能管理者，如在厂长下面设立职能科室和人员，协助厂长从事职能管理相关工作。职能制要求行政主管把相应的管理职责和权力交给相关的职能机构，各职能机构就有权在自己业务范围内向下级部门单位发号施令。因此，下级部门负责人除了要接受上级主管人领导，还必须接受上级各职能机构在其专业领导领域的指挥。这种组织结构多见于医院、高校、设计院、会计师事务所等组织。

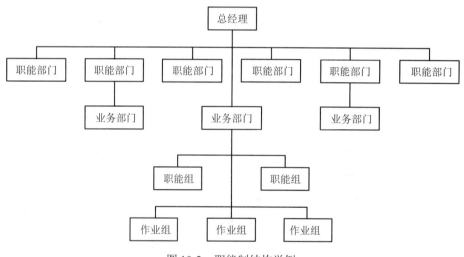

图 10-2　职能制结构举例

（二）职能制的优缺点

1. 职能制的优点

职能制的优点体现在：① 每个管理者只需要负责一方面的业务，这样做有利于发挥专业人才的作用；② 精简了管理程序，减少了管理环节，提高了专业化程度；③ 管理工作比较精细，有助于更深入地指导下级工作，如果职能机构的作用发挥得好，则能够减轻直线领导人员的工作负担，也可以弥补各级领导管理能力的不足。

2. 职能制的缺点

职能制的缺点是容易造成多头领导，即"上面千条线，下面一根针"，有时使下级无所适从，从而削弱统一指挥职能机构功能；有时职能重叠、相互干涉、难以协调，造成管理活动的混乱。

三、直线—职能制

（一）直线—职能制的概念

直线—职能制组织结构也称直线—参谋制组织结构，是对职能制组织结构的一种改进（见图 10-3）。组织中需要各种专业人员（参谋人员）的帮助，以解决各类复杂的业务经营问题。该组织结构与职能制组织结构的区别是职能机构和人员按专业化原则，从事组织的各项职能管理工作，但对职能部门主管的权力做出了一定的限制，他们只有出谋划策的建议权，只能进行业务指导，而不能对下级人员发号施令。

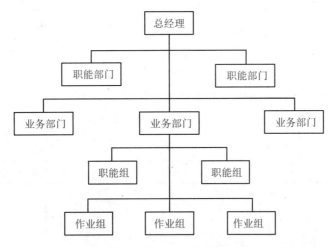

图 10-3　直线—职能制结构举例

直线—职能制组织结构既保留了直线制组织结构的优点，又吸收了职能制组织结构的长处，因而成为现代组织结构中最常见的一种组织结构形式。

（二）直线—职能制的优缺点

1. 直线—职能制的优点

直线—职能制组织结构存在如下 3 个优点：① 坚持了直线指挥原则，上级主管领导是下属部门唯一的行政领导，具有指挥和管理的职权。② 充分发挥了职能部门的作用。职能部门只在业务上负有指导、控制、协调的权力和责任，而没有领导权力。③ 职能部门如与下级部门在业务管理活动中发生矛盾，由主管领导予以协调和解决，能够发挥各职能部门的积极性和主动性，有利于管理水平和管理效率的提高。

2. 直线—职能制的缺点

直线—职能制组织结构存在如下 3 个缺点：① 下属部门的主动性和积极性会受到束缚，整个组织系统的适应性较差；② 由于参谋机构和人员没有明确的要求与责权，不利于发挥他们专业化的管理水平；③ 职能部门之间的协作性基础较差，职能部门的许多工作要直接向上层领导报告请示才能处理，加重了上级领导的工作负担。

四、事业部制

（一）事业部制的概念

事业部制组织结构在多个领域被从事多种经营的大型企业普遍采用，其示例如图 10-4 所示。事业部制最早是由美国通用汽车公司总裁斯隆于 1924 年提出的，故有"斯隆模型"之称，也称"联邦分权化"。美国通用汽车公司在公司总部下增设了一层半独立经营的机构事业部，这些事业部均有自己独立的产品和市场，实行独立核算，但服从公司总部的统一管理。事业部制的特点是可设在多个领域或地域，适用于规模庞大、品种繁多、技术复杂的大型企业。近几年，我国一些大型企业集团或公司，如海尔集团、神州数码控股有限公司，也采用了这种组织结构形式。

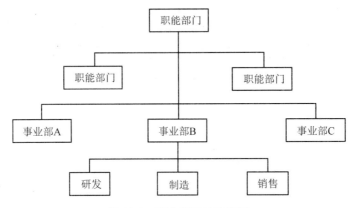

图 10-4　事业部制结构举例

事业部制在总公司领导下设立多个事业部，各事业部有各自独立的产品或市场，在经营管理上有很强的自主性，实行分级管理、分级核算、自负盈亏，是一种分权式管理结构。公司总部通常只保留人事决策、预算控制和监督大权，并通过利润等指标对事业部进行控制。事业部制组织结构又称为 M 型组织结构，即多单位企业、分权组织或部门化结构。事业部制不太适合规模较小的企业。只有当企业规模比较大，而且其下一级单位具有独立的产品、独立的市场，能够成为利润中心时，才宜采用这种组织结构形式。它必须具备 3 个要素：① 独立的产品或市场，是产品责任或市场责任单位；② 独立的利益，实行独立核算，是一个利益责任单位；③ 有足够的权力，能够自主经营，是一个分权单位（余敬，2011）。

（二）事业部制的优缺点

1. 事业部制的优点

事业部制的优点主要有如下 5 点：① 使最高部门摆脱了日常行政事务，成为坚强有力的决策机构，提高了管理的灵活性和适应性，有利于组织对环境变化迅速地做出反应；② 事业部经理得到锻炼机会，这有利于培养全面的管理人才，为企业的未来发展储备干部；③ 决策层摆脱了日常的具体事务，集中精力进行战略决策和长远规划；④ 在各事业部之间展开比较和竞争，有助于避免组织的僵化和官僚化而增强企业活力，促进企业的全面发展；⑤ 有利于发展专业化，提高管理效率，适合现代化大生产的需要。

2. 事业部制的缺点

事业部制的缺点主要有如下 5 点：① 需要的管理人员多，在一定程度上增加了费用开支，管理成本较高；② 各事业部利益的独立性，容易滋长本位主义，控制难度大；③ 集权和分权关系若处理不当，可能会削弱整个组织的协调一致；④ 对公司总部的管理工作要求较高，否则容易失控；⑤ 对公司全部资源的利用不是很有效。

五、矩阵制

（一）矩阵制的概念

借用数学中的矩阵概念，矩阵制组织结构是在传统的直线—职能制的垂直领导基础上，再增加一种横向的按项目划分任务的管理系统。矩阵制组织结构把事业部制与职能制组织结构的特征结合起来，即纵向按指挥职能的领导关系，横向遵循项目目标的领导关系。当横向项目多于一项时，纵横交叉重合，这就形成了一个组织矩阵。矩阵组织的高级形态是全球性矩阵组织结构，目前这一组织结构模式已在全球性大企业（如杜邦、雀巢、菲利普等）组织中应用。

矩阵制组织结构的特点是根据某具体业务的需要把各种不同背景、不同技能、不同知识、不同部门的人员集合起来，成立临时工作项目工作，任务完成后小组就会解散。参加工作小组的成员，在工作业务方面接受原单位或部门的上级垂直领导，而在执行具体任务方面，又要接受项目工作小组负责人的领导。

矩阵制组织结构是为适应现代化生产而产生的，其效率高、适应性强、经济效益好，适用于大型协作项目以及以开发与实验项目为主的科研设计、规划项目、大型运动会组委会、电影制片厂等创新性较强的工作或单位。矩阵制结构示例如图 10-5 所示。

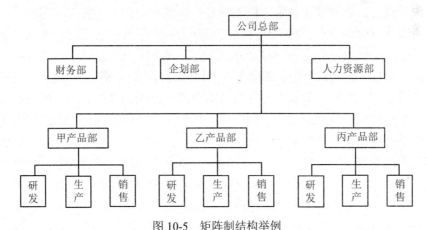

图 10-5 矩阵制结构举例

（二）矩阵制的优缺点

1. 矩阵制的优点

矩阵制具有如下 6 个优点：① 横向关系协调加强了不同部门之间的配合和信息交流，

提高了组织的协调性和整体性；② 便于集中各种专业知识和技能，组织各种专业人员，提高了管理组织的灵活性、机动性，具有机动灵活、适应能力强的特点；③ 平衡协调能力强，可加速工作进度，提高管理效率；④ 可避免各部门的重复劳动，一个人可同时参加多个工作小组，提高了人员的利用率，可缩减成本开支；⑤ 管理方法和管理技术可以更加专业化，有利于开发新产品、新技术和激发组织成员的创造性；⑥ 工作小组领导人对项目最终效益负责，主管领导将任务分给下级，使自己摆脱了许多日常事务，而更多地考虑全局性的问题和掌握关键性的问题，从而增强了整个组织的效益性。

2. 矩阵制的缺点

矩阵制具有如下 4 个缺点：① 组织结构的稳定性较差，具有一定的临时性，容易导致人心不稳，项目负责人对员工的管理困难，也没有足够的激励手段与惩治手段；② 容易造成双重领导，破坏命令统一性原则；③ 存在组织关系复杂、项目经理过多、机构臃肿的弊端，对项目负责人的要求较高；④ 职能部门人员不稳定，给日常管理工作带来不少困难。

六、合弄制

（一）合弄制的概念

合弄制是由布赖恩·罗伯逊根据实践提出的一种用于组织管理和运营的全新办法，可以通过一组核心规则来加以定义，而这些核心规则与传统管理模式的规则有着明显的不同。合弄制包括下面 4 点要素：① 制定"游戏规则"并重新进行权力分配；② 构建组织的新方法，以及定义人物角色及其在组织内职权范围的新方法；③ 更新角色和职权的独特决策程序；④ 让所有团队保持同步，并共同完成工作的会议程序。合弄制已经以多种类型和规模在全球数百家企业得到实施（布赖恩，2015）。

以工作为核心，靠制度来设定工作流程是合弄制在运作上的特点。明确了总目标之后，公司可以通过管制委员会将工作分块，细分出一个个具体的功能。确认功能之后，为每个功能成立一个圈并决定圈中需要的"角色"。圈即是角色的集合。用说明书明确每个角色的职责与权力，而每个圈中都会有一个具体的人担任"链长"。链长对自己所在圈的工作没有决定权，其唯一的权力是为自己圈中的角色匹配合适的人。链长可以在全公司范围内邀请任何人来填充角色，并且有权在角色失职时将其踢出。圈内的重大决策都由这个圈中所有角色参加的管制会议民主讨论决定。在日常工作中，每个人根据自己的角色有相当大的自主权，不接受任何人的命令，可以根据自己的角色职责和权力自己决定干什么。每个高层圈的管制会议可以根据工作需要在圈中成立"子圈"，规定每个子圈的功用和圈中角色，并由链长来指定子圈的链长。每个高层圈的管制会议，由直属这个圈的全体角色和直属子圈中的一个代表参加（布赖恩，2015）。

合弄制具有一些独特的特点，即极其灵活的结构、高度的适应性、与所有利益相关方的持续接触、对不确定性的良好容忍度、系统的业务方式、员工在业务各方面的高度参与等，这些特点使得它在各方面都超越传统的组织模式（克拉苏利亚等，2016）。合弄制的"圈"结构示意图如图 10-6 所示。

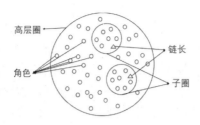

图 10-6 合弄制的"圈"结构示意图

（二）合弄制的优缺点

1. 合弄制的优点

合弄制具有如下优点：① 企业能够对市场中的机遇和威胁做出快速反应，在必要时也能够快速调整组织结构以适应组织发展需求；② 企业的决策不是仅仅依靠高层管理人员来决定，而是由所有参与项目的同事对等治理；③ 员工不受等级限制，自主权增大，能持续接触变化的环境，以最好的方式完成任务；④ 打破组织的边界，组织运转更人性化。

2. 合弄制的缺点

合弄制具有如下缺点：① 合弄制是一种过于扁平化的组织结构，当组织达到一定的规模时，可能会导致组织出现混乱；② 可能导致员工对工作职责认识不清晰，产生困惑（克拉苏利亚等，2016）。

 例证 10-2

比亚迪：模块化的垂直整合术

第三节 组织结构设计的影响因素

影响组织结构设计的因素分为外部因素和内部因素两类。其中，外部因素主要是指不受组织控制的外界环境因素，内部因素包括组织的战略、技术、规模、生命周期和人员素质等。

一、组织结构设计的外部影响因素

外部影响因素主要是指环境，又可分为社会大环境和特定工作环境。社会大环境即社会上不断出现的新体制、新政策、新制度、新组织以及新的管理原理和方法；特定工作环境则是特定企业或机构所面临的环境。这些因素都会影响组织结构的设计。

（一）组织环境分析

组织环境（organization environment）是指所有潜在影响组织运行和组织绩效的因素或力量。组织环境一般以组织界限来划分，可以把环境分为外部环境和内部环境，或称为一般（社会）环境和特定（工作）环境。一般环境包括对组织管理目标产生间接影响的社会人口、文化、经济、法律、资源以及技术等环境条件。这些条件最终会影响组织现行的管理实践。特定环境包括对组织管理目标产生直接影响的供应商、顾客、竞争者、政府和社会团体等具体环境条件，这些条件对每个组织而言都是不同的，并且会随着一般环境条件的变化而变化，两者具有互动性。环境的特点及其变化必然会制约组织活动方向和内容的选择。环境分析就是要分析影响组织活动的因素，揭示组织活动条件的变化规律，明确组织目前面临的机会和威胁及企业自身拥有的优势和劣势。针对不同的环境，不断进行有效的环境分析，可以提高组织决策的正确性、及时性和稳定性（祝士苓，2007）。

（二）环境的不确定性分析

组织环境的不确定性是指决策者在没有获得足够的、有关环境因素信息的情况下必须做出决策，并且难以估计外部环境的变化。对于这种不确定性，邓肯（1972）认为，应该从两个维度进行分析：一是组织所面临的环境的复杂性，二是组织所面临的环境的动态性。

环境的复杂性也可以称为简单-复杂程度，是指会对组织产生影响的环境因素的数量以及异质性。通常来讲，环境因素的数量越少，异质性就越低，环境的不确定性程度也就越小。正如消费品行业面临消费者这样一个单一的市场环境，就比电信运营商面临许多不同类型的顾客的市场环境要简单。

环境的动态性也可以称为稳定-不稳定程度，是指组织面临的环境因素是否动态而多变。通常来讲，环境因素变换的频率越高、幅度越大，环境的不确定性就越高。比如，现在技术革新的速度非常快，导致技术竞争环境的不稳定，所以现今大多数企业所面对的环境正变得更加不稳定，相对而言，公共事业部门则处于较稳定的环境之中。

根据简单-复杂程度和稳定-不稳定程度，邓肯把环境的不确定性划分为 4 个象限，这 4 个象限构成了环境不确定性的分析框架，如表 10-1 所示。

表 10-1　环境不确定性分析

稳 定 性	复 杂 性	
	简　单	复　杂
稳定	简单 + 稳定 = 低度不确定 1. 外部因素较少且性质比较接近 2. 各因素趋于稳定或变化缓慢 如软饮料罐装厂、啤酒批发商、食品加工厂	复杂 + 稳定 = 中低度不确定 1. 外部因素较多且性质差异较大 2. 各因素趋于稳定或变化缓慢 如大学、电器制造厂、化工公司和保险公司

续表

| 稳 定 性 | 复 杂 性 | |
	简 单	复 杂
不稳定	简单 + 不稳定 = 中高度不确定 1. 外部因素较少且性质比较接近 2. 因素变化频繁，无预见性，且会产生反作用 如时装公司、玩具制造厂、电子商务企业	复杂 + 不稳定 = 高度不确定 1. 外部因素较多且性质差异较大 2. 因素变化频繁，无预见性，且会产生反作用 如通信公司、航空公司、互联网企业

（三）不确定环境下的组织结构设计

在不确定环境下进行组织结构设计，组织设计者可以通过以下 4 种原则性方法，提高组织对环境的应变性。

1. 设立相关的部门和职位

当外部环境的复杂性提高时，传统的应变方法通常是设立和增加相关的部门和职位来加强企业同外界的联系。这些部门和职位主要是围绕核心能力设立的，目的是促使组织的资源与环境更好地交流和平衡，其作用包括收集、整理、分析和发布外部环境变化的有关信息（如市场分析岗位、市场营销部）；代表企业向外部环境输出信息，以加强外界对企业的认识（如客户服务岗位、公共关系部）；专业化地应对不确定环境因素（如法务主管岗位、法务部门）；起缓冲的作用，以降低不确定环境对内部生产的冲击和干扰作用（如招聘岗位、人力资源部）。随着外部竞争的不断加剧，组织设计者还需要跨越组织边界去聘用一些外部专家或建构专门的信息情报部门来获取必要信息，以使决策者能及时了解环境的动态变化，进而防止组织的僵化。

2. 加强企业管理中的协调和综合职能

组织存在的一个重要前提是需要确保从外部环境中不断地获取关键的组织要素资源，如原材料、资金、劳动力等。如果组织中的这些资源被其他组织所控制，组织活动将会变得十分被动。保罗·劳伦斯和杰伊·洛西曾经对 10 家公司的制造、研究和销售部门进行调查和研究，发现各个部门与不同外界团体发生联系时，每个部门都具有各自的目标和业务特点（劳伦斯，2007），如表 10-2 所示。

表 10-2　组织部门的目标和方向的差别

部 门	研究开发部门	制造部门	销售部门
目 标	创新、质量	生产效率	满足顾客需求
时 间 期 限	长	短	短
工 作 导 向	基本以任务为导向	任务导向	社会导向
组织正规化程度	低	高	高

从表 10-2 可以看出，组织内不同部门的目标和方向的差异是很大的。这意味着部门之间的协作会比较困难，因此当组织处于高度不确定环境中时，要求组织进行更多的信息处理。这就需要组织具有强大的协调和综合能力，以确保协作的顺利进行。

3. 增强组织结构的柔性

外部环境与组织的内部结构具有关联性（伯恩斯等，1996）。当外部环境比较稳定时，内部组织为了提高组织运行的效率，往往需要提高组织的规范性和集权化程度。但当组织面对不确定环境时，具有柔性结构的组织能够更好地适应外界环境的变化且迅速地做出反应。因此，可以通过增强组织结构的柔性程度来提高组织对不确定性环境的应对能力。其途径包括建立组织任务导向的临时性团队组织或工作组、削减组织的纵向层级、对员工进行授权以及实现管理层级的扁平化等。

4. 强化计划的职能和对环境的预测

在一个相对稳定的环境条件下，组织需要考虑怎样集中精力解决当前的主要问题，对于组织本身而言，制订长期计划并预测未来似乎意义并不大，因为未来环境与当前的要求基本是一致的。但在不确定的环境中，外部环境因素的变化十分迅速，组织要想制定出有效的应对策略，就必须强化计划的职能，全面和系统地收集并分析信息，从而更好地预测环境的发展趋势，以减轻外部环境对组织造成的负面影响。

二、组织结构设计的内部影响因素

影响组织结构设计的内部因素包括组织战略、组织规模、生命周期、技术、成员素质等方面。组织战略决定了企业的任务，从而从根本上影响组织结构的设计与调整。组织的规模与生命周期也往往与组织的成长或发展阶段相关联，而组织的内部技术以及组织成员的素质都是组织形成的要素，因而它们都会对企业的组织结构产生影响。

（一）战略对组织结构设计的影响

"战略"最早是军事方面的概念，在西方，"strategy"一词，起源于希腊语 strategos，意思是"军事将领"，后演变成军事术语，指指挥军队作战的谋略。在管理学中，战略是指在组织与竞争环境的相互作用中，组织为了实现其总体目标而对组织的发展方向、行动计划以及资源配置等一系列通往目标的途径和方法而做的总体规划。

如果一个组织想要在面对竞争的时候永远立于不败之地，就必须有自己持久的竞争优势和清晰的发展战略规划作为支撑。而组织结构，其实就是组织现行战略的执行，同时作为企业内部环境的一部分，组织结构又会影响组织未来战略的制定与实施。为了使组织的战略和目标更好地达成，我们需要建立与组织战略相适应的组织结构。雷蒙德·迈尔斯和查尔斯·斯诺提出了 4 种与战略类型相适应的组织结构设计策略（1978），如表 10-3 所示。

表 10-3　战略与组织结构

战　　略	特　　征	环　　境	组织结构特征
防御型战略	稳定和效益	相对稳定的	高度劳动分工,高度规范化,集权程度高,规范化程度高
进攻型战略	灵活性	动荡的	低度劳动分工,低度规范化,松散型结构,规范化程度低

续表

战 略	特 征	环 境	组织结构特征
分析型战略	稳定和灵活性	变化的	适当的集权控制，规范化程度高，但对部分部门实行分权制和低规范化
反应型战略	低效性	动荡的	被动反应，低效率，分权化变革

1. 防御型战略

采用防御型战略的组织一般处于比较稳定的环境之中，企业通过高度的集权和专业化分工及程序化、标准化作业活动来应对竞争。企业的战略目标是保持并扩大产品的市场份额，在本行业内建立并占领属于自己的领地。这类组织通常实行职能制的组织结构设计。

2. 进攻型战略

采用进攻型战略的组织一般处于动荡变化的环境之下，企业需要不断地开发新产品、寻找新市场，以抓住环境中随时可能出现的机会。这种战略具有较强的进攻性，讲求开拓和创新，因此在组织设计上需要建构更为柔性、分权化的结构，使各类人才和各个部门都有充分的自主决策权，以便对市场的最新需求做出灵活的反应。这类组织通常实行事业部制结构设计。

3. 分析型战略

采用分析型战略的组织所处环境也是动荡不定的，但是企业的目标比较灵活，尽可能使决策风险最小化而收益最大化。这类组织一方面要努力保持已有产品和市场的稳定性，另一方面需要开发新产品和新市场，因此在组织结构设计上需要结合分权与集权，通常采用矩阵制结构设计。

4. 反应型战略

采用反应型战略的组织通常也处于动荡变化的环境下，但限于企业决策者的市场判断能力、内部管理能力和主动应变能力，组织者很难及时对外在环境做出反应，只好采用被动反应的战略来应付环境的不确定性。这种战略显然是低效的，组织也往往面临着强大的变革压力。由于战略存在着不确定性，因此组织结构也并没有定式。

（二）技术对组织结构设计的影响

技术是制造一种产品的系统知识、所采用的一种工艺或提供的一项服务，不仅包括生产技术，还包括企业的管理技术。任何组织都需要通过技术将投入转化为产出。因此，组织结构的设计往往需要据此做出相应的调整和改变。

1. 企业层次技术对组织结构的影响

英国工业社会学家琼·伍德沃德根据投入转化为产品的复杂程度由低到高的顺序将制造型企业的技术划分为 3 类：单件小批量生产技术、大批量生产技术和连续加工生产技术，并发现这些不同的技术类型与组织结构特征的相互关系（霍普金斯等，1966），如表 10-4 所示。

表 10-4 制造业组织技术类型与组织结构特征的关系

组织结构特征	技术类型		
	单件小批量生产技术	大批量生产技术	连续加工生产技术
纵向管理层级	3 层	4 层	6 层
高层领导的管理幅度	4 人	7 人	10 人
基层领导的管理幅度	23 人	48 人	15 人
管理人员/总人数比例	低	中	高
技术人员的比例	高	低	高
规范化程度	低	高	低
集权化程度	低	高	低
复杂化程度	低	高	低
整体结构类型	有机	机械	有机

根据表 10-4 可以得出如下 3 点结论：① 技术的复杂程度越高，管理层次的数目、技术人员比例、经理人员与全体职工的比例等就越高；② 高层管理者的管理幅度随着技术的复杂程度的提高而增大；③ 组织刚性呈现两头小中间大的现象，刚性较大即组织运行机制较为死板，不利于组织的变革。

2. 部门技术对组织结构的影响

美国的管理学家查尔斯·佩罗提出，从部门层次上研究部门技术与结构之间的关系，并根据工作的多样性和可分解性将部门技术划分为 4 种不同的类型：常规型技术、工艺型技术、工程型技术以及非常规型技术（哈里斯，2005）。部门的技术类型与组织结构特征的关系如表 10-5 所示。

表 10-5 技术类型与组织结构特征的关系

组织结构特征	技 术 类 型			
	常规型技术	工艺型技术	工程型技术	非常规型技术
管理幅度	大	适中偏大	适中	小
沟通方式	纵向书面	横向口头	书面、口头	横向口头
目标重点	数量和效率	质量	可靠性和效率	质量
规范化程度	高	适中	适中	低
集权程度	高	适中	适中	低
控制方法	规章、预算、报表	训练、会议	报表、会议	明确责权目标、会议
人员素质	稍需专业经验和训练	需工作经验	需专业教育	需专业教育和工作经验
组织结构类型	机械性	偏向有机性	偏向有机性	有机性

由表 10-5 可知，随着工作多样化的发展及可分解程度的提升，组织结构的管理幅度越来越小，对员工的技能、素质的要求越来越高，为提倡员工技能多元化的发展，上级的集权程度也越来越低，在员工能够明晰自己的责权目标的前提下，促进组织结构多元化发展，从而提升整个企业的绩效水平。

3. 部门间工作流程的依存性对组织结构的影响

依存性是指各个部门之间在完成任务时彼此对资源（人、财、物、信息等）的依赖程度。美国管理学家詹姆斯·汤普森从组织各个部门间技术相互依存性的角度进行了分析，发现了技术与组织结构之间的相互关系。按照工作流程，技术的依存性可以分为 3 个类型：集合性依存、序列性依存和互惠性依存（汤普森，1967）。其中，部门技术的依存性与组织结构特征的关系如表 10-6 所示。

表 10-6 技术的依存性与组织结构特征的关系

组织结构特征	技术的依存性		
	集合性依存	序列性依存	互惠性依存
依存程度	低	中	高
集权程度	低	中	高
沟通要求	低	中	高
主要协调方式	规章、标准、程序	计划和进度表	相互协调、小组会议

由表 10-6 可知，随着部门间工作流程的依赖度的提升，组织结构的依存度也逐渐提高，相对应地，集权程度也越来越高，对沟通的要求有了较大的变化，更多的是通过组织之间的自主协调，使每个人能够表达自己的想法，而不是一味地用"强硬"的规章制度来约束职工。

（三）组织规模对组织结构设计的影响

组织规模即组织的大小。衡量一个组织是大型、中型还是小型，需要考察多个方面的因素，如职工人数、企业生产能力（年产量）、销售额、投资额、企业所占市场份额、企业总资产等。不过，在组织设计领域中，80%以上的研究者认为，组织规模主要是指企业拥有的人员数量。

美国组织学家彼得·布劳等人曾经对组织规模与组织结构设计之间的关系做了大量的研究，认为组织规模是影响组织结构设计的最重要因素，即大规模组织将会提高组织的复杂性程度，并连带着提高了专业化与规范化的程度（布劳，1968）。因此，不同规模的组织将会表现出不同的组织结构特征，在不考虑其他要素或假定其他要素一致的条件下，组织规模与组织结构要素的关系如表 10-7 所示。

表 10-7 大型组织与小型组织的结构要素对比

组织结构要素	组 织 规 模	
	小 型 组 织	大 型 组 织
管理层次数目	少	多
部门和职务数量	少	多
分权程度	低	高
技术和职能的专业化	低	高
规范化程度	低	高
书面沟通和文件数量	少	多

组织结构要素	组织规模	
	小 型 组 织	大 型 组 织
专业人员比率	小	大
中高层行政人员比率	大	小

（四）生命周期对组织结构设计的影响

如同人的成长要经历幼年、青年、中年、老年等阶段，组织的演化与成长也呈现出明显的生命周期特征，在每一阶段，组织都具有独有的特征和不同的危机，组织的这种成长过程就称为组织的生命周期。美国哈佛大学教授格雷内尔（1972）首次提出了组织生命周期的概念。1983 年，美国的罗伯特·奎因和金·卡梅隆把组织生命周期划分为 4个阶段，即创业阶段、集合阶段、正规化阶段以及精细阶段（奎因等，1983）。这 4 个阶段的组织结构特点如表 10-8 所示。

表 10-8　企业不同生命周期阶段的组织结构特点

组织结构特点	企业生命周期			
	创业阶段	集合阶段	正规化阶段	精细阶段
组织规模	小	较大	大	巨大
沟通方式	非正式沟通	开始采用正式沟通	普遍采用正式沟通	正式沟通
重点目标	生存	成长	声望、稳定扩大市场	独特、完善组织
规范化程度	非规范化	初步规范化	规范化	规范化
集权程度	个人集权	高层集权	有控制地分权	有控制地分权
高层领导风格	家长式	有权威的指令	分权	参与
奖励方式	凭个人印象与感情	个人印象与制度各半	有正规考核、奖励制度	系统考核、按小组奖励
组织结构形式	直线制	职能制	职能制、事业部制	职能制、矩阵制

由表 10-8 可知，随着企业生命周期的不断发展，企业的规模将会越来越大，规范化程度逐渐变高，领导与集权程度由集权向分权演化，组织结构形式也随之变得更加丰富，只有遵循这一规律，一个企业才能够走向繁荣昌盛。

（五）人员素质对组织结构设计的影响

人员的素质是指一个人的学识、才华、品德、风格等方面的基本素质。而组织的人员素质则是指员工的价值观念、思想水平、工作作风、业务知识、管理技能、工作经验以及年龄结构等（祝士苓，2007）。通常，组织所拥有的人员素质越高，组织就越需要采用一种弹性大的分权型组织结构形式。具体而言，人员素质对组织结构设计的影响主要表现在以下 4 个方面。

1. 管理幅度与管理层级

如果组织的管理者的专业水平、领导经验、组织能力比较强，就可以适当地扩大管理幅度，减少部门设置与层级；反之，则应当缩小管理幅度，细分部门，以保证管理工作的有效性。例如，组织拥有能力较全面的中层管理者时，实行事业部制才有可能；而要实行矩阵制，则要求有多个威信较高和人际关系良好的项目经理。

2. 岗位设置

若人员素质较高，可以设计综合性岗位，使一人身兼多项任务，以求最大限度地发挥现有或可得人员的才能；反之，若员工素质较低，则应多设置专业性岗位，以将复杂工作分解为多个岗位来完成。

3. 集权与分权

组织的人员素质状况是决定集权、分权的重要条件之一。现有或可得人员的业务水平高、工作态度好、自我驱动力强，则权力可以较多地下放给基层组织；反之，则以较多的集权为宜。

4. 岗位职责

如果员工素质较好，能够自觉自主地承担其相应的责任，则岗位说明书中对于职责等的描述就可以粗略一些；反之，如果员工理解能力比较差且缺乏责任意识，则在组织结构设计时需要尽可能详尽地规定出各部门和岗位的职责和部门间的接口，以防止部门间与岗位间相互推诿，发生矛盾。

例证 10-3

振华重工：基于本土比较优势的系统整合与自主建构

第四节　组织结构设计的内容与方法

组织结构设计是为了有效地实现组织的战略和目标而进行的工作分工与协作关系的策划和安排过程。其目的是帮助组织围绕其核心业务建立组织管理体系。组织结构设计包括横向结构（部门）设计、纵向结构（管理幅度、管理层次）设计与职权关系的设计。本节主要介绍横向的和纵向的组织结构设计。

一、横向的组织结构设计

横向的组织结构设计，即按部门进行组织结构设计。下面将从部门的定义、部门划分的原则以及部门的类型 3 个方面对横向的组织结构设计进行阐述。

（一）部门的定义

部门是指组织中承担一定管理职能的组织单位，是由某些具有紧密联系的管理业务与人员而构成的集合，部门分布在企业管理组织的各个层次上。而部门设计则是指对实现企业目标所需要开展的各种管理业务加以科学的分类和合理的组合，以形成企业的部门，并使组织能够授予该部门从事这些管理业务所必需的管理职权。

（二）部门划分的原则

随着组织的发展，其职能越来越多，分工逐渐细化，这就需要对部门进行合理的划分。部门划分是明确组织中各项任务的分配与责任的归属，使组织的分工合理，优化组织结构，降低组织的经营成本，最终得以有效实现组织的目标。部门划分需要遵循以下 5 个原则。

1. 目标实现原则

部门划分应该以目标的实现为出发点，当某一职能与两个或两个以上的部门产生关联时，应将每一部门所负责的职能加以明确的规定，以确保目标的实现。

2. 精简原则

部门划分应该力求维持最少的部门，这样可以降低组织的经营成本，达到精干高效的目的，并增强企业的综合竞争力。

3. 弹性原则

部门划分应该具有灵活性，要随着环境的变化而增加、撤销、合并或增设临时性部门，而且应当根据业务工作的具体情况而定。

4. 任务平衡原则

部门划分应该致力于让每个部门职务的指派达到平衡，尽量避免忙闲不均、工作量分摊不均的情况，否则将会影响组织部门的绩效。

5. 督查与执行部门分立原则

部门划分应当考核和检查业务部门的人员，检查部门应当具有独立性，不受业务部门的限制，以保证检查的公正性和客观性。

（三）部门的类型

部门的类型可以通过多种多样的方法进行划分。例如，按人数、时间、职能、产品、区域以及顾客划分均可。

1. 按人数划分

按人数划分部门是最原始、最简单的方法，即每个部门都规定一定数量的人员，由主管人员指挥完成一定的任务。例如，军队中的师、团、营、连，学校的班级划分等。这种划分方法只考虑了人力因素，因而在企业的基层组织部门划分中运用较多，如分为班、组，但这种划分方法在现代高度专业化的社会中有逐渐被淘汰的趋势。

2. 按时间划分

按时间划分部门也常常用于基层组织，是在正常工作日不能满足工作需要时所采用的一种划分方法。例如，许多工业企业按早、中、晚三班制进行生产活动，相应的部门设置也是早、中、晚三套。这种划分方法的优点是有利于连续提供服务和进行生产，有利于最大化利用设备和设施；缺点是夜间可能会缺乏监督，协调和沟通比较困难，人员长时间连续工作容易疲劳，影响工作效率等。

3. 按职能划分

按职能划分部门是被普遍采用的划分方法。每个组织都需要同时承担多种职能，如工业企业的生产、销售、人力资源管理等职能部门，学校的教学、科研、财务等职能部门。这种划分方法的优点是遵循了分工与专业化的原则，有利于充分调动和发挥企业员工的专业才能，并提高人员的使用效率；缺点是各个职能部门容易从自身的利益与需要出发，而忽视了与其他职能部门的配合，导致人员过度局限于自己所在的职能部门而忽略了组织的整体目标。

4. 按产品划分

按产品划分部门是许多多元化经营、产品种类较多的大型企业经常采用的部门划分方法。随着组织规模的扩大和产品品种的增加，不同产品在生产、技术和销售等方面都有很大差异，此时按照产品或产品系列来重新组织企业活动就极为必要。因此，按产品划分部门的优点是有利于采用专门设备，最大限度地发挥工作人员的专业知识和技能；每个部门都是一个独立的核算单位，有利于调动部门积极性，培养和锻炼独当一面的总经理型人才。这种方法的缺点主要是各个产品分部的横向协调性较差，各产品部都需要保持职能部门或相应人员，会造成资源重复配置，管理费用增加。

5. 按区域划分

按区域划分部门适用于地理位置相对较为分散的组织，其做法是将与某一地区的业务活动集中起来，并委派相应的管理者，形成区域性的部门。目前，政府行政机关、银行、海关等组织基本是按地区划分的。这种划分方法的优点是因地制宜，提高部门的工作效率，能够取得地方化经营的优势效应；缺点是机构重复，管理费用增加，总部对地区控制难度较大，地区之间协调起来也比较困难。

6. 按顾客划分

按顾客划分部门可以使组织更好地满足特定顾客的需求。这种方法是将与某一类特定顾客有关的各种活动结合起来，并委派相应的管理者进行专门的服务。其优点是重视了顾客的需要，会提高顾客的满意度，并形成针对特定顾客群的技能与诀窍；缺点是由于各个部门都要求特殊对待，而导致部门间的协调比较困难。

其实，部门划分本身并非目的，而是对组织结构进行设计的一种方法。任何一种部门划分方法都有其侧重点，因此在组织结构设计中，应当结合组织的环境和形势，综合以上方法，尽可能避免缺点，设计出适合该企业的组织部门，以求实现组织最终的管理目标。

二、纵向的组织结构设计

纵向的组织结构设计工作主要从管理幅度与管理层次以及二者之间的关系着手，下面将逐一进行介绍。

（一）管理幅度

管理幅度又称为管理跨度，是指一名领导者直接领导的下级人员的人数。英国管理学家厄威克（1933）提出了普遍使用的管理幅度，即每个上级领导人直接领导的下级人员不应超过 5~6 人。但后来的管理学家认识到管理幅度会由于不同条件而产生差异，不同行业、不同组织以及组织内部不同职务的管理幅度都会千差万别，因而有效的管理幅度并不存在一个普遍适用的具体人数。组织结构设计的任务之一就是要找出限制管理幅度的影响因素，根据各个因素的影响强度，确定特定企业各级各类管理人员的管理幅度。

影响管理幅度的各种因素可以归结为上下级关系的复杂程度，即关系的数量、相互接触的频率与相互接触所花费的时间 3 个方面，具体又可分为以下 7 种：① 管理工作的性质；② 人员的素质；③ 下级人员职权合理与明确的程度；④ 计划与控制的明确性及其难易程度；⑤ 信息沟通的效率与效果；⑥ 下级人员和单位空间分布的相近性；⑦ 组织变革的速度。

（二）管理层次

管理层次又称为组织层次，是指从组织最高一级管理组织到最低一级管理组织的各个组织层次。它是描述组织纵向结构特征的一个概念。管理层次需要以管理幅度为依据，并结合企业规模、业务活动特点等进行确定，具体包括以下 4 个步骤。

1. 按照组织纵向职能分工，确定基本管理层次

大部分企业的管理层可以分为 3 层：① 上层，指定企业总的战略目标与方针，对企业实施统一指挥与综合管理；② 中层，根据企业的总目标指定本部门的分目标，拟定实施计划的方案、步骤等，并进行绩效评价；③ 基层，按照要求完成上级所制订的计划与指派的各项任务。

2. 按照有效管理幅度推算具体的管理层次

比如，一个组织有 600 人，高、中层的管理幅度为 5~8 人，基层的管理幅度为 8~12 人，管理层次的推算如表 10-9 所示。

表 10-9　管理层次的推算

管 理 层 次	有效管理人数	
	最　少	最　多
第 1 层	5	8
第 2 层	5×5=25	8×8=64
第 3 层	25×5=125	64×8=512
第 4 层	125×8=1000	512×12=6144

由表 10-9 可知，即使组织规模一致，按不同管理幅度推算出的具体管理层次人数也会不同，具体取舍需要通过下一步工作确定。

3. 按照提高组织效率的要求确定具体管理层次

这将会使得组织内部的管理层次有明确的目标和任务，下级人员有明确的职权与施展才华的机会。

4. 按照组织不同部分的特点，对管理层次做局部调整

以上几个步骤确定的管理层次是对整个组织而言的。对于组织内部的一些单位或部门，则需要根据具体情况做局部的调整。例如，研发部门适当减少管理层次，加强沟通；而人员素质相对较低的生产部门适当增加管理层次，加强控制。

（三）管理幅度与管理层次的关系

管理幅度与管理层次之间存在相互制约的关系，其中起主导作用的是管理幅度。在组织规模一定的条件下，增大管理幅度，就会减少管理层次；反之，则会增加管理层次。通常来讲，根据管理幅度与管理层次，组织可以形成两种结构，即扁平结构与高耸结构。扁平结构是指管理幅度大且管理层次少的结构；而高耸结构则是指管理幅度小但管理层次多的结构。两种结构各有利弊，具体如表 10-10 所示。

表 10-10　扁平结构与高耸结构的比较

类　型	扁 平 结 构	高 耸 结 构
优点	・信息传递速度快、失真少 ・节约管理费用 ・便于领导了解基层情况 ・有利于解决较复杂的问题 ・对下属较多分权，为培养干部创造了良好条件	・高层管理人员精力充沛，能全面而深入地领导 ・不需要设副职或助手，领导关系明确 ・集体规模小，易于团结，便于决策 ・各级主管职务多，下属晋升机会多
缺点	・领导人员精力分散，难以深入领导 ・对领导人员的素质要求高 ・主管人员和下属结成较大集体，难以协调和取得一致意见	・需要较多管理人员，协调工作量大，增加了管理费用 ・信息传递速度慢，容易发生失真与误解 ・计划与控制工作比较复杂 ・高层领导人员不易了解基层现状 ・集体规模小，难以胜任复杂的任务

第五节　组织结构设计的流程

组织结构设计是一个动态的工作过程，需要有序地进行。因此，在进行组织结构设计时，首先要确定组织的目标和战略，并以此为指导依据；其次要确定组织结构设计的业务流程，围绕业务流程进行组织结构设计。

一、确定组织目标与战略

进行组织结构设计，首先要确定组织目标和战略，这是后续工作的"船舵"。下面就组织目标以及组织战略的内容和设计方法进行阐述。

（一）确定组织目标

组织目标是对组织经营活动能够取得的主要成果的期望值。组织目标的设定，同时也是组织宗旨的展开与具体化，是进一步阐明和界定组织宗旨中确认的经营目的、社会

使命，也是组织在既定领域中展开经营活动所要达到的水平的具体规定。确定组织目标可分 4 个步骤进行，即调查研究、拟定目标、评价论证以及目标决断。具体而言，在组织使命与功能定位的基础上，组织目标包含盈利能力、市场、生产率、产品、资金、生产、研究与开发、组织、人力资源和社会责任。

（1）盈利能力：用利润、投资收益率、每股平均收益、销售利润等来表示。

（2）市场：用市场占有率、销售额或销售量来表示。

（3）生产率：用投入产出比率或单位产品成本来表示。

（4）产品：用产品线或产品的销售额、赢利能力、开发产品的完成期来表示。

（5）资金：用资本构成、新增普通股、现金流量、流动资本、回收期来表示。

（6）生产：用工作面积、固定费用或生产量来表示。

（7）研究与开发：用花费的货币量或完成的项目来表示。

（8）组织：用将实行变革或将承担的项目来表示。

（9）人力资源：用缺勤率、迟到率、人员流动率、培训人数或将实施的培训计划数来表示。

（10）社会责任：用活动的类型、服务天数或财政资助来表示。

需要注意的是，在实践中，确定某个组织的组织目标时，可以将上述 10 个方面的内容作为参考，并结合组织的实际情况综合考虑。

（二）确定组织战略

组织战略应当包含目标与方法两个方面的内容，也就是说，组织在与竞争环境相互作用以实现组织长期目标的过程中，还需要对环境的变化采取适当的措施。具体而言，确定组织战略需要从两个方面着手。

1. 组织战略规划

组织制定战略前需要进行战略规划，这可能是正式的，也可能是非正式的。专业化的战略规划流程就是要确保组织在制定战略时考虑到核心问题，不漏掉主要因素。

战略规划的基本思路是：分析外部因素，寻找机会，确定威胁；分析内部因素，明确组织在外部机会下的优势和劣势；设计所有可能的战略组合；寻求市场机会与企业优势的最佳匹配，确定最佳战略方案。

战略规划的流程图及各阶段的主要工作内容如图 10-7 所示。图 10-7 所示的战略规划方法被称作线性规划。它基于理性思考，是一种基础的规划方式，也是战略规划进一步优化的基础。很多组织从每三年做一次战略规划到每年做一次，甚至每半年要根据环境变化审核一次。如 IT、房地产等竞争激烈、新技术应用非常快的一些行业，一般需要每年做一次战略规划，同时调整三年的战略规划。

2. 组织战略设计的方法

不同类型与规模的组织，其战略设计的方法会有所差异。对小规模的组织而言，所有者兼任经营者，其组织的战略一般都是非正式的，主要存在于经营者的头脑中，或者经营者与主要下属人员的口头协议之中。而在大规模的组织中，战略是各层级经营管理者广泛参与，经过详细、规范的讨论和研究，最终形成战略分析和战略选择的工作程序，可以将战略形成的方法分为以下 4 种形式。

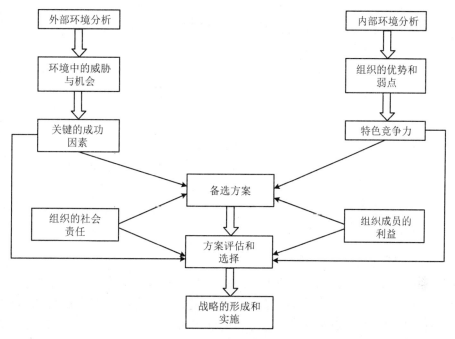

图 10-7　战略规划流程

（1）自上而下的方法。在这种方法指导下，先由组织的高级管理人员制定组织的总体战略，而后由组织各下属部门根据自身的实际情况将组织的总体战略具体化，形成不同层次的组织战略方案。这种方法的优势在于组织的高层管理人员能够把握组织的经营方向，并能够对下属各部门的行动实施有效的控制；而缺点在于这种方法束缚了部门的手脚，难以发挥中下层管理人员的创造性。

（2）自下而上的方法。这种方法属于先民主后集中，在组织战略制定过程中，组织最高管理层对下属各部门没有硬性的规定，而是鼓励各部门积极提交战略方案。组织高层在各部门提交战略方案的基础上，将战略方案加以综合和修改并最终确认组织战略方案。这种方法的优势在于能够发挥各部门和各级管理人员的创造性和积极性，集思广益。同时，所制定的战略方案由于具有广泛的群众基础，在战略的实施过程中容易得到贯彻执行。这种方法的缺点是各部门的战略方案有时难以协调。

（3）上下结合的方法。这种方法是在战略的制定过程中，组织高层和下属部门的管理者共同参与，通过上下级人员的不断沟通和协商讨论，最终制定出适合组织的战略。这种方法的优点是制定的战略具有整体协调性、可操作性；而缺点是在实际执行中可能会比较困难。

（4）战略小组的方法。组织的负责人和其他高层管理者组成一个战略制定小组，小组的组成人员比较灵活，由小组的工作内容而定，通常是吸收与所要解决的问题关系最为密切的人员参加。这种方法的目的性强、效率高，特别适合制定产品开发战略、市场营销战略等具体战略。这种方法的缺点是它并不适合其他非战略小组结构的组织。

二、确定组织结构设计的业务流程

组织的部门和岗位是流程的执行单位，组织结构需要面向流程。因此，业务流程的设计与优化，需要组织结构中的部门、岗位职能进行相应的调整和重新设计以支持新的流程。一般而言，基于业务流程的组织结构设计主要包括诊断组织结构、优化业务流程、确定部门职责、确定岗位职责、审计管理规范、工作分析以及配备人员 7 个步骤（朱颖俊，2018）。

（一）诊断组织结构

业务流程分析与诊断是对组织现有的业务流程进行描述，并分析其中存在的问题。在这一阶段，企业需根据自身的战略需求和业务特点，对自身的组织结构和组织管理进行全面的诊断和分析，如：分析每一项活动为什么要发生；识别组织的核心业务流程；面向顾客、市场需要和组织效益目标，建立衡量流程改进的标准体系；识别不具有价值增值的作业活动等。

（二）优化业务流程

在此阶段，企业需确定业务管理的模式，以价值链为基础和标准，逐级分解业务和工作流程。具体地，可基于前一阶段分析诊断的结果，对现有的业务流程进行优化和再设计，使其更加高效化和合理化。业务流程的优化和再设计可以表现为：① 经多道工序合并，归于一人完成；② 将完成多道工序的人员组合成小组或团队共同工作；③ 将串行式流程改为同步工程等。

（三）确定部门职责

在企业中，部门是指一名管理人员有权执行所规定的活动的明确的范围界定。不同的部门涉及不同的范围，需要承担不同的工作职能。一个部门通常包括多个工作岗位。企业可以依据职能、地域、产品、业务环节等多个不同的标准确定不同业务部门的职责，划分业务部门。

（四）确定岗位职责

确定了部门的职责之后，企业需依据业务流程确定岗位职责。在一个企业中，工作岗位是构成企业组织结构的基本单位，企业的各个工作岗位主要是依据专业化的分工原则和工作职能设置的。不同的岗位具有不同的工作职责，在确定岗位职责时，可以通过管理控制、信息交流、综合协调、分工协作等方式进行设计。

（五）审计管理规范

待确定了部门职责和岗位职责之后，组织须审计管理规范，以进一步完善组织管理体系。一般而言，组织的管理体系包括 4 个层次的内容，第 1 层是基础层，包括组织的各种作业流程和规章制度，这是一个组织正常运行的基础。第 2 层是保障层，主要包括激励机制、绩效管理机制、薪酬制度、责任制约机制等，这是保障第 1 层的制度和流程可以被顺利执行的方法和手段。第 3 层是文化层，包括职业生涯规划、教育培训、构建利益共同体等内容，这一层希望通过企业的文化增加员工凝聚力，将企业的价值和员工的个人价值连接在一起。最高层为战略管理层，主要针对管理者，其要求管理者从战略发展的角度出发，为公司构建发展远景（张同全，2015）。

（六）工作分析

在此阶段，企业需根据各个岗位的具体工作职责和工作内容，采用科学的技术和方法确定各个岗位的任职资格、与之相匹配的能力模型和素质模型，形成岗位说明书。此阶段可采用的工作分析方法包括观察法、问卷调查法、访谈法、关键事件法、工作日志法、职能性工作分析法等。

（七）配备人员

企业在进行完工作分析之后，需进一步依据各个岗位的任职资格，确定人员配备的方式和方法。企业在进行人员配备时，既需要合理采用现代化工作科学配备人员，也需要综合考虑企业人员的年龄结构、信息化管理水平、拥有的先进设备等多方面因素。此外还需注意，为企业配备人员不是一蹴而就的过程，而是一个动态调整的过程，其要求企业依据现有劳动力市场的供求、自身的需求与发展目标等因素及时地调整。

课程思政

1. 结合组织结构设计的相关知识，认知并解读中国军队最新组织结构设计变革："军委—军种—部队"的军队领导管理体制和"军委—战区—部队"一体化设计的军队作战指挥体制，不断深化对习近平新时代强军思想的学习和理解。

2. 结合组织结构设计的相关知识，深入剖析"支部建在连上"这一建党建军基本原则的科学性。

读书推荐

《看得见的手：美国企业的管理革命》

出版信息：[美]小艾尔弗雷德·D. 钱德勒（A. D. Chandler）著，重武译，商务印书馆 1987 年出版。

内容概要：本书根据食品工业、烟草工业、化学工业、橡胶工业、石油工业、机器制造业和肉类加工业中的大量史料，论证了美国现代大型联合工商企业的诞生过程和管理阶层（支薪经理）的崛起过程。其中贯穿了公司组织发展的历史过程，可以从历史的角度更宏观地看到组织变迁的过程。书中引用的史料十分丰富，有各种各样的数据来源，包括各州政府的统计数据、上市公司年报、当时的新闻数据，相互印证以支持作者的观点。该书讲述了美国企业的管理革命，出版几十年以来一直畅销全球。

推荐理由：美国《纽约书评》将此书誉为"钱德勒教授对经济学和公司历史研究的一个重大贡献，是进行企业管理必读的经典作品之一"。美国《图书馆杂志》评价此书：

"这本由哈佛大学首屈一指的商业史学家撰写的著作，不仅应该让经济学家和历史学家去读，所有现代企业的中层和高层管理者也都应该读一读它。"英国《经济学人》也给予了这本书高度肯定的评价："商业史学家往往被伟大的企业家们所吸引，不太关注企业家们所创造的制度。钱德勒教授纠正了这一倾向，他的这本杰出著作为我们精彩地呈现了现代企业的崛起及其运营方法。"

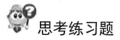 **思考练习题**

 学以致用

选一个典型的、你熟悉的，或者你的家人和朋友所在的公司，尝试运用在本章学习的知识，分析这个公司当前的组织结构发展过程、影响其组织变革的因素以及当前组织结构存在的问题。

 案例分析

腾讯的发展战略与组织架构

 参考文献

[1] BLAU P M, GUSTAD J W, JESSOR R, et al. Occupational choice: a conceptual framework [J]. The theory and practice of vocational guidance, 1968, 9(4):59-74.

[2] DUNCAN R B. Characteristics of organizational environments and perceived environmental uncertainty[J]. Administrative science quarterly, 1972,17(3): 313-327.

[3] GREINER L E, Evolution and revolution as organizations grow[J]. Harvard business review, 1972, 50(3):37-46.

[4] HOPKINS K, WOODWARD J. Industrial organization: theory and practice[J].

Administrative science quarterly, 1966, 11(2):284-289.

[5] KRASULJA N, RADOJEVIC I G, JANJUŠIĆ D. Holacracy: the new management system[J]. The priority directions of national economy development, 2016: 187-196.

[6] LAWRENCE P R, LORSCH J W. Organization and environment: managing differentiation and integration[M]. London: Pickering & Chatto, 2007.

[7] BURNS T, STALKER G M. The organization of innovation[M]// MYERS P S. Knowledge management and organisational design. Boston: Butterworth-Heinemann, 1996: 77-92.

[8] MILES R E, SNOW C C, MEYERA D, et al. Organizational strategy, structure, and process [J]. The academy of management review, 1978, 3(3):546-562.

[9] QUINN R E, CAMERON K. Organizational life cycles and shifting criteria of effectiveness: some preliminary evidence [J]. Management science, 1983, 29(1):33-51.

[10] HARRIS R. Organizing America: wealth, power, and the origins of corporate capitalism [J]. Economica, 2005,72(287):556-558.

[11] THOMPSON J D. Organizations in action: social science bases of administrative theory [M]. New York: McGraw-Hill, 1967.

[12] URWICK L. Management of tomorrow [M]. London: Nisbet and Co, 1933.

[13] 陈璐爽. 宜家组织结构及其变革[J]. 市场周刊, 2019（4）：25-27.

[14] 李华. 公立医院市场导向及其绩效关系的实证研究[D]. 长春：吉林大学, 2009.

[15] 李明敏. 典型企业的组织结构案例及其设计分析[J]. 商展经济,2020(15):61-64.

[16] 廖建桥. 管理学[M]. 武汉：华中科技大学出版社, 2010.

[17] 布赖恩·罗伯逊. 重新定义管理：合弄制改变世界[M]. 潘干, 译. 北京：中信出版集团, 2015.

[18] 欧阳侠. 电力企业组织结构优化探讨[J]. 现代商业, 2008（26）：70-71.

[19] 王清太. 中型石化企业组织结构的现状、问题及成因分析[J]. 华北水利水电学院学报（社会科学版）, 2011, 27（2）：73-75.

[20] 王永泉，方宏，李桃. 组织行为学[M]. 长沙：湖南大学出版社, 2015.

[21] 汪籽伶. 小米公司的组织结构管理模式以及用人之道[J]. 知识经济, 2017（6）：106-107.

[22] 夏春刚,石春生,周长群. 企业组织结构的模式和发展趋势[J]. 科技与管理,2003（3）：64-66.

[23] 许佳益，周香，朱童升，等. 战略角度下海尔集团组织结构变革探究[J]. 环渤海经济瞭望, 2019（11）：56.

[24] 许玉林. 组织设计与管理：基于组织理论的管理模型[M]. 2 版. 上海：复旦大学出版社, 2003.

[25] 宜勇. 大学组织结构研究[D]. 上海：华东师范大学, 2004.

[26] 余敬，刁凤琴，孙理军. 管理学[M]. 2 版. 武汉：中国地质大学出版社, 2011.

[27] 杨飞. 腾讯的发展战略与组织架构：腾讯系列研究之一[J]. 金融言行（杭州金融研修学院学报），2018（7）：39-43.

[28] 张海燕. 公司财务组织变革与机构设置探讨[J]. 财会通讯，2013（9）：78-79.

[29] 张同全. 人力资源管理[M]. 2版. 大连：东北财经大学出版社，2015.

[30] 朱瑞博，刘志阳，刘芸. 架构创新、生态位优化与后发企业的跨越式赶超：基于比亚迪、联发科、华为、振华重工创新实践的理论探索[J]. 管理世界，2011（7）：69-97.

[31] 祝士苓. 工作分析与组织设计[M]. 北京：中国劳动社会保障出版社，2007.

[32] 朱颖俊. 组织设计与工作分析[M]. 北京：北京大学出版社，2018.

第十一章
定岗定编定员

在开车前，先让合适的人在车上，把不合适的人请下车。

——美国著名管理学家　吉姆·柯林斯

 **本章框架**

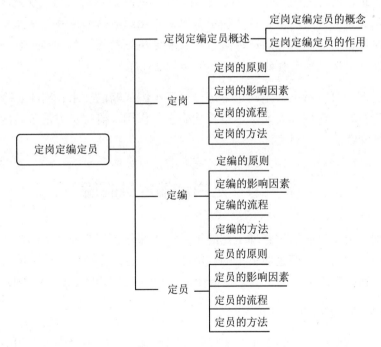

 **学习目标**

➢　了解定岗定编定员的概念与作用

➢　掌握定岗的原则、影响因素、流程和方法

➢　了解定编的原则、影响因素、流程和方法

> ➤ 了解定员的原则、影响因素、流程和方法

引例 ●

组织战略与"三定"制度

为适应外部经济环境的需要，实现企业长远发展，一个企业可能需要适时地进行人员增加或者裁减的发展战略。对于人员的增加，企业可以通过内部招聘或者外部招聘的途径来实现。对于人员的裁减，企业可以通过实施和更新"定岗定编定员"的"三定"制度来完成。

联想集团多元化战略在 2004 年惨遭失败，之后联想集团被迫开始转型。转型期间，联想集团重点发展 PC 业务，同时删减了其他不赚钱的业务项目。业务项目的减少意味着必须裁减一定量的员工，于是联想集团实施了从高层到基层的"斜着切"的裁员模式。也就是说，无论是高层主管还是其他管理者，都没有降职录用的机会，结果仅用了 5 天的时间，联想集团就裁员 600 多人，达到员工总量的 5%。此外，2004 年 12 月，联想集团在北京宣布用 12.5 亿美元收购 IBM 的 PC 业务时，IBM 公司同样面临着岗位的重新设计和员工的重新安排与调整的问题。

无论是联想集团还是 IBM，它们的案例都说明一个组织岗位的减少或者增加、人员编制的数量以及需要哪些人员，这些调整都取决于组织战略的要求。从组织发展的战略来看，一个组织需要首先确定组织战略，接着确定组织结构，然后确定各个部门的职能定位，最后进行定岗定编定员的工作。(刘涛等，2017)

从以上引例中可以看出，定岗定编定员属于组织战略的要求，对于一个组织的长久发展有着极为重要的作用和意义。本章将从概念、作用、流程、方法等角度对定岗定编定员展开详细介绍。

第一节　定岗定编定员概述

定岗定编定员是企业组织管理工作的重要组成部分，与企业业务的落实和战略目标的实现密切相关，直接影响企业员工的数量和质量，也对企业经营管理的成本与效率产生巨大影响。那么定岗定编定员具体是指什么？它们对组织的发展有何作用？

一、定岗定编定员的概念

一个组织的战略决定了这个组织需要设立哪些部门，组织设定各个相关的工作部门之后，需要根据部门的任务要求确定岗位、编制和员工的数量。这个过程就是我们常说的定岗定编定员的过程。定岗定编定员简称为"三定"，具体是指确定岗位、确定编制、确定人员 3 项内容（张爱娜，2015）。企业在进行定岗定编定员工作之前，需要通过培训或者访谈的形式，与全体员工进行商谈和协调，阐明定岗定编定员对员工的积极意义，营造一个积极和谐的工作氛围。这样可以赢得员工对定岗定编定员工作的支持，减少劳

资纠纷（亨萨克等，1988）。

（一）定岗

岗位也被称为职位，主要是指一名任职者在一定的空间和时间里所担负的一项或者多项互相联系的职责的集合。定岗的过程就是设置岗位的过程，主要是指依据组织的战略要求和业务目标的需要，同时考虑个人的需要，对岗位进行重新设计，确定哪些岗位可以完成组织所赋予的功能，并规定某个岗位的任务、责任、权力和在组织中与其他岗位关系的过程。

定岗工作离不开对岗位的了解，目前对岗位进行分类主要有以下两种方式。

（1）从岗位的性质入手，可以将岗位分为生产岗位、决策岗位、执行岗位、管理岗位、监督岗位以及专业岗位6种类型（见表11-1）。

表 11-1　岗位的类别

岗 位 类 型	含　义	举　例
生产岗位	从事制造、维护、安装以及为制造做辅助工作的岗位	从事企业基本的生产工作的员工，如电子制造厂的业务员等
决策岗位	公司的高级管理层岗位	业务总监、副总经理、总经理、董事长等
执行岗位	从事服务性质或者行政性质的岗位，该岗位的员工需要按照上级的要求安排和落实自己的工作任务	综合行政岗等
管理岗位	一个单位的负责人，该岗位员工的职责是管理一个小的单位	部门和科室经理或主管等
监督岗位	执行监督工作的岗位，包括部门、科室和办事处等岗位	监察部门、审计部门、董事会或股东会委托执行监督工作的人员等
专业岗位	从事各类专业技术工作的岗位	经济师、工程师以及软件设计师等

（2）可以从横向和纵向角度分别对岗位进行分类（见图11-1）。

从横向的角度看，岗位可分为小类、中类、大类3个类别。其中，小类指的是一些工作的性质相同，但是工作的责任轻重不同，工作的难易程度也不同，这些工作可以组成不同的岗位系列，也就是职系。中类指的是将若干个工作性质相接近的职系综合起来，构成职组（职群）。大类指的是将若干个工作性质和特征相近的职组（职群）综合起来所构成的集合，也就是职门（职类）。简言之，小类、中类、大类的岗位之间存在着密切的联系，每一种专门的职业可以构成一个小类（职系），若干个工作性质相近的小类可以构成一个中类（职组/职群），若干个工作性质和特征相近的中类可以构成一个大类（职门/职类）。

从纵向的角度看，依据工作的轻重程度可以将职位划分为不同的等级。如果对各个不同的职系进行等级划分，就产生了"职等"。职等主要是指岗位的工作性质虽然有差异，但是不同的工作的难易程度、简繁程度、责任轻重以及所需人员的资格条件都比较接近的岗位群。如果在同一个职系内进行等级的划分，就产生了"职级"。职级主要是指处于同一个职系内，同时工作的难易程度、简繁程度、责任轻重以及所需人员的资格条件相同或者相似的岗位群。

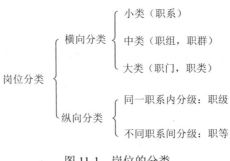

图 11-1　岗位的分类

（二）定编

定编一般包括两个方面的内容，即人员编制和机构编制。人员编制主要是指对于组织的各个类别的岗位的数量、人员的数量和结构、职务的分配等所做的统一规定。按照社会实体单位的特点和性质，人员编制可分为军事编制、企业编制、行政编制等不同的类别。机构编制主要是指在社会团体、企事业单位、国家机关以及其他的工作单位中，对于组织机构的名称、规模、结构、职能（职责范围和分工）、总机构的设置、分机构的设置等方面的限制。定编的过程是企业为了完成一定的经营目标而对企业内部的人员数量、结构和职务进行配置的过程，主要是确定各类人员的数量定额。简单来说，定编就是根据定岗的内容，确定各个不同部门的人员的总数量以及每个岗位的人员的数量，其依据是岗位工作流程的时间周期和企业在单位时间内的工作总量。

定编依赖的关键数据是岗位工作流程的时间周期。每一个岗位工作流程都需要经历一定的时间周期，如银行的前台服务员接待一位办理存款或取款业务的顾客需要的平均时间就是他们的接待工作流程的时间周期。无论是生产岗位、销售岗位、管理岗位或者其他的岗位，其岗位工作流程的时间周期都可以通过一些科学的方法测定和计算，如采用统计分析法、类比比较法等。定编可以确定一个组织在整个经营和运营过程中所需要的最低限度的人员数量定额，是组织人力资源规划中人员数量的基本根据。

（三）定员

定员就是确定每个岗位需要什么类型的人，让什么样的人去做这个岗位的工作可以最有利于组织目标的实现。定员工作可以明确每个岗位的员工任职资格，是组织制定人力资源制度的质量标准，也是组织长远发展的重要保障。一般而言，组织主要依据员工的胜任能力确定他们在每个岗位的任职资格。

二、定岗定编定员的作用

一个组织若想实现长期发展的目标，就必须在组织管理的过程中科学配置和优化人力资源，做到降本增效。这要求组织做好定编定岗定员的相关工作（范智宏，2015）。定岗定编定员对组织的发展有着至关重要的作用，具体包括如下 3 个方面。

（一）实现组织整体效益最大化

对于组织而言，定岗定编定员可以实现组织的"人、岗、事"之间的合理配合，帮助组织进行人力资源的预测和规划，做到"人尽其才，才尽其用"，降低组织的人力成本，帮助组织形成良好的内部运行机制，帮助组织实现整体效益的最大化，用最少的人力资源获取最大的收益和成果（郑月霞，2011）。定岗定编定员工作可以对一个企业的人员、编制、岗位进行科学和合理的设计编订，实现组织的人力资源与组织战略、组织目标的有机结合。这在一定程度上可以促进组织提升服务能力和水平，吸引更多的客户，不断满足市场需求，最终可以帮助企业实现组织整体效益的最大化。

（二）帮助组织建立"以人为本"的经营和管理模式

一个组织想要在竞争激烈的市场下实现快速的发展，必须重视组织人力资源，将人力资源视为组织的第一资源。一个人力资源质量较高的组织，会拥有较好的工作环境。员工在这样的工作环境下工作，可以将自己的作用发挥到最大，从而给企业带来最大的经济效益。近年来，随着社会的快速发展以及人们生活水平的提高，组织和人力资源之间的关系越来越密切，而定岗定编定员工作可以帮助一个组织更加科学、合理地招收和管理人力资源，帮助企业建立"以人为本"的经营和管理模式，并且合理、科学的定员定岗可以帮助企业高效运行，促使员工在工作中不断提升职业素质和业务能力（熊君，2020）。

（三）提升企业的管理效率

定岗定编定员的工作可以帮助企业明确员工的数量，并在一定程度上保证员工的质量，这便于企业对人力资源进行有效的控制。一方面，定岗定编定员给组织各个部门的岗位设置提供了依据和标准，可以保障各位员工做到职责分明，各司其职，各管其事，各尽其能。这有助于实现企业管理的标准化和流程化（程开明，2006）。另一方面，定岗定编定员的工作可以方便组织对人力资源进行全面的、高质量的管理。现如今市场竞争越来越激烈，组织内部的人力资源不仅需要在数量上增加，而且更需要在质量上取得绝对的优势。而定岗定编定员的工作可以确保组织员工的数量和质量，充分调动员工工作的积极性。这在很大程度上有助于提升企业的劳动生产效率和经营管理效率，最终增加企业的核心竞争力。

例证 11-1

义乌小微跨境电商企业的人员配备和岗位设置

第二节 定 岗

确定岗位的过程就是设置岗位的过程，通过科学的岗位设置将员工和工作紧密地联系起来，实现人事对应以及人岗匹配。因此，岗位设置得当对于提升员工的工作效率、激发员工的工作热情、实现组织的发展目标具有很重要的作用。

一、定岗的原则

岗位设置是组织中人力资源管理部分的一个十分重要的组成部分。如果一个组织想要提高岗位设置的科学性，就需要遵循岗位设置的6个基本原则（高占荣，2016）。

（一）因事设岗与因人设岗相结合

一个组织在设置岗位的时候，需要依据组织的具体情况进行具体分析，遵循因事设岗与因人设岗相结合的原则。

因事设岗是组织设置岗位的根本。首先，组织需要全面地了解组织的工作内容与工作流程，并对其进行整合和优化。其次，组织需要明确工作任务对员工的资质要求和能力要求。再次，组织需要清晰地掌握现有的员工以及招聘到的员工的素质和能力等相关因素。最后，组织可以将符合岗位资质和能力要求的人员配置到相对应的岗位上，实现因事设岗。

因人设岗则是企业设置岗位的辅助，主要是通过对员工进行综合能力和素质的测评，挑选出综合能力和素质较高的员工，并将其晋升到更高的职位，或者对多个工作岗位进行调整与合并，让一个更优秀的人统一管理。这样可以降低企业的用工成本，提高员工的工作效率。

（二）岗位数目需要符合最低数量要求

设置岗位需要确保岗位达到最低的岗位数量要求。这一方面可以帮助组织最大限度地节约人力成本，另一方面又可以缩短各个岗位之间信息传递与沟通的时间，帮助组织提高工作效率。

在设置部门岗位的最低数量限制时，需要考虑不同层级的工作人员的工作负荷。一般而言，一个基层的工作人员可以对 2~5 项工作负责，一般不会超过 10 项，当工作项目超过 10 项之后，意味着组织需要增加一个岗位。中层工作人员（如下属单位的负责人、各个部门的经理、办公室的主任等）负责的工作项目一般为 5~10 项，其最大可以承受的工作项目为 15 项，当工作项目超过 15 项时，组织就需要增加岗位。高层管理人员（如企业的总监、总经理等）一般可负责 8~12 项工作项目，其最大可以负责的工作项目为 17 项，当工作项目超过 17 项时，组织需要考虑增设新的高层管理岗位（祝士苓，2007）。

（三）合理的分工协作

组织在设置岗位时需要充分考虑任职人员的综合工作能力和胜任度（希普曼等，

2000）。这要求组织必须以科学的劳动分工为基础设置工作岗位，充分发挥员工自身的业务和技术专长，实现员工和岗位之间的最佳匹配，促进员工积极主动地开展工作。

同时，组织目标的实现还需要许多从事不同工作业务的员工之间的工作协调与合作，因此岗位设置还需要充分考虑组织劳动协作的客观要求，明确界定不同岗位之间的协作关系，充分发挥团队的智慧和集体的力量，为企业创造出更高的劳动生产力。一个组织只有明确各个岗位的职责，在分工的基础上明确、高效地进行纵向和横向上的协调与合作，才能最大限度地发挥组织的效能。

（四）责、权、利相对应

组织在设置岗位时，需要首先明确各个岗位的职责、权限以及相关的利益。具体而言，岗位的职责主要是指在岗位任职的员工应该尽到的责任和义务；岗位的权限是指在岗员工应该享有的对人、物、财等各种资源的支配权、使用权以及调动权；岗位的利益主要是指可以驱动在岗员工更高效、更高质量地完成组织任务。

在设置岗位时，组织必须确保岗位的职责、权限以及利益相对应、相统一。如果三者之间出现不平衡，则很容易出现问题。例如，在岗员工如果不需要受权力和利益的约束，则很容易出现组织滥用权力的问题，也容易滋生腐败的问题；反之，如果在权力和利益上给予太多的约束和限制，仅仅要求员工承担对应的岗位责任，则很难保证岗位工作任务的完成，也难以保障组织发展目标的实现。

（五）系统化原则

组织的规范化管理体系是一个系统的、完整的体系，组织在设置岗位时需要遵循系统化原则，即不仅需要考虑岗位的职能和对员工素质及能力的要求，更要考虑组织结构和组织目标。此外，组织的岗位设置工作也会为组织制定相关的薪酬福利体系，为评价岗位等工作提供支持，因此在设置岗位时也需要考虑企业的人力资源相关工作。

（六）动态原则

随着全球竞争加剧，组织所处的内部环境和外部环境也越来越难以预测。这决定了组织的业务流程和战略目标等都会发生深刻的变化，对应的岗位设置也需要随之发生变化。对于组织来说，为了长远的发展和保持旺盛的生命力，需要不断地对组织的岗位进行优化和设置。

二、定岗的影响因素

组织的岗位设置会受到许多因素的影响，其中包括组织外部因素和组织内部因素，如图 11-2 所示。

（一）组织外部因素

组织的发展与时代的进步、社会环境的变化息息相关，组织的岗位设置也需要随之进行相应的调整，从而使得组织的发展能够跟上社会发展的步伐，企业能够在激烈的市场竞争环境中有立足之地。影响组织岗位设置的外部因素主要有技术的发展和全球化竞争两个方面。

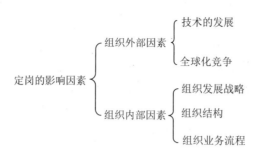

图 11-2　定岗的影响因素

1. 技术的发展

技术的发展对于组织的发展与进步至关重要，先进的技术是组织生命的基础，也是组织发展的支柱。一方面，技术会影响组织的成本投入。对于同样的工作任务，如果采用的技术水平不同，则会产生不同的成本。先进的技术可以使组织业务流程规范化和自动化，提高各个业务的标准化程度，提高员工的工作效率，同时增强员工之间的协调与合作，帮助组织节约人力成本和物力成本等，推动组织岗位设置的更新与完善。另一方面，技术的进步可能会直接对组织的岗位需求产生影响。例如，有些需要进行重复性劳动的岗位因为技术的发展而被取消，而与技术相关的岗位则需要进一步地增加和开设。因此，总体而言，技术的发展可以从根本上推动和改变组织现有的岗位设置。

2. 全球化竞争

当今世界经济呈现出全球化、高科技化、数字化以及信息化等特征和趋势，各个企业组织不仅需要与本土的相关组织竞争，而且需要与国际市场上的其他组织进行竞争。这不仅意味着组织面临的竞争越来越激烈，而且说明组织内部的职业和岗位的变化会更加频繁，会朝着更加高科技化的方向发展。比如，近年来，美国的职业岗位有7000多个已经被取消，但是与高新技术相关的岗位增加了8000多个。这引导着其他同类的企业组织积极地根据环境进行岗位调整，以提升组织的综合竞争力。因此，全球化竞争推动了各个组织岗位设置的动态调整，以实现与时俱进的目标。

（二）组织内部因素

组织的岗位设置是为组织的发展服务的，因此，科学的岗位设置应依据组织的发展战略，以组织结构和组织业务流程为前提来设置。

1. 组织发展战略

组织发展战略是影响组织岗位设置的一大内部因素。发展战略是一个组织的愿景和使命，它可以促使组织形成特有的文化氛围（劳弗等，2001）。因此，组织的计划、方针、业务、部门的设置和岗位的设置都需要围绕着组织的发展战略进行，只有明确了组织的发展战略，组织的所有活动才有了根据，组织的岗位设置工作也有了依据。

2. 组织结构

定岗的前提是组织结构的设计（赖特等，1992）。一个组织的结构设计包括各部门职能和权责的划分、汇报关系的设计、管理层次和管理幅度的设计以及职能设计等多方面内容。组织结构框架可以用组织结构图表示，一般而言，组织的部门设置和岗位设置的主要依据就是组织结构图。

3. 组织业务流程

组织中任何工作或业务都需要经过一定的流程。流程是指一个或者一系列有规律的、连续性的，并且围绕特定目标进行的活动。流程包括输入活动和输出活动，最简单的流程是一个输入及一个输出，也就是输入经过流程之后转化为输出。

科学合理的流程应该确保输出的价值大于输入的价值。组织业务流程是进行岗位设置的重要前提。这是因为对于同一份工作，不同组织的业务流程可能不同，因此其相关岗位的设置也会有所差异。一个组织如果想要科学地设置岗位，必须首先确保组织业务流程得到科学的设置和合理的优化。

三、定岗的流程

岗位设置服务于组织的目标和业务。因此，一个组织的战略目标、主营业务以及核心职能都会影响组织的岗位设置。在进行定岗之前，首先需要对该组织的战略目标、经营业务以及承担的职能等因素进行分析，以明确该组织岗位设置的主导方向。组织的岗位设置工作包括两个阶段：部门设置阶段和岗位设置阶段。组织岗位设置的具体流程如图 11-3 所示。

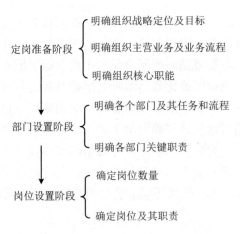

图 11-3　组织岗位设置的具体流程

（一）部门设置阶段

在一个组织里，部门设置包括以下 3 个步骤：① 明确组织的长期战略目标、定位、主营业务以及业务的主要流程，依据这些制定组织各个部门的业务以及业务流程。② 明确组织的核心职能，并对其进行分解，依据组织的核心职能界定各个部门的关键职责、任务以及各个部门之间的关系。③ 依据科学合理的原则，确定各个部门的职能范围。

部门设置的核心和关键环节是各个部门职能的设置和确定。部门职能一般可分为两种类型：主要职能和监管职能。部门主要职能是指根据部门的工作任务以及业务流程确定的职能，这些职能相对固定，一般不会随着时间和上下级的变化、部门管理者和负责人的变化等而改变；监管职能主要是指跨越了部门专业边界的其他相关职能，它们可以在部门之间适当地改变和调整。

首先，组织在设置各个部门时需要遵循高效和精简原则。这要求组织依据各个部门的工作量以及工作任务的饱和程度来决定是否需要设立这些部门，同时需要兼顾各个部门的工作性质和工作内容与其他的部门是否有重合，减少工作任务有重合的部门。其次，组织在设置部门时需要明确各个部门之间的相互关系，建立相对完善、合理的协调制度。组织是一个系统的整体，各个部门的所有活动和资源必须围绕着组织的总目标。而一个组织总目标的实现需要多个部门的协调与合作，因此组织在进行部门设置时需要建立较为合理和完善的信息沟通机制，清晰地界定各个部门的权力、责任以及协作的义务与责任等，这可以在一定程度上为组织中各个部门的有效协作提供制度保障。

（二）岗位设置阶段

在完成组织的部门设置之后，组织需要进一步进行具体岗位设置，一般包含以下两个步骤。

（1）明确各个部门的关键职能，依据各个部门的关键职能设置关键岗位。当确定了各个部门的关键岗位之后，依据组织的关键岗位设置组织的辅助岗位和支持岗位。同时，需要进一步依据组织内外部环境以及岗位业务流程的变动，对岗位的性质和职能进行适当的调整。

（2）确定每一个岗位的具体工作职责和权力，即明确为了完成岗位工作任务所必须尽到的各方面的责任，以及为了完成岗位工作任务所需要的工作权力，也就是职权。组织在确定岗位的职责时，需要遵循职责明确化、主次兼顾、职责细化、提高效率、与时俱进等原则。具体而言，职责明确化是指清晰并准确地界定每一个岗位所需要承担的具体职责；主次兼顾是指在界定员工的工作职责时，应明确界定员工的主要工作职责和次要工作职责；职责细化是指在设置和确定员工的工作职责时尽可能地具体化、详细化；提高效率是指各个岗位职责的分解和确定应考虑组织整体效率的提升，最有利于组织整体效率提高的岗位职责设置方案就是最有效的方案；与时俱进是指组织的岗位职责不是固定不变的，而应该根据组织内外部环境的变化而进行更新和调整。

四、定岗的方法

在岗位的设置和执行过程中，组织需要依据岗位的工作内容、员工的受教育程度和从业年限等因素安排不同岗位的工作人员（高新源，2020）。岗位设置常用的方法主要包括组织分析法、关键使命法、流程优化法和标杆对照法。

（一）组织分析法

组织分析法是一个应用较为广泛的岗位设置方法，适用于大型企业的大范围重组项目或者有明确和长远发展目标的大型企业。

组织分析法着眼于整个组织的战略目标和使命。首先，依据组织的授权方式和服务实现的方式，综合考虑组织的总部和各个分部之间的管理模式，构建一个基本的组织架构模型；其次，对组织的各个主要职能进行分析和界定，明确各个部门的关键职责和使命；最后，对部门内部的职权、责任、任务、利益等进行细化和分类，进一步设置多个不同的岗位，将这些职责和任务分解到各个不同的岗位上。

组织分析法的优点在于它可以深入解决许多细节问题，为组织提供广泛的组织设计和岗位设计以及较为长远的战略方案，帮助组织实现其愿景和使命。但是，组织分析法始终是一个比较理想化的方法，如果使用组织分析法设置岗位，整个岗位设置的过程可能会相对复杂和具体，要求企业具有清晰、明确的发展目标和战略规划。

（二）关键使命法

关键使命法是指组织在设置岗位时，需要重视对组织战略目标的实现起关键作用的岗位。使用关键使命法进行岗位设置时，需要经过以下 3 个步骤：① 明确组织的结构特征，各个部门的关键业务、业务流程以及关键的职责，依据组织和各个部门的需求，明确哪些岗位属于关键岗位；② 对确定好的关键岗位进行岗位分析，明确关键岗位中的核心角色，并且依据这些核心角色确定关键部门的主要工作职责；③ 基于现有的组织结构图和岗位职责，制定科学规范的岗位说明书。

关键使命法的优点在于可以把组织的核心资源和注意力集中在关键的岗位上，用较少的输入产生较高的输出，提高组织运行和管理效率。但是，关键使命法强行将组织的业务分为核心业务和非核心业务两个部分，这可能会造成组织内部的矛盾和摩擦，而且在现实中，很多组织的业务都存在交叉与联系，很难将核心业务和非核心业务完全分开。

（三）流程优化法

流程优化法主要是指依据新的流程或者新的信息系统对组织的岗位进行优化。流程优化法的具体操作一般包括以下 5 个步骤：① 对各个业务流程进行分级，确定优先执行的业务流程；② 绘制当前的业务流程图；③ 基于当前的业务流程图，收集相关的数据，了解客户的需求，建立组织未来的业务流程图；④ 对初步建立的业务流程图进行试点和调整；⑤ 系统地实施和推广调整后的业务流程。

流程优化法的优点在于它可以与时俱进地更新组织的管理信息系统对岗位员工的影响，并且基于现有的业务流程不断进行反思、调整和更新，以找到一个最优的业务流程，帮助组织实现对业务流程的时间、风险、成本和结果等进行管理与控制，以确保组织业务流程的高效性与合理性。但是，流程优化法也有缺点——它并没有真正投入较多的资源进行岗位的设置，这可能会导致企业部分岗位的设置效果较差。

（四）标杆对照法

标杆对照法以相关行业具有代表性的现有的岗位设置为参照进行岗位设置。此外，部分国家或者政府部门等官方机构定期收集的行业岗位信息数据，也可以作为企业进行岗位设置的标杆。

标杆对照法的优点在于操作简单，实施容易，而且设计的成本较低，能够较为高效地完成企业岗位设置的工作。但是，它也有明显的缺点，就是如果在学习别的企业的岗位设置时，没有考虑本企业的实际情况，忽略了参照企业的经营目标、各方面的状况与本企业的差距，那么采用标杆对照法进行岗位设置时，很可能导致岗位设置结果不符合企业发展的实际需求。

例证 11-2

深圳某大型专业报关企业的岗位设置

第三节 定 编

确定编制对一个组织的发展有着极为重要的作用。定编可以通过科学的程序和方法，确定组织各个岗位所需的各类人员的数量与质量，帮助组织解决人力资源在数量上和质量上的配置问题，从而实现企业的业务目标和长远发展愿景。

一、定编的原则

当今组织形态的变化较多，导致组织人员调整工作不断增加。因此，一个组织需要不断地对人员编制进行仔细分析和详细规划（赵中华，2019）。为避免定编常见问题的出现，组织在确定或调整编制时不能随意地进行，需要依据以下 4 个原则进行。

（一）围绕组织目标，科学合理地确定编制

组织的一切活动都需要围绕组织的业务目标和长期发展目标进行。定编的工作本质上是科学合理地确定组织所需的各类人员的数量、质量以及这些人员之间的比例关系。而组织的人力资源配置需要为组织发展服务，因此，组织进行定编工作的主要依据是组织在一定时期内的业务方向、业务规模以及各类人员的工作效率。任何一个组织进行确定编制的工作时，都需要从该组织的实际出发，同时综合考虑该组织的技术水平、管理水平、员工综合素质和工作效率等因素来确定组织所需要的编制数量。

（二）兼顾组织各类人员间的比例协调性

组织的正常生产经营活动需要注意处理好各类人员之间的比例，具体包括如下 3 个方面：① 非直接经营的人员与直接经营的人员之间的比例关系。其中，非直接经营的人员为直接经营的人员提供服务，他们是组织正常运行不可或缺的一个组成部分；而直接经营的人员直接为企业创造财富和收益，他们的工作成果对企业的经营效益有直接的影响。② 非直接经营的人员与直接经营的人员内部的各个岗位之间的比例关系。非直接经营的人员和直接经营的人员工作的难易程度存在一定的差异，他们之间可能也存在协助办事人员与主要办事人员之间的区别，因此组织在确定编制时需要考虑这些岗位之间的

协调性。③ 组织的全体工作人员与管理层人员的比例关系。在组织的人力资源配置过程中，管理人员占总人员的比例是有一定限度的，这个比例的确定需要综合考虑多方面的因素，包括企业的规模、生产类型、产品的性质、员工的综合素质、企业的整体文化氛围等。科学合理地确定组织管理人员的比例，既可以精简人员、提高组织的管理效率，又可以减少组织人员臃肿以及人浮于事的问题。

（三）注重定编的专业化原则

确定编制的技术性和专业性比较强，因为它常常会涉及经营管理和业务技术的多个方面。这要求处理定编工作的相关工作人员具备较高的理论水平和丰富的业务经验。组织在确定编制的过程中需要专家的指导，只有在专家的带领下进行的定编工作才能最大限度地确保结果的合理性和科学性。

（四）坚持定编的科学化和人性化原则

组织在确定编制时必须坚持科学化和人性化原则。科学化主要是指组织在确定编制时需要依据科学合理的方法和流程，同时遵守国家相关的用工时间的规定，无论是增加编制还是减少编制，组织都应该有科学合理的依据，而不能单纯地用延长劳动时间或者增加劳动强度来删减人员。而人性化的原则是指企业在确定编制时，需要保障员工的正常休息时间，需要严格遵守《中华人民共和国劳动法》的相关规定，在制度上保障员工的相关权利。此外，组织在确定编制时，对于一些特殊的岗位，如有害有毒的、噪声很大的或者劳动强度很大的岗位等，需要留有一定的空间和余地，适当地配置好预备人员。

二、定编的影响因素

在现实操作中，定编常常要考虑一些特定的因素，以确保定编工作的科学性和合理性，避免组织定编工作陷入误区。定编需要考虑的特定影响因素包括如下 3 个方面。

（一）定编方法的假设前提

很多定编方法存在一定的假设前提，但是，许多组织在使用定编方法时没有考虑这一因素。比如，专家访谈法的假设前提是参与讨论的管理层人员和专家的综合素质较高，而且参与的主动性和积极性较高，乐意提出准确的、真实的、清晰的信息和相关建议。如果没有充分考虑专家的质量，贸然采用专家访谈法会直接影响组织定编工作的最终结果。因此，要科学合理地进行组织的定编工作，一定要考虑定编方法的假设前提。

（二）组织内部各因素的变化

组织的定编工作与组织内部各种因素的变化息息相关，这要求组织具备全面性思维，在进行定编工作时充分考虑各种变化因素对定编工作的影响。组织内部的因素是该组织确定编制的主要依据和重要前提，如组织确定人员编制的一个重要前提是组织的结构，如果一个组织的结构不够确定和稳定，其部门设置便会出现较大的问题，而基于不稳定的部门结构进行人员编制也只能是空谈，失去了定编的实际意义和价值。因此，一个组织在确定编制的过程中，应该综合考虑组织内部各种因素变化的影响。

（三）组织外部环境的变化

一个组织不是孤立生存和发展的，它需要面对同行业其他同类组织的竞争，需要面对多元的外部环境。组织的外部环境变化会对组织的发展和组织内部的各项工作产生不同程度的影响，这要求组织在进行各种工作，包括定编工作时充分考虑组织外部环境因素的变化。但是，在现实操作中，很多组织在确定编制的过程中常常只关注组织内部岗位及人员情况，而相对忽略了组织外部的人员编制等相关因素。实际上，有效的定编工作也需要考虑同行业其他组织的人员编制情况，也需要参照同类组织的人员比例、各类人员设置等情况。只有把单个的组织放到更大的环境中综合考虑，组织定编工作才会得到科学合理的决策结果，才有利于组织的长期生存和发展。

例证 11-3

某大型专业工程公司的岗位体系优化项目

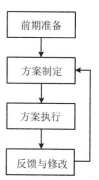

三、定编的流程

定编的流程一般包括前期准备、方案制定、方案执行及反馈与修改4个步骤，如图11-4所示。

（一）前期准备

组织的任何活动都需要围绕该组织的发展战略和目标进行。因此，组织在确定编制时首先应该明确组织的发展战略、年度业务目标以及盈利模式。同时，需要收集与该组织相关的历史数据以及本行业的数据，从而为组织制定编制方案奠定基础。

（二）方案制定

基于收集到的相关资料和数据，组织首先应确定企业业务人员的人均指标，其次以该组织的人均业务指标和总业务目标、各类不同岗位之间的人员比例关系为依据，参考历年来的相关数据以及同行业的相关数据，确定该组织的业务人员、职能人员以及管理人员数量，并对照组织内部的人工成本和员工流动性等因素确定人员编制的相关方案。

图 11-4　定编的流程

（三）方案执行

如果一个组织初步制定了定编的方案，接下来就是执行定编方案的阶段了。在执行定编方案的过程中，组织需要做好员工的思想工作，使每个员工都可以积极地配合新定编方案的实施。同时，组织还应该做好跟进和记录的工作，健全各类相关的统计报表，及时把握各个工作岗位的定编方案执行情况。

（四）反馈与修改

定编工作不是一劳永逸的，确定了编制的实施方案之后，在具体的执行过程中，仍然需要定期对方案进行追踪记录和统计分析，及时地进行反思和总结，帮助组织及时地发现问题，促使组织及早采取措施防范问题。只有及时地对定编方案进行调整与修改，才能确保其与组织的发展目标保持一致。

四、定编的方法

定编的方法一般包括依照劳动效率定编法、依据业务流程分析定编法、按照本行业的比例定编法、按照预算控制定编法、专家访谈定编法，以及通过组织机构、职责范围和业务分工定编法。

（一）依据劳动效率定编法

依据劳动效率定编法是指组织以员工的工作效率、员工的出勤率、生产的任务为主要依据确定编制数量。简单地说，就是组织依据劳动定额和工作量来确定组织内所需员工的数量。劳动定额的基本形式主要包括时间定额和产量定额两种。如果根据时间定额来计算定编人数，则定编人数等于生产任务和时间定额的乘积再除以工作时间和出勤率的乘积。如果按照产量定额来计算定编人数，则定编人数等于计划时期内生产的任务总量除以员工的劳动定额和出勤率的乘积。

例证 11-4

劳动定额

（二）依据业务流程分析定编法

依据业务流程分析定编法是指以组织的战略目标及历史数据为主要依据，确定编制数量。一个组织的业务数据包括多个方面的内容，如销售收入、人力成本、市场占有率、利润等。依据组织的发展目标以及相关历史数据，可以确定组织在短期、中期和长期的员工编制。具体而言，组织可以对相关的业务数据与员工的数量进行回归分析，得到相对应的回归分析方程，依据组织在短期、中期、长期等不同发展阶段的业务目标来确定企业需要的人员编制的数量。当一个组织依据业务流程分析的方法确定编制的数量时，其定编的过程主要包括 3 个步骤：① 依据各个岗位的工作量，确定这些岗位的每个员工在单位时间内的工作量。② 厘清组织各个岗位的业务流程，依据业务流程确定岗位编制的人员比例。③ 明确组织发展的总业务目标，并且进一步将总的业务目标分配到单位时间内，明确单位时间内的总工作量，根据单位时间内的总工作量确定各个岗位所需要的人员编制。

（三）按照本行业的比例定编法

按照本行业的比例定编法主要是指一个组织可以参考同行业中其他组织的某类员工在组织总员工人数中的比例，来确定本组织的相关工作岗位的编制数量。一般而言，对于同一个行业，某一类特定的工作岗位的员工与另一类特定的工作岗位的员工之间总是存在一定的比例关系。因此，当一个组织想要确定某一类岗位的编制数量时，可以将同行业的其他组织的人员和编制数量作为参考。

（四）按照预算控制定编法

按照预算控制定编法是指一个组织在确定人员编制的数量时，主要是通过人工成本的预算这一个标准来控制组织的在岗编制数量，而不是严格限制某个部门某个岗位编制的具体数量。采用这种方法的各个部门负责人对人力资源管理的自由权和控制权较大，部门负责人只需要将人力成本控制在获得批准的预算范围内即可，至于招聘多少数量编制的员工，可以由部门负责人自行决定。

（五）专家访谈定编法

专家访谈定编法中的专家既包括组织的各级管理层人员，也包括国内外同行业的相关专家。通过对各级管理层人员进行访谈，可以收集到组织内部员工工作量、工作效率、升职、轮岗、降职等多个方面的信息，可以明确地知道各个部门在一定时间内的员工数量；通过对国内外相关组织和同行业的专家进行访谈，可以获得更为广泛的关于各种岗位类型的人员结构信息。对管理层人员和相关专家进行访谈调查之后，组织可以收集到更全面的、更详细的人员编制信息，从而更高效、更科学地完成本组织内的定编工作。

（六）通过组织机构、职责范围和业务分工定编法

这种方法比较适用于组织工程技术人员和管理人员的定编工作。如果一个组织倾向于通过组织机构、职责范围和业务分工的方法确定编制，那么，首先需要清楚地了解组织机构和组织内部各个职能科室的设置情况。其次，需要明确各个不同业务的分工情况以及相关的职责范围，同时了解不同业务的工作量以及复杂程度。最后，要综合考虑该组织管理人员和工程技术人员的技术水平和工作能力，最终确定该组织的编制。

第四节　定　　员

人力资源对一个组织的运行和盈利至关重要。一个组织需要多少员工？每个员工需要什么样的职业资质和综合素质？组织又应该如何将这些员工组合成为一个整体，如何高效地管理这些员工，使其既可以满足组织生存和发展的需要，又可以最大限度地发挥每个人应该有的作用？回答这些问题少不了科学合理地进行确定人员的工作。

一、定员的原则

一个组织必须确保实现科学合理的定员，才能帮助该组织节约人力资源成本，同时保障组织生产的需要。组织定员工作的关键和核心在于保持先进的定员水平，即把握好各类人员定员数量的高低宽紧程度。定员工作需要遵循以下 8 条原则。

（一）以组织经营目标为中心

一般而言，组织的经营目标是实现利润的最大化，而做好定员工作是实现组织利润最大化的有效手段和重要保障。如果一个组织的人员配置过多，则会造成人员臃肿、人浮于事等问题。这既增加了组织的人力资源成本，又不利于组织经营目标的实现。反之，如果一个组织的人员配置过少，则会造成组织的在岗员工超负荷地工作。这可能会导致人才流失，同样不利于实现企业的经营目标。因此，一个组织的人员数量需要科学合理地进行设置，而且组织在进行定员工作时需要始终以组织的经营目标为中心。

（二）坚持精简、高效、节约的原则

在组织确定人员工作的过程中，坚持精简、高效和节约的原则主要是指组织的人员应该精干、优质，最大限度、最高效率地帮助组织节约成本。简而言之，即组织需用较少的人员完成较多的工作任务，以实现更高的效率和盈利。如果组织想实现精简、高效、节约，就必须首先科学地设计产品方案，如果组织的产品方案科学、合理、可操作性强，那么组织所用的生产人员自然会相对较少。其次，组织可以设置一定的兼职项目，安排和鼓励优秀的、工作效率和工作技能较高的员工多做一些工作。这样可以充分地减少工作的时间和企业的用人量。最后，组织对于各类工作都应该具备明确的分工和职责划分，清晰明确的专业分工是准确配置和确定人员的一个重要依据。

（三）科学确定各类人员比例

一个组织内各类人员之间的比例关系应该保持协调，才能确保组织的顺利高效运行。一般来说，基层业务人员的数量和比重需要适当地增加，而各级管理层人员的数量应该适当地缩减。具体来说，组织需要正确地处理多种人员之间的比例关系，包括直接生产、经营人员和非直接生产、经营人员之间的比例关系，全体员工与管理层人员之间的比例关系，全体人员和服务人员之间的比例关系，男员工与女员工之间的比例关系，工程技术人员与全体员工之间的比例关系等。组织应充分考虑内部和外部多方面因素的影响，确保组织内部各类人员之间具备科学且协调有序的比例关系。

（四）坚持合理和先进的原则

组织在进行定员工作时需要坚持合理和先进的原则。坚持合理的原则，就是要求组织采用科学的方法进行劳动定员的工作。坚持先进的原则，就是要求组织在进行定员工作时尽量采用先进的技术和方法，以最大化地提高组织的生产效率，节约组织的运营成本。

（五）创造贯彻执行定员标准的良好环境

一个组织如果想将定员标准落实到位，就必须具备适合组织定员标准执行的良好内部环境和外部环境。这些环境包括：① 企业内部的各类规章制度，如考勤制度、奖惩制度、离退休制度等；② 与其他组织建立良好的合作关系；③ 拥有一个较为规范的劳务市场等。

（六）适时对定员标准进行修订与调整

组织内部的定员标准不是一成不变的，而是需要随着组织的发展目标、业务目标、技术水平、员工工作绩效等多方面的变动而进行适当的调整和修订。这样才能确保定员标准与时俱进，帮助组织实现利润最大化的目标。

（七）坚持定员标准的专业化

组织的定员工作是一项兼具技术性和专业性的工作，涉及组织的经营管理和业务技术等诸多方面，这要求制定定员标准的人员必须具备较高的实践经验和理论水平，只有专业素质和技能较高的人员才能制定出专业化的定员标准。

（八）遵守法律

组织的任何经营活动都需要受到法律的规范和约束，组织的定员工作也不例外。一个组织在确定人员的过程中，需要遵守国家的相关法律法规，严格保障员工的权利。

二、定员的影响因素

一个组织在确定人员的工作中需要考虑多方面的因素（马超等，2018）。不同的工作岗位在进行定员的过程中需要考虑的影响因素不同，常见的工作岗位有 4 类，即业务岗、职能岗、行政管理岗、辅助岗。

（一）业务岗的影响因素

业务岗又称生产岗位，是指企业中负责给客户提供产品和服务的岗位，如销售人员、客户经理、客服人员、生产工人等，这些岗位的员工需要承担企业的主要生产经营任务。业务岗在进行定员的过程中，需要考虑如下 3 方面的要素：① 企业的生产经营因素，如企业的生产任务、销售量等；② 企业的工作班制、出勤率、劳动生产率等岗位相关因素；③ 技术因素，如企业的生产设备、技术水平等。

（二）职能岗的影响因素

职能岗又称职能管理岗位，是指企业中对某一特定领域进行专项管理的岗位，如人力资源管理、财务管理、战略管理、技术管理等岗位。这类岗位在进行定员的过程中，需要考虑两方面的因素：① 企业的管理因素，如管理模式、部门设置、岗位设置、管理职能、人员比例等；② 劳动组织因素，如企业职能管理的工作量、工作分工专业化程度以及工作的精细化程度等。

（三）行政管理岗的影响因素

行政管理岗位在企业中主要担任领导管理职能，一般需要对多个部门或者某个特定的部门负责，如区域经理、总经理、财务总监、部门经理等。此类岗位在进行定员的过程中需要考虑企业的组织机构设置、部门设置、职责分工等因素。一般而言，行政管理岗位的高层管理者需要依据组织机构的设置来确定，中层及基层管理岗位需要依据组织的部门设置、管理幅度以及职责分工等因素进行确定。

（四）辅助岗的影响因素

辅助岗又称辅助支持岗，在企业中主要是指为了保障企业的正常发展与运行而设立的后勤服务类岗位，如保安、保洁员、宿舍管理员、绿化员、司机、食堂厨师。此类岗位在进行定员的过程中主要考虑的因素包括组织的机构设置、岗位设置、部门设置、管理幅度以及管理分工。

三、定员的流程

对于一个处在创立初期的组织来说，定员的流程依次包括：确定组织的发展战略，确定组织的各类经营业务，设计组织的结构，并根据组织的结构确定组织的岗位和所需要的人员。而当组织经历过一定阶段的发展之后，在定员的工作中，需要对组织的目标及业务进行适当的调整和更新，并根据组织的业务目标对组织的部门进行裁减或者增加，最后重新对组织的岗位进行确定和调整，进一步确定组织所需要的人员。具体来看，组织的定员流程可以分为以下 4 个阶段。

（一）分析组织的定员需求

一个组织的定员需求不是固定不变的，而是会随着组织的内部因素和外部因素的变化而产生新的定员需求或者减少现有的定员需求。其中，组织的内部因素包括经营业务、技术水平、设备和设施水平以及现有员工的素质和综合技能等多方面的因素；而外部因素则包括经济市场的竞争因素、政府相关政策因素、同行业的其他组织的经营状况等多方面的因素。一个组织在进行定员工作时，首先需要详细地分析组织的内外部因素，并且以此为依据对组织的定员需求进行详细的分析。

（二）进行资料的收集与调查

组织的定员工作必须科学合理，因此在进行定员工作时需要收集相关的数据和资料，包括国家通用的定员标准、行业定员的标准、该组织在近年来关于定员的数据和资料以及组织的结构和业务流程等多方面的信息。组织对定员工作相关资料的收集越充分，该组织定员方案的制定就越科学合理。

（三）确定员工的总数

确定员工的数量是组织定员工作的核心环节和关键阶段，组织在收集了各方面的资料之后，需要对资料进行较为深入的分析，以确定组织所需要的员工总数。组织在确定员工数目的时候，需要坚持提高效率和节约成本的原则，同时需要考虑人力资本的费用预算，从而确定一个科学合理的人员总数。

（四）执行定员方案

确定定员方案之后，就进入了定员方案的执行阶段。在这一个阶段，组织需要把人员在各个部门之间进行合理的分配。在执行方案的过程中，需要考虑现有员工对岗位和人员调整的想法和态度，提前做好员工的思想工作，提高员工对新的定员方案的配合度和支持度。

四、定员的方法

一个组织在进行定员工作时，一定要按照科学合理的方法进行。常用的定员方法包括如下 5 种（祝士苓，2007）。

（一）按照劳动定额定员

劳动定额主要是指在一定的生产技术和组织的条件下，使用合理的、科学的方法对特定岗位的劳动者的能力和工作量进行分析，确定完成一定限量的工作或生产单位产品的限额。简单来说，劳动定额就是劳动者在单位时间内的工作量的限额。

劳动定额具有多种表现形式，如产量定额、销售定额、时间定额、看管定额、工作定额、服务定额等。具体而言，产量定额主要是指在单位时间的限制范围内，员工必须完成的工作量和产品的数量；销售定额主要是指在规定的时间内必须完成的销售金额，多适用于经营销售人员；时间定额主要是指完成一项工作或者生产一件产品所必须花费的工作时间；看管定额主要是指在同一段时间范围内，操作者看管设备机器的数量或者看管工作岗位的数量；工作定额主要是指各类工作人员必须完成的公务性、管理性、技术性的劳动的限定数量；服务定额主要是指服务人员在制度时间内提供某种服务的限额，服务定额的前提是确保服务人员的服务质量。

（二）按照岗位定员

按照岗位定员主要是指组织确定人员的依据是组织内岗位的工作量、岗位的数量、操作人员的工作效率、工作的班次和出勤率等多方面的因素。按照岗位确定人员包括两种方法：① 按照设备岗位确定人员。也就是在设备机器开始运作的时间范围内，无论生产的任务是否饱和，都要求在有人进行看管的情况下采用的确定人员的方法。这种方法更适合具有大型联动装置的组织，如炼钢厂、炼油厂、发电厂等。② 依据工作岗位确定人员。这种方法更适合于具有一些工作岗位但不具有用于工作的设备或机器的组织，更适用于确定辅助生产工人和服务人员的数量，如门卫、后勤服务人员、辅助工、值班电工等。

（三）按照比例定员

按照比例确定人员的方法是指按照组织内的人员总数或者某一类人员的总数的某个比例计算出其他人员的定员人数。这种方法适合于组织内的某类员工与组织总员工之间存在客观的比例的情况，因为依照比例确定人员时必须首先确定定员人数与组织总人数之间的比例关系。如果组织内部的各类人员人数与总人数之间的关系不明确，则不能使用该方法，这些企业可以根据国家、行业标准，或者相关主管部门中的比例定员标准进行人员的确定工作。

（四）按照业务分工定员

按照业务分工定员的方法主要是指组织可以依据组织的结构、岗位的工作种类以及工作量来确定人员的数量。这种方法更适合工程技术人员或者管理层人员的确定。因为这些人员的工作内容涉及面较为广泛，不容易计算他们的工作量和工作效率，因此可以依据业务分工来确定人员数量。按照业务分工定员时，需要首先确定组织的结构和各个职能科室，然后明确组织的各项业务分工、业务量以及职责的范围，最后根据业务量的多少和难易程度，并结合相关人员的能力和工作效率来综合考虑，以确定岗位所需的人员数量。

（五）按照预算控制定员

按照预算控制定员的方法是指组织在进行定员工作时需要通过人工成本的预算控制岗位的人数。采用这种方法不需要严格规定某一个岗位的具体人数，只需要将该部门的在岗人数控制在预算成本的范围内即可。按照预算控制定员的根本目的是使用较少的人力资源完成较多的工作业务。这样可以最大限度地减少组织的人力资源成本。按照预算控制定员的一般过程如图 11-5 所示。

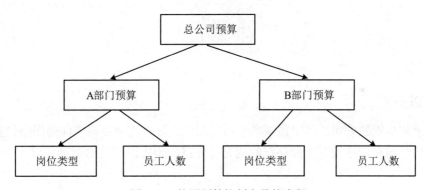

图 11-5　按照预算控制定员的流程

 **课程思政**

1. 结合定岗定编定员的相关知识，认知并解读中国国家机关大部制改革，深化习近平新时期国家机构改革思想的学习和理解。

2. 人工智能等高新技术对定岗定编定员有重大影响，强化对"三定"影响因素知识的学习和理解，感受新时期国家科技实力的高光时刻。

读书推荐

《岗位管理与人岗匹配（第2版）》

出版信息：康丽、赵永乐编著，中国电力出版社2019年出版。

内容概要：该书包括10个章节，主要围绕岗位管理和人岗匹配的主要环节展开论述。全书依据岗位管理与人岗匹配的特点和内涵，在架构和内容上均有所创新，较为全面和系统地阐述了岗位管理和人岗匹配的各个环节，既可以为专家学者提供一定的借鉴和参考，也可以为企事业单位人力资源管理的工作者提供一定的启发和帮助。

推荐理由：本书具有三个方面优点。第一，体系较新颖，创新了岗位管理和人岗匹配的架构和内容体系，较为科学、全面地阐述了相关内容。第二，内容较充实，注重提高学生的应用能力和实战素质，在确保专业理论教学的基础上，突出了案例教学的特色和优势，引导读者进行发现式的学习。第三，语言朴实、易于理解，便于广大读者理解和应用书中相关的理论知识和技能。

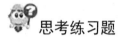 **思考练习题**

 学以致用

选一个你喜欢的公司，运用在本章学习的知识，分析这个公司当前的岗位设置情况，尝试找出该公司在岗位设置方面存在的问题，并进一步提出相关的改进建议。

 案例分析

S省烟草专卖公司的专业技术岗位设置

参考文献

[1] HUNSAKER P L, COOMBS M W. Mergers and acquisitions: managing the emotional issues[J]. Personnel, 1988, 65(3): 56-63.

[2] LAUVER K J, KRISTOF-BROWN A. Distinguishing between employees' perceptions of person-job and person-organization fit[J]. Journal of vocational behavior, 2001, 59(3): 454-470.

[3] SHIPPMANN J S, ASH R A, BATJTSTA M, et al. The practice of competency modeling[J]. Personnel psychology, 2000, 53(3): 703-740.

[4] WRIGHT P M, MCMAHAN G C. Theoretical perspectives for strategic human resource management[J]. Journal of management, 1992, 18(2): 295-320.

[5] 报关水平测试教材编写委员会. 报关水平测试教材：报关基础知识[M]. 北京：中国海关出版社，2014.

[6] 程开明. 移动通信公司定岗定编的方法及应用[J]. 市场研究，2006（7）：30-33.

[7] 范智宏. 科学定编定员管理　优化人力资源配置：为企业人力资源管理"去杂归核"提供有效保障[J]. 现代企业，2015（7）：11-12.

[8] 高占荣. 关于企业岗位设置原则及设置方法的探讨[J]. 中外企业家，2016（21）：66-67.

[9] 高新源. 岗位设置与绩效管理在门诊护理管理中的实施效果[J]. 科学咨询（科技管理），2020（8）：28-29.

[10] 康丽，赵永乐. 岗位管理与人岗匹配[M]. 2版. 北京：中国电力出版社，2019.

[11] 刘涛，周茂权. 企业战略管理随笔：桂林旅游股份有限公司战略管理实践[M]. 北京：中国旅游出版社，2017.

[12] 马超，赵振涛. 科学定员，提升工效可以这样做[J]. 人力资源，2018（5）：42-43.

[13] 任昕. 义乌市小微跨境电商企业人员配备和岗位设置问题研究[J]. 现代营销（信息版），2019（8）：234-236.

[14] 苏文，姜广，刘晓利. 烟草商业企业专业技术岗位设置及聘任工作研究：以S省烟草专卖局（公司）为例[J]. 现代商业，2020（20）：140-142.

[15] 熊君. 国有企业定员定岗的分析与探讨[J]. 现代商贸工业，2020，41（23）：86-87.

[16] 张爱娜. 探究人力资源定岗定编定员对企业发展的影响[J]. 现代商业，2015（6）：66-67.

[17] 郑月霞. 加强定岗、定编、定员管理，提高工作效率[J]. 科技信息，2011（3）：393.

[18] 赵中华. 企业人员编制管理的定编方法浅析[J]. 吉林工程技术师范学院学报，2019，35（6）：29-31.

[19] 祝士苓. 工作分析与组织设计[M]. 北京：中国劳动社会保障出版社，2007.